신자유주의가 관계를 손익계산서로 전락시키는 현상을 이토록 예리하게 파고든 책이 있을까. 서로 맞닿아 있는 우리가 타인을 도려낼 때, 자신의 일부도 잘려 나간다. 부대끼며 변화할 가능성을 절단당한 우리는 처음부터 무해해지려고 나와 남을 표백한다. 치유의 상품들이 고립을 지혜라 포장하는 오늘날, 이 책은 정신분석이나 사주팔자보다도 시대의 마음을 더욱 선명하게 비추는 거울이다.

김수영, 《필연적 혼자의 시대》 저자, 서울대학교 사회복지학과 교수

동시대의 실상은 '외로움'이 아니라 '손절'에 있다는 핵심을 찌르는 놀라운 책. 동시대인들은 수동적으로 외로운 것이 아니라 적극적으로 외로움을 실현하며 실천하고 있다. 나에게 조금이라도 상처가 되는 관계는 적극적으로 손절하여 자신의 정신 건강을 우선적으로 관리해야 한다. 신자유주의의 치료요법 문화에서는 이것이 '좋은 삶'으로 규정되고 유능함의 척도가 되었기 때문이다.

책의 존재 이유가 독자들로 하여금 세상과 자신의 실상을 보고 그 너머에서 '좋은 삶이란 무엇인가'를 토론하게 하는 것이라면, 이 책이야말로 바로 지금의 책이라고 할 수 있다. 그리고 한 시대가 무엇을 규범으로 제시하며 그 규범에 따라 어떤 삶을 실천하는 주체가 형성되는지를 분석하는 것이 문화연구라면, 이 책은 한국에서 탄생한 탁월한 문화 분석이 될 것이다. 이 책으로 인해 한국 문화연구는 비로소 '탈식민'의 한 걸음을 디뎠다고 말할 수 있다.

엄기호, 《단속사회》 저자, 청강문화산업대학교 만화콘텐츠스쿨 교수

MUTE

BLOCK

TOTAL

손해사절

손익계산이 되어버린 인간관계,
연결 불가능성의 시대에 관한 탐구
이승연 지음

ON/CA
%
÷
MUTE
BLOCK
×
7
9
−
4
5
+
1
2
3
0
ENTER
어크로스

차례

가장 외로운 시대,
가장 외로운 세대

이 책을 쓰겠다는 생각은 뜻밖의 계기에서 시작되었다. 2022년, 나는 젊은 여성들의 우울증 치료 경험에 관한 연구를 진행하기 위해 우울증 치료 경험이 있는 여성들을 만나 그들의 이야기를 수집하는 작업을 하고 있었다. 성격도, 직업도, 학력도, 사회경제적 배경도 전부 다 다른 이 여성들에게 공통점이 있다면 그들 모두가 자신이 우울감을 겪게 된 이유를 나름대로 조리 있게 설명할 수 있었다는 것이다.

그들이 고백한 우울감의 이유에는 성폭력이나 아동 학대처럼 친한 사람들에게도 쉬이 털어놓기 어려울 듯한 비밀들도 있었다. 그러나 과중한 학업 부담, 과로, 통제적 부모, 외모에 대한 심한 불만족, 미래에 대한 불안감처럼 적어도 친한 친구에게라면 한 번쯤 털어놓을 수 있을 법한 이야기들도 적지 않았다.

실제로 그들은 잘 알지 못하는 사람인 나에게도 자신의 이야기를 숨김없이 들려주었고, 대다수가 마치 기다렸다는 듯이 자신의 이야기를 풀어놓았다. 심지어 이야기를 들어줘서 감사하다고 말하는 사람도 있었다. 당시 내 일은 상담사처럼 어떤 위로나 조언을 제공하는 것과는 완전히 무관했으며, 단지 가만히 앉아 그들의 이야기를 듣고 녹음하는 것이 전부였는데도. 어떤 친구에게도 자신의 이야기를 전부 솔직하게 털어놓은 적이 없다고, "털어놓을 만한 사람"이 없었다고, 누구도 나를 알아주지 않았다고 고백하는 이들이 많았다.

의아한 일이었다. 우울증을 겪는 여성에 대한 이미지를 떠올려 보라고 하면 으레 사회성이 없고, 매우 음울하며, 사회적으로 고립된 여성을 상상하게 마련이니, 별로 놀랍지 않은 일 아니냐고 반문할지도 모른다. 솔직히 말해 내가 만난 이들 중에 이런 고정관념에 부합하는 사람이 전혀 없었던 것은 아니다. 그러나 적어도 내가 만난 이들 대부분은 우리 주변에서 흔히 볼 수 있는 평범하기 그지없는 여성들이었으며, 오히려 섬세하고 공감 능력이 좋아 호감이 가는 이들도 꽤 있었다. 몇 사람을 제외하면 모두가 지극히 평범하다고 할 만한 삶을 살아가는 이들이었다. 여성들 대다수가 학교나 직장에서 사람들과 어울리고 종종 지인이나 친구를 만나기도 하면서 일상적인 삶을 살고 있었다. 여러 사람과 어울리며 상당한 소셜 미디어 팔로워를 보유한, '인싸'라고 불릴 만한 청년들도 있었다.

외로움의 이미지는 흔히 사회 활동이 활발한 청년보다는 노년 세대의 얼굴로, 관계 지향적 경향이 있는 여성보다는 남성의 얼굴로 상상된다. 젊은 여성은 외로운 사람의 전형을 떠올리라고 하면 가장 나중에 떠오를 법한 인물형이다. 그런데도 놀라울 만큼 많은 젊은 여성들이 마음속 깊은 곳에 있는 이야기를 꺼내놓을 만한 친구, 나를 진실로 알아주는 친구가 없다고 느끼고 있었다. 어쩌면 이들을 깊은 절망에 빠트린 것은 이들이 겪은 역경 그 자체가 아니라 그것을 견디게 할 버팀목, 즉 의미 있는 관계의 부재인지도 모른다는 생각이 들었다. 무슨 일이 벌어지고 있었던 걸까?

가장 외로운 시대, 가장 외로운 세대

현대 사회에서 외로움은 소수의 전유물이 아니다. 오히려 그것은 이제는 정상으로 보일 만큼 새롭지만 흔한 현상, 심지어는 세계적인 현상이기도 하다. 오늘날 세계는 코로나-19 대유행에 버금가는 또 하나의 대유행, 바로 외로움이라는 유행을 경험하는 중이다.

최근 한국 사회에서는 외로움이 점점 만연해지는 현상을 보여주는 조사와 연구들이 속속들이 발표되고 있다. 외로움에 관한 여러 조사는 놀랍도록 많은 사람이 일상적으로 외로움을 느낀다는 것을 보여준다. 2024년 조사에 따르면 19~59세 한국 성인 응답자 57%가 평소 일상생활에서 외로움을 느끼고, 89%가 외로움을 느끼는 사람들이 사회에 많다는 데 공감했다.[1] 2024년 한국리서치가 수행한 조사에서는 만 18세 이상 성인 응답자 72%가 지난 한 달간 외로움을 경험했다고 답하고, 50%가 정부가 외로움 문제 해결을 위해 나서야 한다는 의견을 보이기도 했다.[2]

만연한 외로움은 세계적 현상이기도 하다. 2023년 미국 의무총감 비벡 머시는 외로움을 미국의 '전염병'이자 공중 보건 위기라고 선언했다. 2018년 영국에서는 '외로움부 장관Minister of Loneliness'직이 신설되어 화제가 되기도 했다. 문화·미디어·스포츠부를 외로움 담당 부처로 지정하고, 해당 부처 차관이 외로움 담당 장관을 맡게 한 것이다. 일본 또한 2021년 '고독 고립 담당 장관'을 임명하고 내각관방에 고독·고립 대책 담당 부서를 설치한 바 있다.[3] 《고립의 시대 *The Lonely Century*》의 저자 노리나 허츠가 '외로움 경제'라 부른 것의 폭발적 팽창 또한 외로움이 세계적 문제라는 것을 보여준다. '주거 공동체' 코리빙 하우스*부터 친구가 되어주겠다는 AI까지, 외로운 마음을 겨냥하는 것이 하나의 마케팅 전략이 될 만큼 외로움은 이제 보편적 현상이 되었다.

더 놀라운 사실은 가장 깊은 수준의 외로움을 호소하는 인구 집단이 바로 20~30대 청년들이라는 것이다. 외로움은 모든 인구 집단에 만연해 있지만, 젊은 세대는 특히 우려스러운 수준으로 외로움을 호소하고 있다. 국가를 불문하고 오늘날의 젊은 세대는 역사상 그 어느 집단보다도 더 강한 외로움을 보고한다. 통념적으로 외

---

* 단순히 주거만을 제공하는 데 그치지 않고 독립적인 개인 공간과 공용 공간을 함께 이용하도록 한 주거 형태.

로움이나 고립 같은 문제를 얘기할 때 흔히 청년보다는 노인을 떠올린다는 것을 생각하면 놀라운 일이다.

2018년 한국인을 대상으로 한 조사는 20대 응답자 40%가 '항상' 외롭거나 '자주' 외롭다고 느낀다는 사실을 보여주는데, 이는 모든 세대를 통틀어 가장 높은 수치다. 2024년 25~39세 한국 청년 1000명을 대상으로 수행한 조사에서는 전체 응답자 열 명 중 일곱 명이 현재 외로움을 느낀다고 응답하기도 했다.[4] 2024년에 미국 성인들을 대상으로 수행한 조사는 18~29세 청년들이 가장 깊은 외로움을 느끼며, 이들 중 29%가 '항상' 또는 '자주' 외롭다고 보고하고 있음을 보여준다.[5]

2025년에 영국에서 실시된 조사는 영국에서 가장 외로운 인구 집단이 바로 16~29세 청년이라는 것을 보여주기도 했다. 이 조사에 따르면 영국 청년들의 33%가 '항상' 또는 '자주' 외롭다고 느낀다고 한다.[6]

극단적 고립의 신호라고 할 수 있는 이른바 '쓰레기 집' 현상은 사회 활동이 활발하지 않은 노인 세대에서 주로 나타나는 문제라고 여겨져 왔다. 하지만 최근 쓰레기 집은 갈수록 청년 세대의 문제로 떠오른다. 더욱 놀라운 것은 쓰레기 집에서 살아가는 청년 상당수가 방송국 PD, 대기업 직원, 인플루언서 등 사회적 선망의 대상이 되는 직업을 가지고 활발하게 활동하는 이들이며, 그 대다수가 여성이라는 사실이다.[7] 우리 곁에서 즐거운 삶을 살아가는 것처럼 보이는 많은 이들의 내면에 깊은 외로움이 숨어 있을지도 모르

는 실상을 짐작할 수 있는 대목이다. 이처럼 가장 외로움에서 거리
가 멀어 보이는 이들마저 헤어나올 수 없는 고립과 외로움에 시달
리곤 하는 것이 바로 현대 사회의 모습이다.

우정마저 소멸해 가는 사회

'손절'이라는 말이 유행하는 현상이 보여주듯 요즘은 인간관계를
단절하라는 조언이 흔한 시대다. 이런 점을 고려해 보면 이토록 외
로운 사람이 많다는 것은 아이러니한 일이다. 수도 없이 많은 사람
이 겉으로 드러내지만 않을 뿐 지독한 외로움에 시달리는 중이다.
점점 더 많은 사람, 특히 청년들이 깊은 외로움을 겪는 이 현실을
어떻게 이해해야 할까?

　여러 학자와 사회 비평가들은 만연한 외로움이라는 현상을 설명
하면서 전통적인 낭만적 관계가 감소하고, 결혼해서 가정을 꾸리고
아이를 낳는 일 또한 줄어드는 사실에 주목해 왔다. 성애로 맺어진
관계에 큰 가치를 부여하는 문화에서는 낭만적 관계나 가족관계
이외의 인간관계들은 사회적으로뿐만 아니라 학술적으로도 별다
른 주목을 받지 못했다. 보통은 '외롭다'는 말을 곧 '연애를 하고 싶
다'는 말로 받아들이기도 한다.

　그러나 사실 줄어드는 것은 낭만적 끌림에 기반한 관계만이 아
니다. 현대인은 이전 세기 사람들보다 진정한 친구가 없다고 느끼

거나, 심지어는 친구 자체가 없다고 느끼는 경우가 훨씬 많으며, 친구의 평균적 수 자체도 점점 줄어드는 추세이다. 사회적 네트워크에 관한 연구 227건을 분석한 2013년의 메타분석 연구에 따르면 개인의 친구 네트워크는 점점 좁아져, 2000년대를 살아가는 사람은 1980년대 초반을 살아가는 사람에 비해 친구 수가 약 서너 명 적다.[8] 한국보건사회연구원 조사에 따르면 한국인 열 명 중 두 명은 곤경에 처했을 때 도움받을 수 있는 가족도, 친구도 없는 사회적 고립 상황에 처한 상태라고 한다.[9] 영국에서 수행한 조사는, 오늘날 영국인 열 명 중 세 명에게는 절친하다고 할 수 있는 친구가 단 한 명도 없다고 보고한다.[10]

배우자나 애인이 없는 사람은 상상할 수 있어도 친구가 한 명도 없는 사람은 떠올리기 어렵다. 친구는 가장 기본적인 인간관계, 어쩌면 가족만큼이나 기본적인 인간관계 형태이기 때문이다. 그럼에도 이토록 많은 사람이 단 한 사람의 친구도 없다고 느낀다는 것은 놀라운 일이다.

특히 청년 세대의 인간관계에 관한 연구와 조사 자료들은 외로움의 경우와 마찬가지로 통념에 반하는 결과를 보여준다. 흔히 청년기는 가장 활발히 친구를 사귀는 시기로 생각되며, 심리학에서도 친밀한 관계를 쌓아나가는 것을 이 시기의 중요한 발달과업으로 여긴다.[11] 또한 청년 세대는 소셜 미디어를 비롯해 사람들을 연결하는 여러 디지털 기술에 정통한 세대라고 인식된다. 그런데 가장 깊은 외로움을 호소하는 것이 청년 세대라는 연구 결과들에서도 알 수 있듯이, 청년 세대는 오늘날 가장 관계 맺기를 어렵게 느끼는 인구 집단으로 부상하고 있다.

'사단법인 오늘은'이 조사한 청년 세대의 관계 맺기에 관한 보고서에 따르면 한국 청년 열 명 중 4.6명은 현재 자신이 '의미 있는 관계'를 맺지 못한 상태라고 생각한다. 이때 청년들이 의미 있는 관계의 형태로 가장 많이 꼽은 것은 바로 친구 관계로, 75.8%가 친구가 의미 있는 관계에 포함된다고 답했다.[12] 2021년 영국에서 실시한 조사는 18~24세 영국인 다섯 명 중 한 명이 가까운 친구가 한 명 이하라고 답했다는 것을 보여주는데, 이렇게 답한 사람의 비율은 10년 전에 비해 세 배가량 높아졌다.[13]

이러한 자료들을 보면, 청년 세대가 가장 외로운 세대가 된 이유에서 상당한 비중을 차지하는 것이 우정이라는 가장 기본적인 인간관계의 부재임을 어렵지 않게 짐작할 수 있다. 오늘날 청년들은 연인이나 가족관계를 발전시키기 이전에 우애라는 기본적 유대를 맺는 단계부터 어려움을 겪는 것이다.

관계의 비용과 기회비용

그렇다면 친구 하나 없는 외로운 사람들이 점점 늘어나는 이유는 무엇일까? 특히 청년 세대가 이 외로움 팬데믹의 직격탄을 맞게 된 원인은 어디에 있을까? 현대인의 외로움이라는 현상에는 복합적인 사회문화적 요인이 있으며, 이는 이 책 전체에 걸쳐 탐구해 나갈 주제이기도 하다. 한 가지 확실한 것은, 우리 사회가 특히 신자유주의적 재편과 함께 점점 더 관계 맺기를 위한 시간적·공간적·금전적 여유를 허용하지 않는 방향으로 변모해 왔다는 사실이다. 1930년 영국 경제학자 케인스는 2030년이 되면 사람들은 주당 15시간만 일하고 소득 수준은 최소 네 배에서 최대 여덟 배까지 증가할 것이라 예상했지만 이런 예측은 처참하게 빗나갔다. 실상은 오히려 케인스의 예측과는 정반대로 근로 시간은 길어지고 소득 수준은 낮아지는 추세에 있다. 그리고 현재의 청년 세대는 이러한 사회 변화에 가장 큰 타격을 받은 세대이기도 하다.

흔히 "누구를 만날 시간도 에너지도 없다"고들 한다. 우리는 일하기 위해 점점 더 많은 시간을 준비하고 점점 더 오래, 더 불안정한 환경에서 노동한다. 이와 같은 시간의 재편은 우리가 관계를 위해 쓸 시간과 에너지가 없다고 느끼는 첫 번째 이유다. '신자유주의'라는 말에는 여러 용례가 있지만, 특히 이 단어는 규제 없는 시장에서의 '자유로운' 경쟁을 신봉하는 정치경제 이론과 이에 기반한 현재의 사회경제적 체제를 가리키는 말로 가장 많이 쓰인다.

유연성에 대한 신봉과 탈규제화는 신자유주의의 가장 큰 특징이다. 지난 몇십 년에 걸쳐 노동보호와 종신 고용은 유연성이라는 명목 아래 서서히 역사의 뒤안길로 사라져갔고, 그 자리에는 '커리어' 계발을 위한 무한경쟁이 들어섰다.

비정규직, 파견직, 파트타임 일자리, 프리랜서, 긱gig노동,* 제로 아워 계약zero-hours contracts**을 비롯한 '유연한' 노동의 확대 속에, 오늘날 상당수의 노동자는 전통적인 노동보호와 노동 안정성, 복지 없이 불안정한 노동을 지속한다. 이처럼 당장 내일을 알기가 어렵고, 계속해서 새로운 일자리나 일거리를 찾아야 하는 상황에서 선뜻 자신의 돈과 시간을 인간관계를 위해 쓰기란 어려운 일이다. 안정적 고용과 최소한의 노동보호가 보장되는 일자리는 갈수록 감소하며, 안정적 일자리를 위한 경쟁은 점점 더 심화되고, 대학 및 대학원 재학과 자격증 취득 등의 일에 쓰는 시간은 점점 길어진다.

어렵사리 정규직 직장에 들어가더라도 경쟁과 불안은 멈추지 않는다. 한때 종신 고용이 있던 자리에 커리어와 자기 계발이 들어섰기 때문이다. 평생직장의 개념이 사라진 지 오래인 현대 사회에서 우리는 언제까지 이 직장에 다닐 수 있을까, 제대로 된 커리어를 쌓고 있는 걸까 하는 불안에 시달리며, 하루 일과가 끝난 후에도 끊임없이 커리어 계발과 자기 계발에 몰두한다.

불확실성과 유동성이 만연한 신자유주의 사회의 가장 큰 특징은 인간 그 자체가 경영을 통해 끊임없이 상품 가치를 높여야 할 상품이 된다는 것이다. 지속적 자기 계발과 모니터링을 통해 우리 자신의 상품 가치를 유지하거나 높이고, 나의 값을 가장 잘 쳐줄 곳을 찾느라 이곳저곳을 헤매야 하는 상황에서는 지속적이고 의미 있는

---

* 배달이나 대리운전 등의 초단기 노동.
** 정해진 시간 없이 고용주가 요청할 때 일하는 비정규직.

관계를 사치로, 심지어는 장애물로 느낄 수밖에 없다.

2000년대 초 실리콘밸리에서는 업계의 이상적인 노동자상을 '제로 드래그zero drag'[14]라고 지칭하기 시작했다. 이는 일을 제외하고는 어떤 인간관계에도 얽매이지 않으며, 가족에서 연인까지 누구에게도 아무런 의무도 지지 않는 노동자를 의미한다. 그리고 점점 더 모든 것이 불확실해지는 현대 사회에서 한때 실리콘밸리에 한정된 이상이던 제로 드래그는 모든 노동자의 표준이나 다름없게 되었다. 아무런 인간관계에도 얽매이지 않는 사람은 현대 사회에서 살아남는 데 최적의 인간상, 가장 완벽한 상품이다. 개인과 개인의 관계도 예측하기 어려울 만큼 안정적인 것이라고는 아무것도 없는 사회에서 공동체를 형성한다는 것은 불가능에 가까운 꿈이다.

게다가 끊임없는 불안부터 영원한 자기 계발까지 노동이 점점 더 우리의 삶을 잠식해 왔음에도 그 대가로 우리 손에 쥐여지는 것은 형편없는 수준이다. 유동적인 현대의 노동 환경이 관계의 이른바 기회비용을 높인다면, 심화하는 양극화는 말 그대로 관계의 비용을 높인다. 관계를 쌓기 위해 우리는 자기 계발과 일자리 탐색을 위한 시간을 포기해야 할 뿐만 아니라, 더 많은 경제적 대가를 치러야 한다. 신자유주의가 도입된 사회들에서 실질임금 상승률은 처참하리만치 제자리걸음을 걸어왔다. '고물가 시대'라는 말에서 보듯이 물가 상승률이 소득 상승률을 압도하면서, 오히려 실질임금이 쪼그라드는 현상까지도 나타나고 있다.[15] 우리가 약속받은 경제성장과 '낙수 효과'를 통한 소득 증대는 일어나지 않았으며, 신자유주의로의 전환이 이루어진 사회들에서 양극화는 계속해서 심해지기만 했다.

독일 정치인 자라 바겐크네히트는 노력과 성과가 아니라 세습되는 자본에 따라 모든 것이 결정되는 현재의 자본주의를 '경제 봉건주의'라고 규정하기도 한다.[16] 봉건주의만큼이나 계층 이동이 어려운 시대에, 우리의 모든 노력은 기껏해야 겨우 제자리를 유지하게 할 뿐이다.

임금은 제자리걸음을 걷는데, 물가는 계속해서 오르기만 한다면 가장 먼저 줄어드는 것은 사교 활동을 위한 비용일 수밖에 없다. 외출할 때 입을 옷 한 벌, 커피 한 잔, 저녁 식사 한 끼, 공연 티켓 한 장, 체육관 한 달 회비, 심지어는 동호회 회비까지 점점 비싸지지 않는 것이 없다. 당장 생활비를 벌기도 벅찬 처지일 때 점점 버거워지는 사교 활동은 가장 먼저 포기의 대상이 된다. "나가면 다 돈"이라는 말은 생존 외의 활동에 돈을 쓰기가 점점 더 부담스러워지는 오늘날의 사회를 살아가는 현대인의 정서를 반영한다.

특히 양극화가 심화되는 상황에서 나와 나의 지갑 사정은 점점 더 초라해 보이고, 인간관계는 내 주제나 분수에는 맞지 않는 일로 느껴지기 쉽다. 고물가 시대라는 두루뭉술한 표현은 불평등, 양극화, 빈곤의 확산과 이로 인한 공동체와 관계의 해체라는 현상을 표현하기에는 실로 부족할 따름이다.

이러한 사회적 재편의 대표적 결과는 부모보다 더 가난한 최초의 세대이다. 《요즘 애들 *Can't Even*》의 저자 앤 헬렌 피터슨이 지적하듯이, 신자유주의 이전의 사회를 경험하지 못한 최초의 세대인 현재의 청년 세대는 가장 오랜 시간을 노동 시장 진입을 준비하기 위해 학력과 스펙을 쌓는 데 소모했으면서도 가장 적은 실질임금을 버는 세대이기도 하다.

이렇게 보면 청년 세대가 가장 외로운 세대라는 것은 전혀 놀라운 사실이 아닐지도 모른다. 외로움의 이유로 가장 많이 꼽는 것이 경제적 여유 부족이라는 조사 내용이나,[17] 본인이 속한 계층이 '하층'이라고 답한 사람들이 더 많은 외로움을 보고했다는 조사 내용[18]은 외로움이 단순히 개인의 심리적 하자로 인한 개인적 문제가 아니라 사회경제적 요인에 의해 구조화되는 사회적 문제라는 것을 보여주기도 한다.

사랑의 형태

21세기의 외로움 위기에서 가장 큰 비중을 차지하는 것이 이처럼 관계를 위한 모든 여유를 말살하는 노동의 열화劣化와 양극화 같은 사회경제적 변화라는 데는 의심의 여지가 없다. 그러나 한편으로는, 개인적 문제가 아닌 사회적 문제라고 해서 외로움이 단지 관계 맺기를 위한 시간적·물질적 여유와 관련된 문제이기만 한 것은 아니다. 자신과 타인, 공동체, 관계 등에 대한 지배적 생각 또한 관계를 맺는 방식에 중대한 영향을 미치며, 이러한 생각들 역시 우리가 속한 사회문화적 환경의 산물이기 때문이다.

　예를 들어 거의 모든 문화권에는 서로 사랑하는 연인들에 관한 이야기가 존재한다. 그러나 사랑의 의미나 목적이 무엇인지, 어떤 방식으로 사랑의 수행이 이뤄져야 하는지에 관한 서사는 문화와 사회에 따라 다르다. 사회학자 앤서니 기든스는 역사적으로 나타난 사랑의 형태를 세 가지 형식으로 구분한다.

　강렬한 감정적 끌림과 성적 애착을 수반하는 '열정적 사랑'은 근대 이전의 문헌들에서도 보편적으로 발견할 수 있다. 첫눈에 사랑에 빠진 연인들의 이야기를 들려주는 〈로미오와 줄리엣〉 같은 작품은 열정적 사랑의 대표적 예시라고 할 수 있다. 그러나 기든스는 흔히 '로맨스'와 연관되는 '낭만적 사랑'은 18세기 후반이 되어서야 나타났다고 지적한다. 열정적 측면에 더해 서로의 부족한 부분을 메꾸어주는 두 영혼의 만남이라는 의미가 있는, 서사적 형식을 갖춘 사랑은 근대성과 더불어 출현한 문화적 개념인 것이다.

　19세기 작품인 《오만과 편견》이 다루는 연인의 가치관이나 성격 차이 등의 측면은 〈로미오와 줄리엣〉의 시대에는 그렇게 중요하지 않았을지도 모른다. 그러나 낭만적 사랑의 시대에 이르면 사랑은 단지 수동적으로 '빠지는' 것이 아니라 두 사람이 함께 만들어나가는 것, 서로의 영혼과 마주하는 과정이 된다. 근대적 자아와 자아실현 개념의 출현, 경제 공동체가 아닌 애정 공동체로서의 가정 개념의 출현 같은 요소들이 이러한 변화에 영향을 미쳤다.

　하지만 그렇다고 해서 낭만적 사랑의 등장이 곧 평등한 사랑의 도래를 의미하지는 않았다. 사랑을 결혼과 모성 이전의 단계로 생각했고, 결혼은 성 역할의 이분화에 기반한 것이었기 때문이다. 사랑의 목적은 결혼이었고, 사랑의 대상인 상대방은 이성애 규범적 미덕에 비추어 평가되곤 했다. 기든스는 결혼이나 모성과 결합된 이성애 규범성에 얽매이지 않은 채 자신을 솔직하게 열어 보이는 사랑, 서로의 정체성이 다름을 인정하고 새로운 정체성을 협상해 가는 '합류적 사랑'이 현대적 사랑의 형식으로 자리 잡고 있다고 주장한다. 이러한 변화는 특히 전통적 가족 형태와 이성애 규범성에 도전한 여성 운동과 성소수자 운동의 성과이기도 했다.

이처럼 우리가 사랑을 생각하고 실천하는 방식이 변화해 왔다는 것은 인간이 다른 인간(들)과 맺는 관계가, 관계 맺기에 투자할 수 있는 돈과 시간이라는 기술적 차원의 문제 이상이라는 것을 보여준다. 이는 세계보건기구World Health Organization, WHO가 외로움을 "개인이 바라는 사회적 연결 수준과 실제로 경험하는 연결 간의 간극에서 비롯되는 고통스러운 감정 상태"라고 정의하는 이유이다.

외로움은 단순히 관계의 수라는 양적 차원의 문제가 아니라, 개인이 체감하는 질적 차원의 문제를 포함한다. 타자와 의미 있는 방식으로 관계 맺지 못한다고 느낄 때, 서로 의지하고 속마음을 털어놓을 수 있는 의미 있는 관계가 없다고 느낄 때 우리는 외로움을 느낀다. 그리고 문화적 의미체계는 우리가 타인과의 관계에서 무엇을 기대하는지, 타인과 어떤 방식으로 관계 맺어야 한다고 생각하는지, 관계에 관여된 타인과 관계 자체에 어떤 목적과 의미를 부여하는지에 영향을 미친다. 오늘날의 외로움 위기를 온전히 이해하기 위

해서는 인간과 관계에 관한 문화적 서사 형식의 변동을 함께 돌아
볼 필요가 있는 것이다.

신자유주의라는 동전의 양면

인간관계에 관한 문화적 사고방식의 변화를 들여다볼 수 있는 현
상 중 하나가 바로 손절이라는 용어의 유행이다. 외로움이 사회 문
제로 떠오르는 현실과는 모순되게도, 손절은 우리 시대를 대표하는
하나의 유행어로 자리 잡았다. 사람들 사이의 거리는 점점 더 멀어
지고, 삶은 점점 더 정처 없어지며, 체제가 주는 고통은 날로 커져
간다. 자신의 이야기를 믿고 털어놓을 수 있는 깊은 관계를 간절히
소망하는 사람들이 늘어날 수밖에 없는 것이다. 그러나 이런 현실
과는 상반되게도, 관계와 공동체의 회복을 촉구하는 대신 과감하게
단절과 고독을 받아들일 것을 권유하는 담론이 인기를 끌기도 한
다. 우리는 서로의 이야기를 진지하게 들어줄 수 있는 깊은 관계를
소망하면서도, 바로 이런 종류의 깊은 관계를 쌓을 기회를 거부하
며, 타인과 공동체로부터 거리를 두려고 시도하기도 한다.

　이처럼 상반되는 문화적 경향이 나타나는 현상을 어떻게 이해해
야 할까? 왜 우리는 외로워하면서도, 외로움을 인정하고 서로 의지
하기보다는 '자발적으로' 깊이 있는 관계에서 도피하는가? 이것이
이 책이 답하고자 하는 질문이다.

인간과 관계에 대한 현대의 문화적 서사를 이해하는 데 있어 신자유주의는 하나의 문화적 세계관으로서 중요한 배경을 제공한다. 정치학자 웬디 브라운의 말을 빌리자면, "신자유주의는 존재의 모든 측면을 경제적인 관점에서 해석하는 독특한 통치 이성 형식"이다.[19] 다시 말해, 신자유주의는 경제적 체제일 뿐만 아니라, 인간과 인간의 삶, 인간 사회의 모든 측면을 경제적 관점에서 이해하게 함으로써 사회적 연대와 공공의 책임을 해체하는 하나의 정치적 **세계관**이자 **문화**이기도 하다.

이는 신자유주의의 대표적 인물이었던 마거릿 대처가 "경제는 수단이며, 목표는 마음과 영혼을 바꾸는 것이다"라고 말한 이유이기도 하다. 그렇다면 신자유주의라고 지칭하는 일련의 거대한 변화 속에서 우리의 '마음과 영혼'에는 어떤 변화가 일어났는지도 질문해 볼 필요가 있다. 특히 이 책에서 다루고자 하는 주제인 외로움과 관계는 그야말로 마음과 영혼의 문제이기 때문에 이러한 질문은 더욱 중요해진다.

외로움이란 단지 친구의 부재가 아니라 마음을 가진 인격체이자 영혼으로 대우받고 있다는 자각, 깊이 있는 관계 속에서 사랑받고 있다는 느낌의 부재이기도 하다. 반대로 이러한 느낌이 존재할 때 우리는 비로소 타인을 단순한 타인이 아닌 나의 친구로 경험하게 된다. 그렇다면 신자유주의 사회에서 타인의 영혼의 깊이를 어루만지고 공동체와 의미 있는 결속을 쌓을 수 있는 인간과 사회의 능력에는 어떤 변화가 일어났는지를 질문해 볼 필요가 있다.

신자유주의에 대한 가장 흔한 비판은 신자유주의의 냉혹한 경쟁 논리가 타인에 대한 이해와 연대의 여지를 남겨놓지 않는다는 것이다. 가혹한 경쟁 논리의 절대화는 공동체 형성을 불가능하게 하고, 우정처럼 아주 사적인 차원의 이해와 연대를 위한 심적 여지조차 남겨놓지 않는다고들 한다. 경쟁 논리에 깊이 매몰된 우리는 제 발로 제로 드래그 노동자가 되기를 자처하며, 자기 자신뿐 아니라 타인에 대해서도 잔인한 태도를 견지한다. 무슨 수를 써서라도 경쟁에서 이기라고 말하는 사회에서 애정과 연민 같은 감정은 성과에 대한 방해물처럼 보이기 마련이다.

특히 주당 120시간 일했다는 말을 자랑처럼 늘어놓으며 직원들에게도 비윤리적 수준의 초과근무를 강제하는 일론 머스크 같은 인물이 보여주는 잔인한 실리콘밸리 문화는 현대자본주의가 표방하는 '자유'의 냉정한 면모를 상징하기도 한다. 신자유주의에서는 성별과 세대를 막론하고 경쟁을 절대화하는 사람들을 쉽게 찾아볼 수 있다. 그러나 과로와 자기 학대에 가까운 자기 계발이 만연한 이 사회, 재능 있는 이들이 경영학과 컴퓨터공학 전공을 택하도록 반강제로 권하는 이 사회는 (정신) 건강, 진정성, 행복 같은 가치를 어느 때보다 강조하는 온정적 문화가 만연한 바로 그 사회이기도 하다.

오늘날의 문화의 주된 특징 중 하나는 감정적 건강과 치유를 대단히 중시하고 정신적 건강을 자아와 타인, 삶을 이해하기 위한 주된 틀로 여긴다는 것이다. 사회학자들은 현대 사회에서는 심리학과 정신의학이 종교가 대표하는 전통적 도덕관을 대체하는 역할을 수행한다는 사실을 지적해 왔다.

건강, 행복, 진정성 같은 가치의 중요성이 커지고, 일상에서 일어나는 점점 더 많은 사건을 심리학과 정신의학의 치유적 세계관을 통해 해석하는 것이 현대문화의 주요한 특징이다. 마치 상담사가 치료요법therapy을 시행하듯이, 심리학과 정신의학의 개념적 틀과 어휘를 통해 자신의 내면을 성찰적으로 들여다봄으로써 건강과 행복을 달성하는 것은 오늘날의 사회에서 중요한 문화적 과제가 되었다. 심리학과 정신의학이 지식이기 이전에 하나의 문화 현상이 된 것이다.

〈오프라 윈프리 쇼〉 등의 TV 프로그램,《미움받을 용기》등 유서 깊은 각종 심리학 서적과 심리학 자기 계발서가 보여주듯 사회학자들이 '치료요법 문화therapy culture' 또는 '치유문화'라고 부르는 이 문화에는 긴 역사가 있다. 그리고 이 문화는 특히 코로나-19 팬데믹과 소셜 미디어 시대의 도래와 함께 새로운 전성기를 맞이해, 자기 자신을 넘어 타인과 관계를 이해하는 패러다임으로 영향력을 확대하게 되었다. 정신 건강과 행복, 치유에 집착하는 이 문화를 이해하지 않고서는 현대인이 맞닥뜨린 외로움 위기를 온전히 이해할 수 없다는 것이 이 책의 문제의식이다.

현대 사회에서 치료요법 문화의 확산을 주도하는 것은 특히 소셜 미디어에 능통한 젊은 세대이며, 이 책에서 다루는 모든 문화적 현상의 주된 주체는 젊은 세대다. 그러나 '공정'에 집착하는 일부 청년들이 사실은 우리 사회 전체에 퍼진 극단적 경쟁 이데올로기를 드러내는 것과 마찬가지로, 치료요법 문화는 청년의 문제이기만 한 것이 아니라 우리 시대의 증상이기도 하다.

치료요법 문화는 특히 젊은 세대에서 두드러지는 문화 현상이지만, 내면의 치유와 수련을 강조하는 이 문화의 전제들은 이미 우리 사회에서 흔한 것이 되었다. 건강하고 행복할 자유는 죽도록 경쟁하라고 강제하는 것과는 반대되는 온정적이고 진보적인 가치처럼 보이기 때문이다.

그러나 신자유주의 시대에 권력의 작동은 노골적 강제가 아닌 더욱 교묘한 방식으로 이루어진다. 권력의 욕망을 우리의 욕망과 일치시키는 방식으로, 우리의 자유 자체를 착취하는 방식으로 작동하는 것이다. 무해하기 그지없어 보이는 건강과 행복의 언어는 우리가 소위 자발적으로 깊이 있는 관계를 멀리하고 외로움과 고독의 길을 택하게 되는 중요한 이유이기도 하다.

치료요법 문화는 외로움 위기를 만들어낸 유일한 원인도, 어쩌면 가장 중요한 원인도 아니다. 하지만 치료요법 문화는 다른 문화와 제도, 기술과 시장 등과 상호작용하면서 현재의 외로움 위기를 파괴적 수준으로 가속화하는 역할을 한다. 치료요법 문화 그리고 이 문화가 다른 제도 및 문화와 상호작용하며 만들어내는 역학이 인간적 유대와 연대에 관한 우리의 생각에 어떤 영향을 미치는지를 비판적으로 성찰하려는 것이 이 책의 목적이다.

치료요법 문화는 점점 더 봉건적으로 변해 가는 체제의 잔인성에 시달리는 우리 마음을 위무하는 문화지만, 아이러니하게도 현재의 경제에 꼭 부합하는 문화이자 외로움 위기를 심화하는 문화이기도 하다. 앞으로 보게 될 내용을 요약하면 다음과 같다.

1부는 정서적 건강을 강조하는 문화가 관계 자체와 타인에 대해 방어적이고 평가적인 태도를 만들어내는 과정에 주목한다. 팬데믹이 불러온 관계의 단절과 소셜 미디어 이용의 증가는 더 건강하고 행복한 관계를 맺도록 도와준다는 일군의 심리학 지식과 '전문가'들이 더욱 대중화되는 중요한 계기가 되었다. 치료요법 문화의 영향력이 증대된 팬데믹 이후의 문화에서는 건강이라는 치유적 가치가 인간과 인간관계를 평가하는 틀로 널리 사용되기 시작했다. 정서적 건강을 인간관계의 궁극적 목적으로 여기며, (정신 건강에) '무해한' 관계를 이상적 관계로 여기게 된 것이다.

자존감을 지키고 감정적 항상성을 유지하는 것이 문화적 이상, 심지어는 일종의 도덕이 된 사회에서, 우리는 외로움을 병리화하고 관계에 대해 한층 더 방어적이고 평가적인 태도를 견지한다. 건강하고 아름다운 인간관계를 약속하는 이 문화는 아이러니하게도 더 큰 외로움을 선사하는 한편, 타인에게 냉정하고 무관심한 태도, 관계와 감정에 대한 끊임없는 감시와 관리를 은연중에 체화하게 만들기도 한다. 신자유주의의 냉혹한 경쟁 원리와는 반대되는 것처럼 보이는, 치유와 행복을 추구하는 이 문화는 아이러니하게도 경쟁주의 문화만큼이나 우리를 냉정하고 외로운 성과 기계로 빚어내는 데 있어 중요한 역할을 담당하게 되었다.

그렇다고 해서 점점 더 글로벌해지는 이 문화가 자본주의 기업가들이 밀실에서 토론한 결과로 탄생해 어떤 강제적이고 강압적인 조치를 통해 우리를 세뇌시켰다는 말은 아니다. 치료요법 문화의 부상은 간단히 요약할 수 없는 여러 복잡한 요인의 결과물이며, 이는 우리가 2부에서부터 보게 될 내용이기도 하다.

2부는 자아 측정과 '진정한 나'를 찾는 것을 강조하는 문화가 어떻게 타인으로부터 단절된 자아감을 만들어내고 내면으로의 방어적 침잠을 유도하는지를 탐구한다. 특히 이러한 문화가 현대 신자유주의 사회의 삶의 조건과 상호작용하는 방식에 주목하여, 의미와 사회적 유대의 상실을 겪고 있는 청년들이 이러한 문화에서 어떤 매력을 느끼는지 탐구한다.

MBTI부터 애착 유형 검사, 초민감자Highly Sensitive Person(이하 HSP)까지, 심리 검사를 통해 인간을 하나의 심리적 프로필로 요약하는 것에 집착하는 문화는 인간관계의 최적화를 추구하는 문화와도 맞닿아 있다. 그러나 이 문화는 특히 진정한 나를 찾는 것에 대한 현대적 집착의 산물이기도 하다. 현대 치료요법 문화는 나를 아는 것은 무엇보다 내면을 꼼꼼히 들여다봄으로써 가능하며, 이러한 탐색을 도와줄 심리 측정 도구를 통해 나를 알 수도 있다는 것을 기본 전제로 삼는다. 심리적 프로필을 알아내는 것에 집착하는 문화는 노동자의 성격이나 몰입 능력 같은 비물질적 요소가 중요한 현대 탈산업화 사회에서 인적 자본을 계발하는 데 유용한 기능을 수행한다.

하지만 진정한 나와 자아 측정에 대한 치료요법적 집착이 커지는 것은 단지 이러한 집착이 체제에 유용한 기능을 수행하기 때문만은 아니다. 자아 정체성을 구축하기 위한 외적 의미체계와 유대감의 기회를 거의 제공하지 않는 사회에서, 치료요법은 특히 청년들에게 정체성 구축을 위한 대안적 기회를 제공한다. 현대 사회의 청년들은 HSP, ADHD, 우울증 같은 진단명들을 일종의 대안적 정체성으로 여기기도 한다. 과거를 돌아봄으로써 진정한 나, 그러니까 이상적인 심리적 특성을 갖춘 나를 회복하는 행위를 정체성 구축을 위한 대안적 서사로 활용하기도 한다.

그러나 정체성을 대화적으로 이해하는 것이 아니라 독백적으로 이해하는 문화에서, 타인은 나를 더 잘 알기 위한 통로가 아니라 진정한 나를 오염시키는 존재로만 이해되기 쉽다.

심리적 건강에 대한 집착은 단순히 병리를 치유하거나 자존감, 안정 애착 같은 특정한 심리적 특성을 획득하는 데 국한되지 않고, 일상의 감정이라는 차원으로까지 확대된다.

3부는 치유문화가 어떻게 우리를 외로운 소비자로 만들어내고, 인간과의 관계 대신 상품과의 관계, 또는 상품화된 관계를 추구하게 만드는지 탐구한다. 특히 감정적 이상향의 달성을 중시하는 치료요법 문화와 현대 소비주의 문화의 놀라운 친연성에 주목한다. 오늘날의 치료요법 문화는 만족스러운 감정을 유지하기 위해 자신을 돌보고, 행복이라는 감정적 이상향을 달성하기 위해 노력하는 행위의 중요성을 대단히 강조한다. 그러나 자신을 돌보는 행위에 집착하는 문화에서 서로를 돌보는 행위의 중요성은 희미해지고, 행복을 강박적으로 추구하는 문화는 자신과 타인, 사회의 즐겁지만은 않은 부분들을 이해하고 받아들일 수 있는 우리의 능력을 훼손한다.

게다가 행복이 삶의 궁극적 목적이라고 주장하는 치료요법적 행복의 윤리는 타인과 공동체를 행복의 한 요소나 행복을 위한 도구로 보게 만든다. 감정적 행복을 가장 중시하는 문화에서 행복은 거의 모든 소비를 정당화할 수 있는 마법의 말처럼 사용된다. 점점 더 소비주의적으로 변화하는 사회에서 그리고 더 외로워지는 사회에서, 상품은 타인과 공동체를 대신하는 정체성의 원천을 제공하고, 심지어는 인간적 유대감과 연대감을 제공하기까지 한다.

행복을 강조하는 문화가 소비주의 문화와 꼭 어울리는 것처럼, 치료요법 문화의 인간관계론은 인간과 인간의 영혼을 상품화하는 서비스와도 상당한 친연성을 갖는다. 특히 소셜 미디어는 치료요법 문화의 인간관계론이 권장하듯이 심리적 안전지대에 머무르면서 오로지 내가 원하는 타인하고만 정서적 항상성을 해치지 않는 방식으로 교류하도록 만들어주는 기술이기도 하다.

그러나 스마트폰을 통해 내가 원하는 사람과 내가 원하는 방식으로 교류하는 일에 시간을 쏟다 보면 현실의 관계에 쏟을 시간은 부족해지고, 관계에 대한 우리의 생각 또한 더욱 치료요법적으로 바뀌기 쉽다. 온리팬스*부터 팬사인회, 개인 상담사, AI 상담까지, 인간 영혼을 더욱 노골적으로 상품화하는 서비스들은 타인과 관계에

---

* 성인물 콘텐츠 플랫폼. 콘텐츠를 유료로 구독하는 시스템이며 누구나 크리에이터로서 콘텐츠를 등록할 수 있다.

대한 기준을 바꾸기도 하고, 불편하고 갈등 많은 현실의 관계보다 내 입맛에 맞는 간접적 관계에 몰입하도록 만들기도 한다. 상품화된 친밀성은 타인이 나를 '감정 쓰레기통'으로 써서는 안 되지만 내게는 진정한 나를 드러낼 공간이 필요하다는 치료요법의 모순을 해결할 돌파구를 제공한다. 하지만 결과적으로는 함께 살아가는 능력을 손상하는 결과를 낳기도 한다.

치료요법 문화는 유연하고 고독한 노동자, 사회성을 파괴하는 상품과 기술을 거부감 없이 받아들일 소비자를 원하는 경제의 부산물에 지나지 않는 것처럼 보이기도 한다. 하지만 치료요법 문화가 지금처럼 부상한 것이 단지 이 문화가 우리를 바람직한 생산자이자 소비자로 빚어내는 데 중요한 역할을 하기 때문만은 아니다.

치료요법 문화는 서구화된 현대 사회를 지배하는 감수성이며 세대와 성별을 가리지 않는다. 그러나 경쟁주의 문화가 특히 사회성이 없고, 냉정하고, 이른바 '도전 정신'을 갖췄다는 백인 남성의 얼굴로 다가오는 것과 마찬가지로, 이 문화는 특히 여성, 진보적인 젊은 여성의 얼굴로 다가온다. 아이러니하게도, 더 주체적인 삶과 더 진보적인 사회에 대한 갈망, 그중에서도 젊은 여성들의 갈망은 타자를 자신의 건강을 위한 도구로 대우하는 문화의 확산에 결정적인 역할을 했다.

프랑스 사회학자 뤽 볼탕스키와 이브 시아펠로가 《자본주의의 새로운 정신*Le nouvel esprit du capitalisme*》에서 지적하듯, 자본주의의 경이로운 자생력은 자본주의와는 관련이 없거나 심지어는 완전히 반대되는 것처럼 보이는 사회 원리를 끌어들여 자신의 영토를 확보하고 확장하는 능력에 있다.

한국 사회에서 신자유주의화는 독재 정권이 아닌 이른바 진보 정권이 들어서면서 이루어졌다. 신자유주의로의 변화는 마치 신자유주의가 진보가 내세운 가치와 모순되지 않는다는 듯이 별다른 저항 없이 이루어졌다. 이는 신자유주의가 민주화 운동이나 서구의 68혁명이 요구했을 법한 '자유'를 '자유경쟁'의 자유와 매끈하게 봉합해 낸 결과물이기도 했다.

이와 마찬가지로 치료요법 문화가 우리에게 매력적으로 다가오는 것은 이 문화가 내세우는 건강, 행복, 진정성 같은 가치의 진보적 아우라 때문이다. 특히 진보적 성향을 뚜렷하게 드러내는 오늘날 젊은 여성들은 치료요법 문화를 진보적 문화, 심지어는 페미니즘적 문화로 받아들이기도 한다. 치료요법 문화는 나약하다거나 예민하다며 쉽게 비난받는 소수자들, 특히 젊은 여성들에게 고통을 폭로하고 고통의 실재를 인정받을 기회를 제공한다. 고통스러운 관계와 단절하고, 자신을 먼저 돌보며, 진정한 나를 회복할 것을 강조하는 치료요법의 명령은 자신보다 타인의 욕구를 돌보도록 사회화되어 온 여성들에게 특히 매력적으로 다가오기도 한다.

그러나 이런 진보적 아우라를 발휘하는 한편으로, 치료요법 문화는 구조적 문제를 개인화하며 '건강한' 상태로 개선되지 못하는 개인에 대한 연민과 공감의 여지를 줄여버리기도 한다. 특히 최근에는 우울증은 생물학적 질병, 즉 '마음의 감기'라는 관점이 확산하고, 우울증 진단의 범위가 확장되어 유례없이 많은 사람이 우울증 진단과 치료를 받게 된 것을 진보적 사회 변화의 결과로 여기기도 한다. 우울증을 마음의 감기로 이해하는 생의학적 프레임이 우울증 환자들을 탈낙인화하고, 그들에게 도움의 손길을 열어준다는 것이다.

그러나 고통을 질병으로 정의할 때 고통을 겪는 이들은 다른 사람과 질적으로 다른 존재로 타자화되고, 이 질병에 걸린 개인들을 어떻게 '정상화'할 수 있을지, 어떻게 치료하고 생산성을 회복시킬 수 있을지가 가장 중요한 문제가 되어버린다. 고통을 오로지 의학의 소관으로만 여기는 사회에서는 고통을 사회적 성찰을 요구하는 문제나 공동체의 문제가 아닌, 의사와 의료 상품을 소비하는 개인이 해결할 문제로 인식하기 쉽다. 의학을 통해 고통을 증명해야만 하는 사회에서 고통은 의학적 인증을 받은 것과 그렇지 않은 것으로 위계화되고, 오로지 진단과 치료를 개별적으로 구매할 수 있는 사람들에게 도움이 한정되는 경향이 있다.

치료요법 문화는 사회적 연대 없이 자유와 평등 같은 정치적 목적을 달성하라고 외치는 신자유주의 문화의 일부를 구성하기도 한다. 나아가 진보 정치를 더 나은 생산자이자 소비자가 되라는 자본주의의 요구에 봉사하는 방식으로 왜곡해 버리기도 한다. 그리고 이렇듯 왜곡된 정치학에 '함께'라는 말이 들어갈 자리는 없다.

치료요법 문화가 내세우는 철학의 논리적 귀결은, 나를 깊이 있게 아는 친구 혹은 내가 깊이 있게 아는 친구는 아무도 없고, 관계가 패스트패션처럼 경쾌하게 교체되며, 소비 없이는 어떤 곳에도 속하지 못하고, 공동체나 사회와 어떤 연결감도 느끼지 못하며, 나의 아이돌과 상담사, 의사, ChatGPT(이하 챗GPT)에게만 내 이야기를 털어놓을 수 있는, 그러나 나 자신도 내가 털어놓고 싶은 이야기가 정확히 무언지 모르는, 외로움의 디스토피아이다.

그런데 누군가와 혹은 무엇과도 깊이 연결되기 어려운 사회를 향한 우리의 발걸음은 복잡하고 모순된 동기에서 이루어졌으며, 때로는 선의에 기반한 것이기도 했다. 인간과 관계에 대한 새로운 철학의 내용뿐 아니라 그 다면적이고 양가적인 매력에 대해 이해함으로써, 인간과 관계에 대한 대안적 철학의 가능성을 모색하려는 것이 이 책의 궁극적 목적이다.

내게 유해한 사람

치료요법 문화와 손절의 사회학

"그대의 우정은 때로 내 심장을 아리게 하나니,

우정을 위해 나의 적이 되어주십시오."

윌리엄 블레이크가 헤일리에게 보낸 편지[1]

'죽음 없는 전쟁'과 '위험 없는' 사랑은 같은 시나리오를 따른다.

우연한 일도, 뜻밖의 만남도 없다.

알랭 바디우, 《사랑 예찬》[2]

1장

인간관계
전문가의 시대

우리가 전문가 예능에 열광하는 이유

최근 몇 년간 가장 인기를 끈 TV 프로그램 포맷 중 하나는 전문가가 출연해 이른바 일반인에게 이런저런 조언을 주는 것이다. 특히 백종원, 오은영, 강형욱은 거의 하나의 문화적 현상으로 자리를 잡아, 대한민국에서 이들을 모르는 이가 없다고 해도 과언이 아니다.

그렇다면 왜 이런 전문가 예능 프로그램들이 동시다발적으로 국민적 인지도를 얻으며 인기를 구가하게 되었을까? 백종원은 〈백종원의 골목 식당〉, 오은영 박사는 〈요즘 육아 금쪽같은 내새끼〉, 강형욱은 〈세상에 나쁜 개는 없다〉라는 프로에서 활약한 유명한 전문가인데, 이들이 바꾸려는 대상은 서로 전혀 다른 것처럼 보인다. 게다가 대한민국 국민 전부가 요식업에 종사하는 것도, 개를 키우는 것도, '문제아'를 양육하는 것도 아니라는 점을 고려하면, 이런 프로그램들은 애초에 시청자층이 한정된 것처럼 보인다. 그런데도 세 전문가 모두가 갑자기 유사한 시기에 화제가 되고 커다란 인기를 끈 것은 무엇 때문일까?

그 이유는 이 같은 프로그램들에서 결국 이 전문가들이 궁극적으로 바꾸려 하는 대상이 인간과 인간 정신이라는 점에 있다. 이들은 사연 속 주인공의 자녀, 개, 식당을 면밀히 조사하고 이를 바탕으로 주인공에게 내재한 문제를 찾아낸다. 그리고 이런 내적 문제를 분석하여 요리, 경영, 아이 양육이나 개 키우기 같은 일상 활동 수행 능력을 향상하기 위한 해결책을 제시한다.

이러한 프로그램 형식에는 끊임없는 자기 계발을 그 어느 때보다 중요한 과제로 인식하며, 밤낮으로 자기 계발과 자기 관리에 몰두하는 삶을 이른바 '갓생', 즉 좋은 인생이라 여기는 시대에 살고 있는 우리의 공감을 이끌어내는 무언가가 있다.

서론에서 언급했듯이 자기 자신을 상품처럼 보고 경영하는 태도의 일반화는 신자유주의의 주요한 특징이다. 철학자 미셸 푸코의 표현을 빌리면 우리는 무엇보다 '자기 자신의 기업가'가 되어야만 하는 시대를 살아간다.[3] 그리고 자기 자신의 기업가가 된다는 것은 무엇보다 자신을 하나의 '인적 자본'으로 보고 경영하는 태도를 함양하는 것을 의미한다. 자기 향상을 위한 각종 자기 계발서와 강연을 비롯해 여러 자기 관리 방법을 알려주는 유튜브까지, 자기 계발이 이미 하나의 키워드가 된 사회에서 전문가 예능은 사회적 감수성과 정확히 공명한다. 당신 자신을 경영하라는 신자유주의적 명령이 깊이 체화된 결과물이 바로 이러한 전문가 예능인 것이다. 맞춤화된 자기 계발 솔루션을 제공하는 각종 전문가가 교수나 정치인 같은 전통적 권위자만큼이나 존경받고, 그 전문가들의 조언과 코칭을 받는 것을 사람들이 일종의 로망으로 삼는 것도 그런 이유다. 현대 사회에서는 아이를 키우고 개를 훈련시키는 일상적 일마저도 식당 같은 사업체를 경영하듯이 수행해야 하는 것이 되었다.

일상마저 경영의 대상이 되는 신자유주의 자기 향상 문화의 중요한 특징은 심리학적 부분에 대한 향상과 최적화를 강조한다는 점이다. 인간 자체가 상품, 곧 '인적 자본'의 총체라면, 인간의 심리적 특성 또한 하나의 자본이자 중요한 투자와 계발, 최적화의 대상이 된다. 마음은 모든 사람이 가지고 있는 것이자 모든 성공의 기본으로 여겨지기 때문에, 심리적 특성의 최적화는 오늘날 수도 없이 많은 미디어와 문화 상품이 다루는 인기 있는 주제로 부상하게 되었다.

세 전문가가 출연하는 프로그램들 또한 심리적 차원의 향상이 점점 더 중요한 문제로 떠오르는 오늘날의 문화가 지닌 특성을 잘 보여준다. 속칭 '빌런'을 찾아내어 이들의 해이한 정신 상태를 '개조'하는 반복적 테마가 이러한 프로그램들의 또 다른 특징이기 때문이다.

어찌 보면 아이, 개, 식당은 단지 사연 속 주인공의 심리적 문제를 드러내기 위한 장치일 뿐이라는 생각도 든다. 이때 사연 주인공들의 문제란 단순히 아이, 개, 음식을 사랑하는 마음이 있고 없고

하는 차원보다는 적극적으로 적절한 정보를 찾고 적용해서 아이 양육, 개 키우기, 식당 경영이라는 행동을 최적화하려는 경영가적 마음가짐의 부재에 있는 경우가 많다. 아무리 좋은 의도를 가진 사람이라고 해도, 적절한 정보를 찾아내어 자신의 활동을 최적화하지 못하는 주인공들은 자주 시청자들의 거침없는 비판과 '훈수' 내지는 '일침' 같은 도덕적 비난의 표적이 된다.

예능 밖으로 나온 빌런 찾기

백종원, 오은영, 강형욱 같은 전문가 엔터테이너들이 점점 더 유명해지면서 이들에 대한 이런저런 비판의 목소리도 높아졌고, 이에 따라 전문가 예능의 인기는 점차 사그라드는 추세다. 그럼에도 전문가들의 조언을 통한 심리학적 향상이라는 장르 자체의 인기는 여전하다.

특히 오은영 박사가 부상하면서 심리학·정신의학 전문가의 인간관계 조언이라는 장르는 더 많은 관심을 받게 되었고, 팬데믹과 함께 사용 빈도가 더욱 높아진 유튜브, 틱톡, 트위터 등의 소셜 미디어들을 통해 제2의 전성기를 맞이했다.

유튜브에서 '인간관계'라는 말을 검색하면 정신과 의사나 심리학자가 운영하는 다양한 채널을 쉽게 접할 수 있는데, 이러한 채널들은 적지 않은 구독자를 보유 중이다.

그런데 가장 조회 수가 높은 동영상들은 대체로 놀라울 정도로 유사한 주제를 다룬다. 화를 다스리는 법에서 좋은 인간관계를 맺는 법까지 인간관계 전문가들이 조언하는 삶의 영역은 매우 다양하다. 그러나 유튜브에서 일관되게 높은 인기를 구가하는 동영상들은 대개 심리학적·정신의학적 용어를 동원해 인간 행동을 평가하기 위한 일반화된 원리를 설명하는 것을 골자로 한다. 마치 식당의 위생을 점검하는 백종원처럼, 행동과 언어 하나하나에 확대경을 들이밀어 낱낱이 평가하는 이러한 행위의 목적은 정신 건강에 '유해한' 사람을 구분한 다음, 인간관계를 끊어내는 '손절' 행위를 통해 이들에게서 받을지도 모를 피해를 예방하는 것이다.

유튜브에서 '인간관계'라는 말을 검색하면 조회 수 상위권에 드는 동영상들의 썸네일은 대개 심리학 전문가의 사진 옆에 이런 제목들을 띄운다. '정신과 의사가 알려주는 손절해야 할 사람 유형 TOP 3' '이런 행동 하는 사람은 만나지 마세요' '엮이면 안 되는 독이 되는 사람 유형 1위' '○○ 박사가 알려주는 인간관계 정리하는 법'.

이런 전문가들의 조언은 대체로 대동소이한 구조로 이루어진다. 먼저 타인의 일상적 행동에서 유해함의 증거를 찾는다. 심지어 때로는 별다른 (심리적·물질적) '이득'이 되지 않는다는 것이 유해함을 시사하는 일종의 증거가 되기도 한다. 나아가 유해한 타인의 행동을 그런 행동 아래 존재하는 그의 심리(학)적 문제를 시사하는 증거로 의미화하기도 한다. 인간관계 전문가들의 추상화된 평가 도식에서는 타인의 가장 평범하고 일상적인 행동도 나를 감정 쓰레기통 삼는 유해한 행위가 되거나, 그가 '나르시시스트'나 '에너지 뱀파이어'라는 증거 혹은 그에게 애착 문제 같은 심리적 문제가 있음을 시사하는 증거가 될 수도 있다.

마지막으로, 이러한 평가를 통해 관계와 그 관계에 관여된 타인이 유해한 것으로 판명되면 그 관계는 빠르고 돌연한 정리, 즉 손절의 대상이 된다. 잠시 거리를 두고 생각해 보거나 적극적으로 문제를 거론하는 등의 대안 대신 갑작스러운 단절을 택하는 대인관계 방식이 타인에게 무례해 보일지도 모르지만 그래도 괜찮다. 가장 중요한 일은 바로 당신 자신과 당신의 심리적 건강을 지켜내고, 진정한 당신을 회복하는 것이기 때문이다.

심리학 전문용어까지 동원해 인간관계를 평가하고 관리하려는 행동은 이제 전문가만의 전유물이 아니다. '블라인드'에서 '여성시대', 트위터까지, 오늘날 대부분의 인터넷 커뮤니티에서는 이런저런 인간관계 조언 글이나 자신의 인간관계에 대한 일화를 들려주며 일종의 교훈을 주고자 하는 글을 흔하게 접할 수 있다. '나르시시스트 친구 구분법' '회피형 친구 손절한 썰' 등의 제목을 단 글이나 "이런 사람 너무 유해한 것 같다"는 의견이 줄줄이 달려 있는 글들과 댓글들은 심리학 전문가들의 세계관과 대동소이한 목표들을 공유한다.

첫째, 타인을 의식적으로 평가하라. 특히 심리학적·정신의학적 용어들을 동원해 타인을 평가하라. 둘째, 평가적 행위를 바탕으로 우리의 건강에 유해한 사람을 피하고 손절하는 등의 행위로 정신 건강을 관리하라.

물론 인간관계에서 갈등은 언제나 존재하는 것이고, 마음에 들지 않는 친구나 동료와 멀어지는 것 또한 자연스러운 일이다. 그렇다고는 해도, 이런 현상들은 심리학의 언어적 도구를 적극적으로 습득하면서까지 자신을 지키려는 방어적 준비 태세를 갖추는 행위가 갈수록 상당한 문화적 정당성을 획득하고 있음을 보여준다.

글로벌 빌런 찾기

온라인 커뮤니티 및 소셜 미디어를 중심으로 심리학적 평가에 기반해 손절을 권하는 조언 포맷이 유행하는 현상은 비단 대한민국에서만 벌어지는 일이 아니다. 오히려 한국은 이런 현상에서 한참 후발 주자인지도 모른다. 한국에서는 유튜브와 각종 인터넷 커뮤니티가 인간관계와 관련한 자기 계발 미디어 유행의 확산에 핵심 역할을 한다면 해외, 특히 서구권에서는 틱톡과 인스타그램이 청년들이 인간관계 조언과 정보를 얻는 주된 장소로 부상 중이다.

인스타그램은 그렇다 쳐도 틱톡이 인간관계 관련 정보를 얻는 장소라는 말은 약간 생소하게도 들린다. 아마도 이 책을 읽는 독자 여러분 가운데 상당수는 틱톡을 청소년들이 음악에 맞추어 춤추는 동영상을 올리는 플랫폼 정도로 알았을 것이다. 그런데 세계적으로 보면 틱톡과 인스타그램이 정보를 얻기 위한 플랫폼으로 활용되는 빈도가 점차 늘어나는 추세다. 구글 임원 프라바카르 라가반에 따르면 구글의 자체 데이터는 청년층 약 40%가 점심 먹을 장소 등을 검색하기 위해 구글 대신 틱톡이나 인스타그램을 활용한다는 것을 보여준다.[4] 어도비사가 발표한 2024년의 보고서는 미국인 40%가 틱톡을 검색 엔진으로 활용한다는 사실을 알려준다.[5]

이처럼 소셜 미디어가 정보 창구가 된 배경하에 틱톡과 인스타그램은 전 세계 젊은이들이 인간관계에 대해 조언을 얻는 매체로 부상했다. 특히 틱톡은 2020년대 들어 그러한 목적을 위한 매체로 널리 활용되고 있어, 틱톡에서 #relationships(관계)나 #friendship(우정) 같은 해시태그를 검색하면 눈이 휘둥그레질 정도로 많은 동영상이 등장한다. 친구와 함께 춤을 추거나, 애인을 자랑하거나, 남자 꽉 잡는 법(?)을 알려주는 동영상 등 이러한 해시태그를 통해 검색되는 내용들은 글로벌 플랫폼답게 상당히 다채롭다.

그런데 인간관계에 대해 조언하는 동영상을 보고 싶으면 인간관계 관련 해시태그와 함께 #mental health(정신 건강) 태그를 단 동영상을 찾아도 된다는 점이 흥미롭다. 한국과 유사하게 심리학 및 정신의학 전문가들이 전문적인 어휘를 활용해 인간관계에 대해 다양한 조언을 하고, 일반인 인플루언서들도 이들의 어휘 목록을 그대로 차용하는 양상이 나타나는 것이다.

오늘도 틱톡에는 '나르시시스트의 특징' '회피형 남자의 특징' '가스라이팅 구분법' 등 관계에서 타인을 분류하고 평가하는 데 이용할 수 있는 수많은 심리학적·정신의학적 어휘에 관한 동영상이 끝도 없이 업로드된다. 일례로 2023년 기준 #narcissism(나르시시즘) 해시태그는 무려 3.8억 뷰를 기록했다.[6]

이러한 일련의 심리학적·정신의학적 평가 행위의 종착역이 관계의 돌연한 단절이라는 것 또한 한국과 마찬가지다. '손절'이나 '잠수' 같은 일상적 속어보다 한층 더 심리학적이고 정신의학적인 단어를 활용해 이 과정을 권장한다는 차이만 있을 뿐이다. '바운더리boundary'는 본래 자아와 타인의 경계를 의미하는 심리학 용어였는데, 최근 영어권 대중문화에서 바운더리를 설정한다는 것은 사실상 '타인을 손절한다는 것cut people off'과 상당히 유사한 의미가 되어버렸다.[7]

틱톡과 인스타그램 쇼츠 외에도 다양한 매체들이 친구를 분석하고 손절하는 법을 알려준다. 일례로 세계 각국에 해외판 서비스를 제공하는 미국의 인기 인터넷 뉴스 매체 〈허프포스트〉에는 '당신이 유해한 친구 관계를 맺고 있다는 여덟 가지 증거(그리고 이에 대한 해결책)' '바운더리를 설정하면 일어나는 열 가지 좋은 일' 같은 제목의 글들이 넘쳐난다.

특히 틱톡과 인스타그램 쇼츠의 짧고 단순한 형식은 손절이라는 다소 극단적 결론에 도달하기까지 걸리는 시간을 극적으로 줄였고, 이제는 아무런 맥락도 없이 관계의 돌연한 단절을 위한 구체적 방법만을 알려주는 콘텐츠도 적지 않게 인기를 끌고 있다.

일례로 #relationships 및 #friendship 태그에서 상위권에 있는 한 동영상에서는 어느 임상심리학자가 친구와 헤어지는 법을 소개하고 있다. 자그마치 4만 2900개의 '좋아요'를 받은 이 동영상이 안내하는 '손절 멘트'는 다음과 같다. "난 우리 관계를 소중히 생각했어. 그런데 우리는 서로 다른 인생길을 걷는 듯해. 나는 더는 우리의 우정에 투자할 여유capacity가 없어."

돌연히 인간관계를 끊어버리는 행동을 위해 대본까지 준비한다는 것이 황당하게 들리지 않는가. 그런데도 어느 박사가 트위터에 올린, 도움을 청하는 친구를 끊어내기 위한 대본이 하나의 밈이 되어버릴 만큼 이런 식의 인간관계에 대한 조언은 서구권에서 흔한 것이 되었다. 그 내용은 다음과 같다. "안녕! 연락해 줘서 고마워. 나는 사실 지금 여유가 없어/다른 사람을 돕고 있어/개인적 일 때문에 너를 보듬어줄hold space 여유가 없어.* 우리 나중에 연락하면 안 될까?/널 도와줄 만한 다른 사람은 없니?"

---

* 'hold space'는 발달심리학자 도널드 위니컷이 사용한 용어다. 위니컷은 아이의 건강한 자아가 양육자와의 좋은 관계와 놀이 속에서 성장한다는 대상관계 이론을 주창하기도 했다.

2장

내게
무해한 사람

치료요법 문화

심리학의 무기고를 뒤져가면서까지 관계에 대해 한껏 방어 태세를 갖추려는 이 같은 문화적 감수성의 확산을 어떻게 이해해야 할까?

앞서 본 일련의 현상에서 일차적으로 눈에 띄는 것은 인간과 관계에 대한 통찰을 얻기 위해 심리학과 정신의학의 어휘와 평가 도식에 의지하는 일이 점점 보편화한다는 점이다. 심리학과 정신의학은 오래도록 대중적으로 널리 관심을 받아온 학문이지만, 특히 팬데믹 시대를 기점으로 많은 사람이 이를 인간관계를 이해하고 잘 해내기 위한 수단으로 적극 활용하기 시작했다. 우리는 타인들로 인한 '스트레스'와 '트라우마' 폭격에 시달리며, 우리를 '트리거trigger'하는 것들을 피하려고 애써야 한다. '바운더리'를 설정하고, 나를 '가스라이팅'하는 '에너지 뱀파이어'들과 '나르시시스트'들과의 '유해한' 관계로 인해 떨어진 '자존감'을 '회복하며' '건강한' 관계를 맺으려 노력해야 한다. 관계를 구축하기 이전에 '진정한 나'를 알고 '자아를 실현'하며 '행복'을 찾기 위해 '마음의 근육'을 단련해야 한다. 또한 상처받은 '내면아이'에 대한 돌봄과 치유를 실천하며 안정적 '애착'을 구축해야 한다. 실제로 우리는 일상적 문제를 논의하기 위해 친구나 가족, 멘토 대신 치료사나 정신과 의사를 방문하기도 한다.

서구권에서는 이처럼 인간관계 등에 대해 조언하는 소셜 미디어를 통해 심리학적·정신의학적 용어를 습득해서 사용하는 행동을 지칭하는 '테라피스픽therapy speak'이 새로운 화두로 떠오르고 있다. 〈ABC뉴스〉〈가디언〉〈뉴요커〉 등의 다양한 매체들이 사람들이 점점 더 테라피스픽을 통해서 인간관계를 해석하고 꾸려나가는 현상에 주목하기도 했다.[8,9,10] 이러한 기사들은 심리학적·정신의학적 용어가 유행함에 따라 사람들이 이를 비전문적이고 부정확한 방식으로 무분별하게 사용한다고 비판한다.

물론 어떤 용어의 학술적 용례와 대중적 용례에는 상당한 차이가 있는 경우가 적지 않다. 그리고 많은 경우 특정한 용어가 대중적으로 사용되는 방식은 한 개념을 둘러싼 학계의 다양한 학설과 의견 차이를 반영하지 못한다. 그러나 주목해야 할 사실은 특정한 심리학적 용어가 이른바 비전문가들에게 얼마나 보편화되느냐, 혹은 '정확하게' 사용되느냐 하는 것만이 아니다. 그보다는 심리학과 정신의학이 단순히 학술적 지식을 넘어선 하나의 문화 현상으로 부상하게 된 것에 주목할 필요가 있다.

사회학자들은 심리학과 정신의학이 우리의 사고방식과 세계관을 형성하는 방식을 이해하고 탐구하기 위해 치료요법 문화라는 개념을 사용해 왔다. 치유문화라고도 번역되는 치료요법 문화는 심리학적·정신의학적 치료요법의 치유적 언어와 사고방식이 단지 상담사와 정신의학자들의 전문화된 실천이나 지식체계를 넘어, 우리가 자신과 타인 그리고 세상을 이해하는 문화적 틀로 자리매김해 왔다는 사실을 지적하는 사회학적 개념이다.

치료요법 문화의 대표적 연구자인 사회학자 에바 일루즈의 말을 빌리면, 심리학과 정신의학의 치료요법은 심리학자로 대표되는 심리 전문가들을 통해 전달되는 공식적 지식체계일 뿐만 아니라 일상의 문화적 관행과 자기 인식 속에 스며들어 있는 '비공식적 문화체계'[11]이기도 하다. 심리학과 정신의학은 이미 존재하는 어떤 현상이나 개념을 지칭하는 어휘 목록이나 지식을 제공하는 데 그치지 않고 우리가 타인과 자신, 나아가 세상에 대해 가지는 일련의 전제 자체를 근본부터 변화시켜 온 것이다.

무해함이라는 시대정신

치료요법이 하나의 지식체계일 뿐만 아니라 우리의 가치관과 사고방식을 형성하는 하나의 문화적 세계관이기도 하다는 말은 무슨 뜻일까? 앞서 나온 일련의 인간관계 조언 미디어에서 나타나는 인간관계론의 근본 전제들을 탐구해 보면, 심리학과 정신의학의 치유적 문제 설정과 개념틀이 사람들이 삶의 일상적 문제를 이해하는 문화적 틀 자체를 바꾸었다는 사실을 이해할 수 있다. 점점 더 많은 일상적 사건들을 심리학과 정신의학이 강조하는 병리와 치유, 건강의 프레임을 통해서 이해하게 된 것이다.

인간과 인간관계를 다양한 심리학적·정신의학적 용어로 분류하고 관리하는 행위를 정당화하는 문화적 전제는 다음과 같다. 첫째, 인간관계를 비롯해 다양한 일상적 경험이 낳는 고통은 무엇보다도 정신 건강에 위협적이고 유해하다. 둘째, 건강을 지키는 것은 인간관계에서 가장 중요한 과제다.

우리가 타인을 분류하고 관리하는 데 집착하는 것은 단순히 그런 일에 활용할 수 있는 어떤 전문 어휘가 존재하기 때문만은 아니다. 관계에서 나타나는 일상적 사건들을 건강에 유해한 것들로 이해하기 시작하면서, 그러한 위험을 예방하는 행위의 중요성도 그만큼 커졌기 때문이다. 지난 몇십 년간 점점 더 일상화되어 온 치료요법의 어휘와 평가 도식은 일상적 고통이나 갈등을 내가 관여하고 성찰할 수 있는 사건이라기보다는 즉시 제거해야 할 건강 문제에 가까운 것으로 이해하는 문화적 감수성을 만들어냈다.

이러한 치료요법적 감수성의 확산을 가장 잘 보여주는 문화 가운데 하나가 바로 '무해함'을 추구하는 문화다. 전통적으로 '유해' '무해' 같은 단어들은 실제로 신체적 건강을 해치는 유독물질을 지칭할 때나 사용하던 말들이다. 그런데 최근에는 특히 여성문화를 중심으로 '무해한'이라는 수식어를 사람이나 캐릭터를 평가하는 단어로 점점 더 자주 사용하는 현상이 나타난다. 무해함을 내세우는 소설 제목과 광고 문구들, 무해함을 마케팅 포인트로 내세우는 캐릭터나 아이돌이 보여주듯 무해한 무언가에 대한 갈망은 특히 젊은 여성들에게서 흔하게 관찰할 수 있는 바람이 되었다. 무해함이란 많은 것들을 가리키는 말이지만 대체로 나의 감정적 항상성을 침범하지 않고, 나를 편안하고 즐겁게만 하는 무언가를 지칭한다.

그런데 무해함을 추구하는 감성이 젊은 여성들이 좋아하는 문화 콘텐츠나 인물에만 한정되지는 않는다. 서사적 갈등 혹은 갈등을 유발하는 캐릭터를 회피하는 오늘날 문화 콘텐츠들의 감수성 역시 무해함을 추구하는 감수성과 상당히 유사한 측면이 있다. 웹툰, 드라마, 영화 등에서 내용 전개뿐 아니라 주인공의 성장을 위해서도 꼭 필요한 고통과 갈등, 시련을 주는 캐릭터들은 이제 단지 독자들과 시청자들에게 감정적 고통을 주는 '고구마' 같은 존재로만 받아들여지기도 한다.

무해함의 추구, 즉 감정에 대한 잠재적 위협의 회피라는 현상은 단순히 문화적 코드에 한정되지 않고 실제 삶과 인간관계 양상에서도 발현되는 성향이 되었다. 최근의 심리학과 사회학 연구들은 특히 젊은 세대의 위험 회피 성향이 크다는 사실을 보여준다. "갈등과 고통을 회피하려는 경향이 지나치게 큰 사람"이라는 의미로 사용되는 '회피형'이라는 말이 청년들의 유행어가 된 것도 그러한 이유 때문일 것이다.

1990년대 중반 이후 태어난 이른바 Z 세대 청년들은 부모 세대보다 면허를 따는 비율도 적고,[12] 청소년기에 섹스한 경험도 더 적으며,[13] 술도 더 적게 마신다. 청년들의 주류 소비가 줄어드는 것이 주류 업계의 걱정거리가 될 정도다.[14] 물론 과도한 음주나 준비 없이 이루어지는 성관계에 경각심을 갖는 등 이런 성향이 장점이 될 수도 있다. 그런데 문제는 청년 세대의 위험 회피 성향이 지나쳐 자기 파괴적 수준으로 나타나는 경우도 있다는 점이다.

최근의 심리학 연구들은 오늘날 청년 세대가 위험에 대한 과도한 경계심으로 인해 만성 불안에 시달리는 경우가 적지 않다는 사실을 보여준다. 심리학자 조너선 하이트의 베스트셀러《불안 세대 *The Anxious Generation*》는 제목처럼 청년 세대 다수가 과도한 불안에 시달린다는 것을 다양한 연구를 통해 입증한다. 불안 장애는 오늘날 청년 세대에서 가장 흔한 장애로, 2023년 미국 대학생들을 대상으로 한 조사는 대학생들 37%가 '항상' 또는 '대부분의 시간 동안' 불안을 느낀다고 답했음을 보고했다.[15]

위험과 고통을 두려워하고 회피하는 성향은 청년들의 인간관계에서도 나타난다. 타인으로 인한 갈등과 고통을 최대한 회피하려는 성향이 관찰되는 것이다. 일례로 2024년 '사단법인 오늘은'에서 발표한 청년의 인간관계에 관한 조사는 적지 않은 청년들이 관계의 위험 요소를 회피하려는 경향을 보인다는 것을 알려준다. 이 조사에서는 관계를 맺을 때 상처받지 않는 것이 중요하다고 생각한다는 명제에 대해 자그마치 68%가 ‘그렇다’ 또는 ‘매우 그렇다’로 동의를 표하고, 9%만이 ‘그렇지 않다’나 ‘전혀 그렇지 않다’로 답하는 흥미로운 결과가 드러났다.

가벼운 대화에 머무를 수 있는 사람들, 취미나 취향 면에서 유사한 사람들만을 만나는 것이 애초에 갈등을 경험하고 서로의 차이를 알게 될 만큼 가까운 사이로 발전하지 않기 위한 전략으로 사용되기도 한다. 같은 조사에서는 취미나 취향이 비슷하지 않은 사람과는 관계를 맺기가 어렵다는 명제에 39.6%가 동의를 표하고, 32.4%가 ‘보통이다’로 답했으며, 28%만이 확실한 비동의 의견을 표했다.

깊은 관계보다 가벼운 소통을 선호한다는 명제에 대해서는 30.8%가 ‘그렇다’ 혹은 ‘매우 그렇다’, 39.4%가 ‘보통이다’로 답했고, ‘아니다’ 또는 ‘전혀 아니다’로 확고한 비동의 의견을 표한 청년이 29.8%에 불과한 결과가 나타났다.[16] 적지 않은 사람들에게서 상대적으로 안전하다고 볼 수 있는 ‘스몰 톡’에 머무르려는 성향이 나타나는 것이다. 어느 정도의 자기 공개는 친밀감을 위해 필수적이지만 오늘날 청년문화에서 자기 공개는 종종 ‘tmi’라는 조롱조 농담에 직면한다.

한편 아예 가까워지는 것 자체를 회피하는 새로운 관계 형태의 등장은 청년들의 인간관계 양상에서 갈등과 고통을 회피하는 경향이 점점 더 두드러진다는 것을 보여준다. 2023년 옥스퍼드 대학 출판부가 선정한 올해의 단어 후보에는 ‘situationship(시츄에이션십)’이라는 단어가 올랐다. 이는 관계에 관여된 당사자들조차 정확히 무슨 관계인지 모르는, 정립되지 않은 관계를 뜻하는 단어다. 한국의 유행어로는 '썸'과 상당히 비슷한 의미지만, 시츄에이션십은 사실상 애인들끼리 할 법한 행위를 하면서도 서로를 연인으로 정의하지 않는 모호한 관계라는 의미로 가장 자주 사용된다. 애인이나 다름없지만 진짜 애인은 아닌, 깊은 관계로 발전하기를 회피하는 관계가 바로 시츄에이션십이다.

물론 이런 관계를 맺는 가장 큰 이유는 깊이 있는 관계가 주는 부담과 책임감, 헌신을 회피하기 위해서다. 시츄에이션십에는 다른 사람을 만나면 안 된다, 괴로운 순간은 함께 나눠야 한다 등 타인에 대한 헌신의 의무가 전혀 존재하지 않는다. 정식으로 관계를 끊자고 요청해야 할 의무조차 없어서 어느 날 갑자기 잠수를 타도 이상하지 않은 관계가 바로 시츄에이션십이다.

시츄에이션십은 갈등과 거절에 대한 두려움을 회피할 수 있는 관계라는 장점도 있다. 시츄에이션십은 연인이 되어달라고 부탁하는 긴장의 순간을 한없이 미루는 관계이자, 아무런 갈등의 조짐 없이 어느 날 갑작스레 관계가 끊어져도 아무 관계가 아니었기에 상처받을 필요가 없는 관계라고 여겨진다.

데이팅 앱 '힌지'가 발표한 연구 결과에 따르면 Z 세대 청년들 56%가 거절에 대한 두려움 때문에 새로운 관계를 맺지 못한 경험이 있다고 털어놓았다.[17] 누구나 거절당하는 것을 두려워하겠지만, 관계를 열망하면서도 거절당할까 봐 관계를 맺지 못한다는 연구 결과는 다소 놀랍다. 헌신하는 괴로움, 거절과 갈등에 대한 공포 등 관계가 낳는 고통이 이다지도 두렵게 다가오는 이유는 과연 무엇일까? 이러한 두려움의 바탕에는 어떤 믿음과 세계관이 자리하는 걸까?

인간관계 스트레스는 발암물질일까

이처럼 특히 청년들을 중심으로 인간관계로 인한 고통을 회피하고 무해한 인간을 찾으려는 성향이 점점 두드러지는 데에는 복잡한 사회적 이유가 있으며, 이는 이 책 전체에서 탐구할 주제이기도 하다. 분명한 점은 일상적 사건을 건강의 관점에서 이해하도록 하는 심리학과 정신의학의 어휘 및 사고방식의 확산이 이러한 문화적 감수성의 형성에 지대한 영향을 미쳤다는 것이다. 일상의 문제를 병리와 치유의 관점에서 이해하는 치료요법적 감수성은 문화의 어휘 목록뿐 아니라 암묵적 전제 자체를 바꾸어낸다. 치료요법의 어휘와 평가 도식은 일상의 모든 갈등과 고통을 치유의 대상이 되는 병리로 구성함으로써, 타인의 고통과 타인으로 인한 고통 모두를 피하는 것을 중요한 문화적 과제로 만들어내기 때문이다.

고통과 고통을 주는 사람을 단지 유해한 것으로만 이해해야 할 이유는 없다. 고통은 단순히 피하고 제거해야 하는 무언가가 아니라 나름의 기능을 수행하며, 그렇기에 우리가 관여할 수 있는 복합적 사건이기 때문이다.

신체적 고통은 크게 두 가지 기능을 한다. 첫째, 내면 바깥의 환경에서 벌어지는 사건들에 대해 주의와 성찰을 촉구한다. 뜨거운 물에 손을 담갔을 때나 암에 걸린 상황 등에서 고통을 느끼지 못한다면 더 큰 위험에 처하게 되기 때문이다. 둘째, 변화를 위한 시간을 갖게 한다. 큰 병에 걸리고도 고통을 느끼지 못해 평소와 다름없이 행동한다면 건강을 회복하기 힘들 것이다.

정신적 고통 또한 이와 상당히 유사한 기능을 수행한다. 외로움이 우리에게 의미 있는 관계의 부재를 상기시키고, 관계 회복을 위한 시간을 갖게 하는 것이 그 대표적 예시다. 정신적 고통 또한 신체적 고통처럼 환경과의 관계에서 일어나는 일들에 대한 주의와 성찰을 요구하며, 변화의 계기를 만드는 역할을 하는 것이다. 그렇기에 관계 속에서 벌어지는 다양한 고통은 근본적 차원에서는 우리가 적극적으로 성찰하고 관여할 수 있는 사건이기도 하다.

헌신하는 것, 특히 타인의 고통을 경청하고 이에 응답하는 것은 분명 괴로운 일이지만 그 괴로움 때문에 우리는 그와 적극적으로 연대하려는 마음을 갖게 되며, 알지 못했던 타인과 세상의 모습을 성찰할 동기를 부여받는다. 슬픔과 고통을 함께 느낄 수 없다면 세상과 타인의 다른 면모, 특히 어두운 면모에 주목할 계기도 거의 없을 것이다.

만약 타인의 괴로움과 고통에 대해 모른다면 우리는 어떻게 서로가 가까워졌음을 알 수 있을까? 고민이나 괴로움을 털어놓고 표현하는 행위는 친밀감을 표현하고 쌓는 대표적인 방법일 뿐만 아니라, 사회적으로는 연대를 구축하는 방법이기도 하다. 고통에 관해 이야기할 수 있다는 것은 관계와 공동체의 성립 조건이다.

반대로 관계와 공동체는 혼자 다룰 수 없는 고통을 해결하기 위해 인간이 의지할 수 있는 최초의 수단이자 최후의 수단이다. 고통과 괴로움을 나누는 행위를 피하는 것은 어떤 형태로든 깊은 관계를 회피하는 것과 마찬가지다.

고통은 우리 자신과 사회의 변화를 이끄는 조건일 뿐만 아니라 관계가 성장하는 과정에서 필수적인 한 부분이기도 하다. 서로의 차이로 인한 갈등과 이로 인한 아픔 또한 타인의 고통을 듣는 일처럼 우리에게 괴로움을 겪게 한다. 그럼에도 갈등을 헤쳐나가려고 노력한다면 갈등적 사건이 결과적으로는 관계를 돈독히 하는 사건으로 변모하고, 함께 쌓는 서사의 한 에피소드로 바뀌게 될 수도 있다.

우리를 불편하게 만드는 타인은 다른 삶과 관점에 대한 이해와 포용력을 넓힐 수 있는 가장 중요한 계기가 될 뿐만 아니라, 어떤 경우에는 우리의 잠재적 친구이기도 하다. 삶에 필연적인 갈등과 고통을 직면하고 성찰하는 능력, 서로 다르다 해도 함께 살아갈 수 있는 능력을 키우는 것은 인간적 성장에 필수적 요소다.

그러나 현대 치료요법 문화는 정신적 고통을 우리가 관여하고 성찰할 수 있는 것, 때로는 우리를 성장시키는 것으로 보거나 최소한 일상적 사건으로 이해하는 대신, 삶에서 경험하는 모든 정신적 고통을 피해야만 하는 병리, 정신 건강과 자아에 대한 심각한 위협으로 평면화한다. 특히 현대 사회에서는 일상생활에서 벌어지는 다양한 갈등과 부침을 '스트레스' '트라우마' '상처' 같은 어휘로 이해하는 관점이 확산하면서, 인간관계에서 발생하는 고통 또한 점점 더 관여보다는 회피나 치유의 대상이 되는 무언가로 받아들여지게 되었다. 갈등이나 고통을 성찰과 성장의 계기로 삼을 사건이라기보다는 단지 정신 건강에 해로운 무언가로 일원화하여 받아들이는 관점이 보편화함에 따라, 괴로운 사건에 적극적으로 관여하기보다는 회피하려는 심리가 일반화하는 것이다.

일상 사건을 우리가 관여할 수도 있는 문제가 아니라 회피하거나 관리해야 하는 건강 문제로 만드는 대표적인 치료요법적 개념으로 스트레스를 꼽을 수 있다. 스트레스 개념이 확장되고 확산됨에 따라 일상적으로 경험하는 많은 사건들을 치료나 치유가 필요한 건강 문제의 축적으로 평면화하는 경우가 잦아지고 있다.

현대문화에서는 일상적 스트레스가 맥락과 무관하게 그 자체로 일종의 문제일 뿐만 아니라 암과 면역 문제를 비롯한 온갖 신체적 건강 문제로 이어진다는 내러티브가 널리 퍼져 있다. 하지만 실제로는 일상적 스트레스와 암 같은 건강 문제의 인과관계에는 논쟁의 여지가 있다.[18] 사실 세계암연구기금World Cancer Research Fund Imformation, WCRF, 영국암연구소Cancer Research UK, CRUK 등의 세계적 기관들은 스트레스가 암의 원인이라는 것을 증명할 만한 근거가 없다고 주장하기도 한다.[19] 스트레스 때문에 면역력이 떨어진다는 것이 거의 상식처럼 자리 잡았지만, 사실상 만성적 스트레스가 아닌 단기적 스트레스는 오히려 면역 기능을 활성화하는 역할도 한다.[20]

그렇다면 극단적 스트레스나 만성적 스트레스가 아닌 일상적 스트레스는 그렇게까지 걱정할 문제는 아닌지도 모른다. 사실 스트레스를 피하는 법보다 중요한 것은 스트레스와 더 나은 관계를 맺는 법일 것이다. 그럼에도 일상적인 정신적 고통을 신체적 해악과 동일시하다시피 하는 서사는 그 과학적 증거의 불분명함에도 불구하고 널리 확산되어, 고통을 낳는 많은 사건을 관여를 요청하는 문제가 아니라 손상을 입히는 사건으로만 이해하게 한다. '발암'이라는 단어가 다양한 사회적 상황과 사람을 평면화하는 언어로 사용된다는 사실에서도, 현대인이 일상적 고통과 갈등을 점점 더 스트레스와 건강의 차원에서, 심지어 신체적 건강의 차원에서 이해하고 있음을 알 수 있다.

이처럼 자신의 문제를 스트레스로 이해할수록 적극적 성찰이나 관여를 추구하기보다는 스스로의 내면 관리에만 몰두하게 됨을 잘 보여주는 예시가 있다. 바로 일터에서 겪는 수많은 문제가 스트레스로 개념화되고 있다는 사실이다. 우리가 일터에서 경험하는 고통은 단순히 개인의 감정적 문제가 아니라 노동의 성질과 노동 환경의 질이라는 사회구조적·환경적 요인과 깊은 관련을 맺고 있는 현상이다.

그러나 스트레스 개념이 일상적 경험을 이해하기 위한 단어로 자리 잡음에 따라 우리는 점점 더 자신을 지나치게 긴 현대인의 노동 시간, 점점 더 불안정해지는 근로 환경, 하다못해 나를 괴롭히는 상사 같은 외부 환경에 대해 성찰하고 이에 관여할 수 있는 존재로 보기보다는, 끊임없이 축적되는 스트레스라는 개인적 건강 문제를 관리하는 존재로 이해하게 된다.

현대인을 괴롭히는 고통의 원인에 대해 성찰하고 타인과 대화하는 행위, 이를 바탕으로 고통에 대항해 연대하고 적극적으로 고통의 원인에 관여하는 행위보다는, 내면과 감정의 탐구에 집중하며 홀로 각종 자기 계발 미디어와 힐링 상품을 소비하는 행위가 점점 고통에 대한 일반적 대처 방식이 되는 것이다. 현대문화에서 고통은 우리가 처한 환경에 대한 성찰과 변화를 촉구하는 현상이 아니라 개인이 '관리'해야 할 병리, 또 다른 자기 관리의 대상으로 전락한 셈이다.

앞으로 보게 되겠지만 늘 긍정적이고 행복한 인간만을 건강한 인간으로 여기는 문화에서는 부정적 감정이란 그 종류와 맥락을 막론하고 자기 관리를 통해 제거해야 할 감정적 병리로 취급받는다.

이와 마찬가지로 인간관계의 많은 갈등과 부침이 스트레스로 평면화될 때, 타인을 만나는 과정에서 필연적으로 맞닥뜨리는 갈등과 부침, 고통은 우리의 적극적인 성찰이나 관여를 요구하는 관계적 사건이 아니라 치유나 회피의 대상으로 삼아야 할 감정적 손상이라는 측면에서 이해되기 쉽다.

특히 그 무엇보다 자존감을 중시하며 건강과 동일시하는 현대 치료요법 문화에서 우리의 견해, 성격, 삶의 방식이나 소비 취향을 지지하지 않는 사람은 자존감을 떨어트린다는 점에서 유해한 사람으로까지 여겨질 수도 있다. '취향 존중'이라는 무비판적 태도가 젊은 세대의 절대적 가치가 되어버린 이유이기도 하다.

스트레스 등의 치료요법적 어휘가 지배하는 사회에서는, 고통을 표현하고 경청하는 행위 또한 친밀감이나 신뢰의 표현, 우애와 연대를 다지는 행위라기보다는 단지 하나의 스트레스원으로 받아들이기 쉽다. 우리가 고통을 드러내는 것만으로도 타인을 감정 쓰레기통으로 만드는 에너지 뱀파이어나 심지어는 나르시시스트로 낙인찍히는 것을 걱정하게 된 이유다.

고통이란 이제 우리의 유대를 강하게 만드는 요인이 아니라, 불평등과 부정의 앞에서도 굴하지 않는 긍정 에너지를 발휘하며 끊임없는 자기 계발과 자기 경영에 참여해야 할 사람들을 전염시키는 질병이 되고 말았다. 공감과 경청도 에너지나 정신적 건강을 소모하는 행위, 일종의 전염성 질병에 노출되는 행위로 인식하는 사회에서는, 그 맥락이 무엇이건 부정적 기운을 퍼뜨리는 사람은 이제 감정 쓰레기통 같은 도덕적 비판의 대상이 되기도 한다.

고통을 질병과 동일시하는 현대문화에서는 고통을 경청하는 것이 아니라 고통을 드러내지 않고 홀로 참는 것, 알아서 혼자 해결하는 것이 책임감 있는 관계와 헌신의 표지처럼 여겨지기도 하는 것이다.

고통으로 무력화된 인간

한편 스트레스와 트라우마의 경계가 지속적으로 흐려지면서 감정적 고통이 영구적 상처를 남기는 질병 같은 존재라는 문화적 상상력의 힘 또한 점점 더 커져왔다. 현대문화의 흥미로운 특징 중 하나는 '외상 후 스트레스 장애Post-Traumatic Stress Disorder'(이하 PTSD)와 '트라우마'라는 단어의 의미가 끊임없이 확장된다는 것이다.

최근 몇십 년에 걸쳐 트라우마라는 단어의 용례는 이 단어가 처음 출현할 당시에는 상상도 못 했을 수준으로 확장되었다. 《정신 장애 진단 및 통계 편람Diagnostic and Statistical Manual of Mental Disorder》(이하 《DSM》) 3판, 즉 《DSM-III》에 PTSD가 처음 등장했을 때는 이 장애를 일으킬 수 있는 트라우마적 사건을 강간이나 전쟁, 고문처럼 "인간의 통상적 경험 범위를 벗어나는 것들"에 한정했으며, 어떤 사건이 트라우마적 사건인지에 대한 판단을 개인의 주관적 반응에 의존하지 않았다.[21]

그러다 2000년대 들어서면서 심리학계와 정신의학계에서 트라우마의 개념은 점점 더 확대되어, 한 개인의 정상적 기능 수행과 건강에 영향을 미치는 모든 것을 포괄하는 개념으로 그 의미와 용례가 확장되었다.[22] 트라우마 개념은 전학 간 학교에 적응하지 못하는 것에서 TV로 재해 사건을 시청하는 것까지 너무나도 많은 것을 포괄하는 개념이 되었다.[23]

예를 들어 영국의 대표적 정신 건강 자선단체 마인드Mind는 트라우마를 "대처하거나 통제하기 어려운, 대단히 무섭거나, 고통스럽거나, 스트레스를 일으키는 사건"으로 정의하는 한편, "**대부분의** 사람이 트라우마적이라고 할 수 있는 사건을 겪는다"고 주장한다.[24]

특히《DSM-III》의 개정판《DSM-III-R》은 간접 경험을 트라우마에 포함함으로써 트라우마적 사건의 범위를 한층 더 넓혔고, 《DSM-IV》는 특정한 경험의 객관적 특성보다는 주관적 측면을 더욱 강조함으로써 더 많은 일상 사건을 트라우마의 관점에서 이해하는 것이 가능하도록 학술적 기반을 마련하기도 했다.[25]

그 결과 요즈음에는 폭력, 빈곤, 사회적 배제, 자연재해 피해는 물론 부모의 이혼이나 죽음, 집단에 적응하지 못해 겪는 어려움, 사랑하는 사람과의 이별 등 일상에 널리 퍼진 경험에도 트라우마라는 단어를 쓰는 것을 흔히 볼 수 있다. 사실상 깊은 괴로움을 주는 사건이라면 무엇이건 트라우마로 지칭하는 현상이 보편화된 것이다. "PTSD 올 것 같아" "이건 완전 트라우마야" 같은 표현을 농담 아닌 농담처럼 사용하는 일들이 갈수록 빈번해지는 현상에서도 점점 더 많은 일상 사건을 일종의 정신의학적 문제로 개념화하는 치료요법적 프레임의 문화적 침투력을 느낄 수 있다.

트라우마는 인간관계에서 겪는 괴로운 사건을 묘사하는 단어로도 점점 더 자주 사용된다. 친구나 애인과 좋지 않게 이별한 트라우마는 새로운 관계를 시작하기 어려운 이유로 자주 제시되는 것들이다. 트라우마 혹은 더 흔한 용어로는 '상처'가 관계를 회피하는 태도를 정당화하는 구실이 될 때 그 전제는 괴로움을 최대한 회피하는 것이 나쁜 경험에 대한 적절한 대처 방식이라는 것이다.

수많은 사건들이 트라우마를 낳을 수 있는 잠재적 위협으로 여겨지게 되자, 트라우마 반응을 유발하는 사건이나 상황 등을 뜻하는 '트리거'라는 단어도 함께 일상화되는 현상이 나타났다. 특히 트라우마를 자극하는 내용(사실상 자극적이고 폭력적인 내용이라면 무엇이든 해당된다)이 포함되어 있음을 알리는 '트리거 워닝 trigger warning'을 삽입하는 것은 점점 더 많은 콘텐츠에서 의무 아닌 의무로 변해 간다. 심지어 서구권에서는 대학 강의안이나 자료에까지 트리거 워닝이라는 문구를 삽입하는 추세다.[26] 이제는 나와는 반대되는 의견을 가진 사람들의 이야기를 듣는 것마저 기피해야 마땅한 트라우마로 여겨지는 것이다.

그러나 정작 트라우마를 일으키는 사건이나 상황에 단계적·지속적으로 노출됨으로써 고통과 함께 살아가는 법을 배우는 것은 트라우마 치료에서 일반적인 과정이기도 하다.

이처럼 괴로운 경험을 상기시키는 어떤 것도 그저 회피해야 한다는 태도의 일반화는 우리 시대의 일반적 가정이 무엇인지 알려준다. 정신적 고통이란 완치가 어려운 상처이기에 지속적 관리가 필요하다는 것이다. 트라우마는 어찌 보면 "내게는 이런 지속적 관리와 돌봄이 필요하다"고 자신과 타인을 설득하기 위해 사용하는 일상 표현이 되었는지도 모른다.

끊임없는 침습적 기억과 플래시백의 홍수 속에 무력화된 채로 눈물을 흘리는 전쟁 베테랑이나 강간 피해자의 거의 포르노적이라 할 만큼 자극적인 이미지들은 오래도록 문화적 상상력을 지배해 왔다. 이런 이미지를 보면 고통의 경험은 인간의 존엄성을 빼앗고, 고통을 인간의 유일한 정체성으로 만들어버리는 것만 같다. 고통스러운 경험을 겪었는데도 고통이 유일한 정체성처럼 보이지 않는 사람을 의혹의 눈초리로 바라보게 할 만큼 말이다. 이렇게 극단적 경우가 아니더라도, 고통은 고통을 겪은 이에게 깊이 뿌리내려 어떤 면에서는 고통 자체를 그 사람의 정체성으로 만들어버린다는 것이 우리 시대의 일반적 가정이다.

그러나 실제로는 심각한 트라우마를 겪은 사람들조차 대개는 아무런 개입이나 치료를 하지 않아도 시간이 지남에 따라 자연스럽게 회복되는 양상을 보인다.[27] 고통은 뇌에 어떤 흔적을 남겨 우리를 영원히 불구로 만드는 병리적 사건처럼 여겨지지만, 사실 고통스러운 경험이 뇌에 영구적 변화를 남긴다는 주장은 증명된 바가 없다.[28] 우리의 뇌는 상황과 시간에 따라 변화하는 놀라운 가소성을 보여주기 때문이다.

분명 세상에는 견디기 어려운 고통으로 무력화되는 사람도 있다. 특히 주변화되어 온 고통의 심각성을 인지하는 일은 대단히 중요한 과제다. 그러나 고통은 마음속에 정지된 실체가 아니라 삶 속에서 지속적으로 새로운 의미를 부여받는 경험이기에, 고통이 일괄적으로 어떤 흉터를 남긴다는 주장에는 문제의 소지가 많다.

고통 경험은 진공 속에 존재하는 것이 아니다. 사람들은 사회문화적 의미체계, 개인의 믿음, 성격 및 행동 방식 그리고 무엇보다 사회적 유대의 질에 따라 이를 다르게 받아들이고 경험한다. 그렇기에 우리는 때로 트라우마 경험을 겪은 후 더 강해지고, 어떤 면에서는 더 나은 삶을 살기까지 한다.[29] 어쩌면 "우리가 '우리'로서 고통과 어떻게 더 나은 관계를 맺을 수 있는가"라는 질문은 "그 고통이 얼마나 잔인하고 끔찍한가"라는 질문보다 더 중요할 수도 있다.

그러나 다양한 고통을 갈수록 단지 영구적인 흉터나 질병으로만 개념화하는 우리 문화에서는 갈등과 고통은 우리가 성찰하고 직면하고 관여할 수 있는 사건이 아니라 우리를 무력화하는 사건, 항상 피해야만 하는 사건이라는 가정이 점점 일반화되고 있다. 우리가 인간관계의 사소한 고통과 상처에도 점점 더 민감해져 가는 이유다.

앞으로 계속해서 보겠지만 신자유주의와 치료요법 문화는 여러 층위에서 공명한다. 신자유주의가 원하는 이상적인 노동자상은 언제나 긍정적인 인간, 그래서 끊임없는 생산에 원활히 참여할 수 있는 인간이다. 이 체제에서 정신적 고통이란 원활한 생산 활동의 장애물일 뿐이며, 고통을 통해 이루어질 수도 있는 성찰과 인간적 유대, 사회적 연대 같은 인간적 성장은 전혀 중요하지 않다.

신자유주의는 타인에게 적극적으로 다가가고, 다양한 경험을 하며, 인간적 유대를 맺고 성장하기보다는 긍정적 기분, 즉 생산 가능한 상태를 유지하기 위해 자기 자신에게 몰두하기를 바란다. 그리고 치료요법 문화가 우리에게 권장하는 것도 바로 이러한 생활 태도다.

3장

선택하지 않을
선택

고통을 생산하는 고통

일상적 고통을 (때로는 반영구적인) 병리로 이해하게 하는 이 문화는 바깥을 향해 손을 내밀고자 하는 적극적인 의지보다는, 항상 신경을 곤두세운 채 주변을 면밀히 조사하고 평가하며, 위협 요소와 부정적 감정에 집중하는 심리 상태를 발달시킨다. 그리고 이는 외로운 사람의 심리 상태와 놀라울 만큼 유사하다. 외로운 사람 또한 타인의 인정을 갈망하면서도 타인에게서 위협의 신호를 찾고 타인을 비난하려는 태도를 발달시키는 경향이 있기 때문이다.[30]

치료요법 문화 연구의 권위자인 사회학자 프랭크 푸레디는 치료요법 문화가 오늘날 사회에 만연한 불확실성의 원인이라기보다는 그러한 불확실성의 반영이라고 지적한다.[31] 치료요법 문화는 오늘날의 외로움 위기의 근본 원인이라기보다는, 이미 깊은 외로움에 시달리는 사람들이 자신의 행동을 정당화하기 위해 사용하는 방어 전략에 지나지 않을지도 모른다. 어쩌면 치료요법 문화는 4년간의 팬데믹을 겪으며 깊이 있는 관계를 맺는 법을 잊어버리고 관계를 쌓기 위한 자원마저 잃어버린 우리가 도피를 위해 찾게 된 전략일 수도 있다. 우리가 찾는 전문가들이 반드시 심리학, 정신의학의 권위자가 아니라 인터넷 인플루언서나 유명인이어도 상관없는 이유이다.

그런데 치료요법 문화가 유도하는 사고방식이 오늘날 외로움 위기의 유일한 원인이나 주된 원인은 아닐지라도, 이러한 사고방식을 경계해야 하는 이유가 있다. 이처럼 부정적 감정과 위협에 집중하는 심리 상태는 외로움을 더 악화시키는 악순환의 고리를 만들기 때문이다. 타인에게서 위협 요소를 기대하고 감지하려는 심리 상태에서는 타인과의 관계가 **실제로도** 더욱 위협적이고 고통스럽게 다가온다.

심리학적 용어가 아무리 보편화되어도 모든 사람이 트라우마 같은 치료요법의 어휘를 적극 차용해 자신의 일상 경험을 이해하는 것은 아니다. 그러나 개인이 이러한 용어를 사용하는지 여부와는 관계없이, 일상적 사건을 정신 건강의 관점에서 이해하는 심리학적 평가 도식의 보편화는 일상적 고통을 질병과 상처라는 메타포를 통해 이해하는 문화적 감수성을 함양한다. 그리고 이렇게 형성된 문화적 감수성은 실제 고통 경험에도 영향을 미친다. 일상적 삶에서 접하는 많은 사건과 다양한 타인을 다른 무엇보다도 정신 건강에 대한 위협으로만 이해하는 문화적 감수성이 보편화할수록, 이러한 사건과 타인들이 실제로 고통을 주는 것으로 경험될 가능성도 더욱 커지는 것이다.

몇 해 전 새벽, 필자는 극심한 복통으로 갑자기 쓰러져 응급실에 실려간 적이 있다. 겉옷을 입기는커녕 일어서지도 못할 만큼 고통이 심해서 잠옷만 입은 채 들것에 실려나갔고, 응급실로 가는 중에도 이대로 죽는 건 아닐까 불안감을 느꼈다. 그런데 마침내 응급실에 도착하자 기묘한 일이 벌어졌다. 정신이 오락가락하는 와중에 누군가가 도착했다고 알려주는 말을 듣는 순간 '살았다'는 안도감과 함께 갑자기 모든 고통이 잊히는 기분이었다. 부축하겠다는 제안도 거절한 채 벌떡 일어나 응급실로 걸어 들어가는 나를 보며 구급 대원들은 아연실색했다.

필자가 경험한 일은 일종의 '플라세보 효과placebo effect'라고 할 수 있다. 잘 알려져 있듯 실제 치료 효과가 없는 위약偽藥을 복용하고도 약효에 대한 믿음 덕분에 병세가 완화되는 것이 플라세보 효과의 대표적 예시이다. 플라세보 효과는 이처럼 긍정적 기대가 실제 긍정적 효과의 경험으로 이어지는 현상을 뜻하는 말이다.

반대로 '노세보 효과nocebo effect'라는 것도 존재한다. 이는 위약을 먹었음에도 실제 약물을 처방받았을 때와 동일한 부작용을 경험하는 등 부정적 기대가 실제로 부정적 경험을 불러오는 현상을 말한다. 이때 중요한 것은 플라세보 효과나 노세보 효과가 단순히 긍정적이거나 부정적인 개인의 마음가짐에 따른 문제가 아니라는 점이다. 필자의 안도감이 병원이라는 환경에 도착함으로써 가능해진 것처럼 고통에 대한 특정한 이해와 기대를 유도하는 맥락과 환경이 이 같은 효과를 만들어낸다.

실재하는 물리적 환경과 마찬가지로 담론과 문화 또한 이러한 환경적 맥락의 중요한 부분이다. 담론과 문화는 경험에 대한 우리의 생각에 영향을 미치는 것을 넘어 **경험 자체**를 바꾼다. 미셸 푸코에게 영향받은 과학철학자 이언 해킹은 '고리 효과looping effect' 개념을 통해 일련의 분류가 사람들이 자신과 세상을 경험하는 방식에 영향을 미친다는 점을 지적한다. 해킹은 사람들에 대한 새로운 분류는 단순히 이미 존재하는 사실을 지칭하는 것을 넘어 새로운 사람들을 만들어낸다고 말한다.

분류는 우리가 스스로에 대해 생각하는 방식, 우리에게 열린 가능성, 우리가 다른 사람들과 우리 자신을 어떤 종류의 사람들로 받아들이는지에 영향을 미침으로써 인간을 변화시킨다. 사람들은 자신이 분류되고 서술되는 방식으로 행동하고 변화하는 경향이 있기 때문이다.[32] 예를 들어 자신의 고통을 일상적 언어로 이해하는 대신 '우울증'이라는 뇌의 질병, 즉 생물학적이고 기질적인 질환으로 분류하고 이해하는 사람은, 우울증에 대한 일반적 정의가 시사하듯 실제로도 더 오랫동안 더 나쁜 예후를 경험할 가능성이 크다.[33] 온갖 진단명들이 범람하는 사회에서도 정신과 진료실에서는 여전히 가능하면 환자에게 진단명을 굳이 말하지 않는 경우가 많은 이유이다.

마찬가지로 고통 경험을 일상적 언어로 이해하는 대신 심리학적·정신과적 문제로 분류하고 이해하는 문화적 경향이 강해질수록, 우리는 우리의 과거와 현재와 미래를 그러한 틀에 맞추어 해석하고, **경험하게** 된다. 트라우마나 스트레스라는 분류의 의미에 대한 일상적 이해에 따라 어떤 경험을 우리의 마음에 반영구적 상흔을 남기는, 치료 내지 치유를 요하는 무언가처럼 경험하는 경향이 생기는 것이다.

푸레디는 경험에 대한 감정적 반응에 과도하게 집중하는 현대 치료요법 문화가 취약성의 감각을 증대시킨다고 주장해 왔다.[34] 일상 사건을 정신 건강에 대한 위협이나 병리로 생각하는 문화에서 고통에 대한 민감도는 높아질 수밖에 없으며, 사람들은 스스로를 잠재적 환자로 여기게 된다. 그럴수록 고통스러운 사건에 관해 성찰하거나 관여할 수 있는 의지와 능력은 손상될 수밖에 없다.

너 자신을 사랑하라

치료요법 문화는 고통에 무력한 잠재적 환자라는 자아 감각을 일반화해, 그 문화가 치료한다는 고통을 더욱 민감하게 느끼게 만들기도 한다. 감정적 건강에 과하게 몰두하는 행위가 오히려 정신 건강에 해를 끼친다는 것은 이 책에서 반복되는 주제이기도 하다.

이런 아이러니에도 불구하고, 현대 사회에서 일상적 사건을 나의 정신적 건강이라는 관점에서 평가하게 하는 치료요법 문화는 꾸준히 영향력을 넓혀왔다. 사실상 감정적 건강을 방어하는 것이 단순히 중요한 과제를 넘어 하나의 도덕으로 자리 잡았다고까지 말할 수 있다.

현대의 인간관계론에서는 일상의 많은 경험이 잠재적인 건강 문제라는 전제뿐만 아니라, 자신의 정신 건강을 지키는 것이 그 무엇보다 중요한 일이라는 전제가 두드러진다. 건강이라는 새로운 가치 앞에서, 예전에는 관계를 존중하지 않는 혹은 책임감 없는 태도로 비쳤을 법한 행동들에 대한 도덕적 비판은 희석되고 만다.

사실 타인을 감정적 득실의 측면에서 평가하는 행동이나 일방적으로 관계를 끊어버리는 행동은 타인을 인간이 아닌 나의 정신 건강을 위한 도구로 취급하는 행동 양식이기도 하다. 그러나 충심이나 우정이 아니라 건강이 가장 중요한 도덕적 가치가 될 때 이런 도구적 행동은 비난받는 대신 감정적 건강이나 항상성을 지키는, 이른바 '나를 사랑하는' 행동이라는 새로운 도덕적 의미를 획득한다. 스트레스를 받지 않는 것, 스스로를 돌보는 것이 가장 중요한 문화적 과제가 되는 것이다. 인간관계를 감정적 건강 향상을 위한 도구로 평가하는 태도의 확산은 도덕의 부재를 뜻하는 현상이 아니라 감정적 건강이 새로운 도덕이 되었음을 보여주는 현상이다.

그렇기에 현대문화에서는 때로 자신의 감정적 건강을 우선시하는 방어적 태도보다는 오히려 관계를 우선시하는 태도가 비판의 대상이 되기도 한다. 인간은 타인과 관계 맺지 않고 살아갈 수 없지만,

인간관계의 필요성을 솔직하게 인정하고 상처받을 가능성을 감수하면서까지 관계를 맺고자 하는 태도는 이제 의심은 물론이고 비난이나 조롱을 받기까지도 한다. 최근에는 자기 계발 매체들이 인간관계를 적절히 손절하는 것을 넘어 아예 인간관계를 맺기 위한 노력 자체를 멈추라고 조언하는 경우도 적지 않다. 상처받거나 만만하게 보일 바엔 차라리 친구를 사귀지 않는 편이 낫다는 것이다.

정확한 감정적 교환 대신 관계 자체를 우선시하는 태도는 이제 '만만한' '호구 같은' '매달리는clingy' '관심을 갈구하는needy' 사람이 보일 법한 행동이라는 인상을 주기도 한다. 타인을 전혀 필요로 하지 않는 완전히 독립적인 인물은 언제나 신자유주의의 이상적 인물상이었다. 복지 혜택을 받는 (주로 싱글맘) 여성들을 비하하기 위해 만들어진 단어인 '복지 여왕'에서 복지로 '꿀을 빤다'는 의미를 담은 단어인 '시럽syrup 급여'까지, 다른 사람이나 사회에 '의존하는' (허구적) 개인에 대한 공격은 이러한 문화적 이상을 강화하기 위해 동원되는 단골 레퍼토리였다. 완전한 독립이라는 문화적 이상은 '자기 자신의 기업가'에 대한 일종의 반면교사들을 통해 유지되는 셈이다. 그리고 이제 점점 영향력을 넓혀가는 치료요법적 감수성은 때로 우정과 사랑을 위해 노력하는 것조차 경멸당해 마땅한 '의존'의 일종으로 간주한다.

물론 지나치지 않은 선에서 어느 정도 고독을 받아들이는 태도도 필요한 것이 사실이다. 하지만 문제는 급기야 "친구가 적고 인간관계가 좁을수록 우월한 사람"이라고 역설하는 담론이 등장한다는 사실에 있다. 최근의 자기 계발 매체들은 인간관계란 잠재적 해악이나 상처의 원인일 뿐이니 미리 깨닫고 방어적 태도를 견지하는 사람이 현명하다고 조언하기도 한다. 타인과의 관계를 위해 노력할 시간에 차라리 자기 자신과 더 나은 관계를 맺으라고도 한다. 인간은 타인이 필요치 않은 독립적 존재이며, 관계는 단지 개인의 정신 건강을 위한 선택이나 도구일 뿐이라는 생각이 이러한 조언의 전제가 된다. 인간관계를 건강을 위한 도구로만 여기는 문화적 환경에서, 외로움을 드러내지 않는 것은 현대인의 불문율이 되었다.

예를 들어 영국의 '조 콕스 외로움 문제 대책위원회'가 발표한 보고서에 따르면 외로움으로 괴로워하는 사람들 중 3분의 2 이상이 외로움 문제를 타인에게 드러내지 않는다.[35] 타인과 관계를 맺고자 하는 인간적 욕망마저 병리화하는 현대문화에서, 외로움을 표현하는 행동은 충분히 독립적이지 않고, 똑똑하지 않고, 이른바 '쿨하지' 않다는 사실을 자인하는 것이나 마찬가지다.

치료요법 문화가 대두되기 이전의 사적 관계를 지배하던 충심이나 헌신 같은 가치는, 기본적으로 타인보다는 주체 자신의 행동을 일관되게 유지하는 것과 관련이 있었다. 그렇기에 치료요법적 판단 기준이 존재하지 않았던 근대 이전에 살아간 인물들이 우정을 나누는 방식은 건강이 지배하는 세계를 살아가는 현대인에게는 기이하게 보이기도 한다.

인류 역사상 최고의 사상적·지적 성과 중 하나를 가능케 한 엥겔스의 마르크스에 대한 충심은 오늘날의 관점에서는 갑갑하고 무능해 보일 수 있다. 엥겔스가 나르시시스트에 알코올의존증 환자이자 정신병자인 마르크스와의 유해한 공의존 관계에서 벗어나지 못했다는 것이다. 에이브러햄 링컨의 절친 조슈아 스피드는 링컨의 극심한 우울증과 끊임없는 자살 충동, 노예제를 둘러싼 정치적 견해 차이로 인한 갈등을 무릅쓰고 일관되게 링컨에게 헌신했다. 그런데 이 사실이 오늘날에는 두 사람이 동성애자였다는 증거로 제시되기도 한다. 두 사람이(심지어 두 남자가!) "너를 향한 나의 우정은 영원할 것"이라는 내용을 담은 편지를 주고받곤 했다는 사실을 현대인들은 성애적 사랑의 힘 없이는 설명하기 어려운 일처럼 생각한다.

근대 이전의 모든 사람이 이들처럼 결속력 있는 우정을 나누는 행운을 누린 것도, 현대 사회에서 그러한 형태의 우정이 아예 소멸한 것도 아니다. 분명 충심이나 헌신 등의 미덕은 현대의 우정에서도 여전히 (얼마간은) 중요한 가치다. 요점은 우리가 우정에 대해 말하고 사고하기 위해 동원하는 가치의 프레임에서 충심이나 헌신처럼 관계 자체에 관한 가치보다는 건강이 차지하는 비중이 점점 커져왔고, 그 결과 충심이나 헌신의 감정이 오히려 일탈적인 것으로 여겨지기도 한다는 사실이다.

당시에도 많은 사람이 이들을 최고의 친구라 보지는 않았을 것이다. 그러나 마르크스를 '알코올의존증 환자'로, 링컨을 '우울증 환자'로 진단하는 것을 넘어, 이들과의 우정을 심리적 이해득실의 차원에서 판단하게 만들 치료요법적 세계관은 역사가 짧은 문화적 발명품이다. 20세기 중반 이전의 친구 관계에 대한 고전 문헌들은 우

정을 최적화해야 할 대상이 아니라 그 자체로 가치 있는 것으로 서술하곤 했다.[36]

철학의 역사에서는 우정을 오래도록 신성함과 결부된 개념으로 이해해 왔으며, 우정을 이상화한 철학자들의 수도 적지 않다.[37] 물론 그런 철학자들에게 당대 사람들이 얼마나 동의를 표했는지는 정확히 알 수 없다. 그렇다 해도 관계에 관한 조언을 얻기 위해 현대인이 찾는 현자가 철학자가 아니라 심리학자나 정신과 의사라는 사실은 여전히 의미심장하다. 현대 사회의 치료요법적 세계관에서 인간관계는 특정한 윤리보다는 건강한 자아와 감정적 건강이라는 가치에 비추어 평가해야 하는 문제가 된 것이다.

현대 사회에서 건강이라는 가치는 가까운 타인과 관계를 맺는 방식뿐만 아니라 공동체와 관계를 맺는 방식 또한 바꾸고 있다. 특히 교육에서 일어난 변화는 우리 문화에서 가장 중요한 가치가 된 감정적 건강이 타인과 더불어 사는 삶 등의 여타 가치를 점점 압도하고 있다는 사실을 극적으로 보여주는 현상이기도 하다.

교육과 양육 문화를 연구해 온 사회학자들과 교육학자들은 현대 사회의 교육과 양육이 인간적 성장과 공존 등의 교육적 가치 대신 감정적 웰빙이나 자신의 감정에 대한 문해력 같은 치료요법적 가치를 중시하는 방향으로 변해 왔다는 것을 강조한다.[38·39·40] 이와 유사하게 안전주의 문화에 관해 연구해 온 심리학자 조너선 하이트는 우리 문화가 점점 더 건강에 대한 과도한 보호와 안전을 지향하는 방향으로 변해 왔다고 주장하며, 이러한 변화가 특히 교육과 양

육에서 두드러진다고 지적한다.[41]

이와 관련해, 심리학자 닉 하슬람은 대중문화는 물론 심리학계에서도 학대의 개념이 계속해서 확장되어 왔다는 사실을 주지한다.[42] 하슬람이 지적하듯 이는 폭력에 대한 문화적 감수성 향상과 깊은 관련이 있다. 하지만 지나치게 범주가 확장됨에 따라 성장이나 교육 과정에서 필연적으로 겪을 수밖에 없는 감정적 고통을 극단적 폭력 경험과 동일 선상에서 다루는 일이 발생하기도 한다.

수업을 방해한 학생의 이름표를 레드카드 그림 옆에 붙인 교사가 기소유예 처분을 받는[43] 판례가 등장하기도 하는 추세는 한국 사회에서도 정서적 학대의 범위가 극적으로 확장되었음을 알려준다. 다른 아이를 괴롭히는 등 문제 행동을 보이는 아동을 "버릇이 매우 고약하다" "싫어" 등의 말로 지도한 교사가 정서적 학대로 유죄를 받은 사례[44]가 사회적 화제가 된 사실 또한 이런 추세를 극적으로 보여준다. 이처럼 자존감에 대한 위협은 현대문화에서 이유를 막론하고 그야말로 범죄 행위로 취급받기 쉽다.

이런 사례들은 자존감만을 중시하는 문화에 공존감을 위한 자리는 없다는 사실을 재확인하게 한다. 자신의 감정이 가장 중요하다고 믿는 이가 타인과 타인의 감정에 책임감을 느끼기는 어렵다. 그리고 타인과 공동체에 아무런 감정적 책임도 지지 않는다면 내가 타인과 연결되어 함께 살아간다고 느끼기란 불가능하다.

공존에서 비롯되는 고통을 포함해 모든 고통을 성장의 거름이 아닌, 건강을 위해 제거해야 할 위협으로 여기는 문화는 특히 오늘날의 청년과 청소년들이 불안과 외로움에 시달리는 중요한 이유이기도 하다. 감정적 건강을 가장 중시하는 문화적 환경에서 자라온 이들에게는 인간적 연대와 유대의 경험이 더욱 힘겹게 다가올 수밖에 없고, 심지어 때로는 무의미한 것으로 다가올 수밖에 없다.

건강주의와 자기 관리의 내면화

우리가 인간관계에서 벌어지는 여러 사건을 해석하고 판단하는 데 건강의 프레임을 동원하는 것에 더해 감정적 건강을 그 어떤 가치보다도 중요시하게 된 이유가 무엇일까? 인간관계에서 겪는 고통을 일종의 건강 문제로 간주할 수 있다고는 해도, 건강이 반드시 인간관계에서 가장 중요한 가치여야 하는 것은 아니다. 그럼에도 이러한 추세가 나타나는 것은 건강에 대한 집착이 현재의 신자유주의 사회에서 상당한 유용성이 있으며, 그렇기에 건강에 대한 집착이 이미 사회에 만연해 있기 때문이다.

건강주의 문화는 "다른 누군가가 아닌 당신 자신을 위하라"는 말로 신자유주의가 원하는 독립적이고 이성적인 경영자적 인간상을 체화시킨다. 이런 맥락에서 보면 치료요법 문화는 신자유주의 사회에 만연한 건강주의 문화라는 사회적 흐름의 일부를 구성하는 현상이기도 하다.

건강주의 문화의 대표적 연구자인 사회학자 로버트 크로포드가 지적하는 현대 건강주의 문화의 특징은 다음과 같다. 첫째, 건강과 질병의 개념을 통해 이해되는 사회적 삶과 현상의 범위가 계속해서 넓어진다. 발기부전, 갱년기 증상, 비만, 생리 전 증후군이 의학적 문제가 된 것, 암, 당뇨 같은 질환의 실질적 환자뿐만 아니라 '위험군' 또한 의학적 개입의 대상이 된 것이 대표적인 예시이다. 이처럼 이전에는 의학적 문제로 보지 않았던 상태를 질병이나 질환 같은 의학적 문제로 정의하고 치료의 대상으로 삼는 현상인 의료화[45]의 확대는 건강주의 문화의 대표적 특징이다.

이와 관련해 현대 사회에서는 수많은 일상적 활동을 건강이라는 차원에서 생각한다.[46] 먹고, 일하고, 소비하고, 사교 활동과 취미 생활을 하는 것 등 수도 없이 많은 인간 활동을 건강이라는 측면에서 바라보는 것이다. 다양한 미디어 채널이 매일같이 새로운 건강 정보를 유포함에 따라, 신체 기능의 향상과 특정 질병의 예방을 위해 일상의 모든 선택을 관리하는 행위의 중요성은 점점 더 커진다. 건강 관리의 일상화를 통해, 우리는 자연스레 일상생활에 대한 도구적 관점을 내면화하고, 자신을 자본으로 보며 끊임없이 자기 관리에 참여하는 행위를 깊이 체화한다.

둘째, 건강이 다른 근본적 가치를 달성하기 위한 수단이 아니라 그 자체로 목적이 되는 건강 지상주의가 확대된다.[47] 건강한 가족이나 건강한 회사가 곧 좋은 가족이나 회사와 동일시되는 것처럼, 건강은 점점 더 그 자체로 좋은 것의 기준이자 일종의 도덕적 가치로 인식된다. 그런데 건강이라는 개념은 근본적으로 개인적인 것이며,

건강이라는 목표의 달성은 개인적이고 개별적인 노력을 전제로 한다. 따라서 건강을 가장 중요한 가치로 여기는 문화에서는 개인의 안녕에 대한 사회와 공동체의 책임을 비가시화하면서 개인의 안녕을 사회나 타인과의 관계가 아닌 오로지 개개인에 속한 문제로 의미화하기 쉽다. 철저한 자기 책임의 정신을 계발하는 것을 중요시하고, 그렇지 않은 사람을 쉽게 비난하게 만드는 것이다.

건강주의 문화는 질 좋은 삶이 의료, 교통, 교육 등의 사회 인프라, 충분한 여가 시간과 임금, 풍부한 녹지와 문화·체육시설 등의 공공시설, 평등한 사회 같은 요소에 달려 있다고 보지 않는다. 그보다는 자기 계발서와 건강식품, 고가의 트레이닝 서비스 등 자기 향상 상품을 소비하는 개인의 이른바 '노오력'을 통해 질 좋은 삶을 달성할 수 있다고 믿게 한다.

현대문화에서 건강주의가 대두된 것은 신자유주의화가 본격화된 1970년대다. 이 시기는 사회와 경제가 국가의 책임이라는 믿음이 사라지고, 각종 사회보장제도가 힘을 잃고, 민영화와 탈규제화의 물결이 덮친 시기이기도 하다. 건강은 일차적으로 개인에게 달린 문제이기에, 무엇이라도 통제하고 싶어 하는 중산층적 욕망은 건강주의에서 '비옥한 토양'을 찾게 되었다고 크로포드는 지적한다.[48] 건강은 상대적으로 실체가 있고 달성 가능한 무언가처럼 보이기에 신자유주의화와 함께 공동체적 가치가 무너져가는 상황에서 쉽게 새로운 가치의 자리를 꿰차게 되었다.

언급한 바 있듯이 가치는 다만 상대적이고 주관적인 무언가일 뿐이며, 무엇이 가치 있는지에 대한 판단은 온전히 개인의 소관이라는 상대주의적 관점은 우리 문화에서 흔한 것이 되었다. 따라서 개인의 주관적 가치를 존중해야 한다는 인식도 널리 확산되었다. 현대 사회에서 한 사람이 추구하는 가치는 다른 사람이 멋대로 판단하거나 강요할 수 있는 것이 아니며, 오로지 개인의 '진정성'에 따른 결과로 생각된다. 그런데 다른 가치들과 달리 건강은 비교적 객관적이고 과학적으로 파악될 수 있는 실체를 가장한다. 그렇기에 건강은 우리의 모든 삶을 잠식하는 목표이자, 우리 사회의 가장 중요한 가치로 쉽게 자리매김할 수 있었다.

좋은 삶을 사회가 보장해야 하는 것이 아니라 개인의 책임인 건강과 관련된 문제로 바라본다면 건강을 지키지 않는 것은 스스로 삶을 망치는 무책임한 행위, 심지어는 (당신의 안녕에 아무 책임도 없는) 사회에 비용을 전가하는 행위로 비난받을 수밖에 없다. 이른바 건강한 모습을 보여준다는 바디프로필은 건강을 지키는 것이 일종의 도덕, 그중에서도 특히 중산층의 도덕으로 자리매김했다는 사실을 보여주는 대표적 예시다. 바디프로필을 찍는 행위는 갓생과 자기 관리를 실천하는 모습을 보여주기 위한 전시의 목적이 강해, 오히려 신체적 건강에 방해가 되는 경우도 적지 않기 때문이다.

건강미 넘치는 몸을 얻고자 과도한 운동으로 육체를 혹사하고, 건강해 보이는 피부를 얻고자 무리하게 태닝을 하는 등 건강에 해로우리만치 건강을 관리하는 모습은 건강주의 시대의 주된 모순을 드러내기도 한다. 나 자신을 사랑하고 아낀다는 명목으로 건강을 관리하는 것은 너무나 중요한 도덕적 가치여서, 실제 건강을 해쳐 가면서까지 과시되어야만 하는 것이다.

인간이 독립적이고 자급자족할 수 있는 자기 완결적인 주체라는 것은 사실처럼 받아들여지는 오늘날 문화의 전제이자, 계속해서 증명하고 전시해야만 하는 의무이기도 하다. 우리가 인간관계에 '매달리는', 즉 스스로 감정적 건강을 관리할 능력이 없는 것 같은 사람들을 비난하게 된 이유일 것이다.

인간관계는 선택과 집중?

이렇듯 건강주의 문화는 신자유주의화와 함께 생겨난 공공성의 공백을 개인에게 떠넘기며 자기 자신을 책임지라고 요구한다. 나아가 그러한 요구를 당연하게 여기며 끊임없는 자기 관리와 자기 경영에 참여하는 주체를 생산한다.

푸코에게 영향받은 사회학자 니콜라스 로즈가 지적하듯이, 신자유주의 사회에서 권력의 작동은 단순히 무언가를 강제하는 방식으로 이루어지지 않는다. 오히려 권력은 "개인의 욕망과 즐거움, 행복과 자기 충족의 달성을 제도적이고 정치적이며 사회적인 목적과 일치시키는" 방식으로 작동한다.[49]

건강을 추구하는 이 문화를 통해 우리는 적어도 얼마간은 실제로 건강을 향상시키기도 하지만, 이러한 행동을 함으로써 체제가 원하는 주체로 거듭나기도 한다. 이와 마찬가지로 개인의 심리적 건강을 가장 우선시하는 치료요법 문화가 제공하는 인간관계론 또한 개인의 정신 건강에 유익한 도구로서 경험되기도 한다. 그러나 한편으로 치료요법 문화의 인간관계론을 따라가다 보면 우리는 결국 신자유주의라는 세계관의 기본적 전제들과 그러한 세계관이 권장하는 주체성을 답습하게 된다. 치료요법 문화는 단순히 어휘 목록을 제공하는 데 그치지 않고, 인간관계를 포함하는 삶의 여러 영역들을 경제적인 관점에서 보게 하기 때문이다. 특히 치료요법 문화는 정신적 건강이라는 자본을 관리하기 위해 끊임없이 자신의 감정과 내면을 감시하는 행위를 촉구하고, 투자 대상을 찾는 경영자처럼 타인에 대해 도구적인 태도를 보이라고 권장하기도 한다.

앞서 살펴보았듯이, 현대 치료요법 문화는 인간을 "고통의 이유를 적극적으로 성찰하며 이에 관여할 수 있는 존재"라고 보지 않는다. 이 문화에서 인간은 고통에 극도로 취약한 존재, 오로지 긍정성만을 받아들일 수 있는 존재다. 치료요법적 세계관은 적극적 대화와 상호작용을 통해 고통에서 의미를 만들어갈 자유, 고통을 바탕으로 성장하고 연대하고 변화를 이끄는 인간으로서의 자유를 옹호하지 않는다. 성찰하고 변화를 이끄는 인간적 주체보다는, 상처와 스트레스와 트라우마에 시달리는 객체로서의 면모를 더욱 강조하는 것이다. 일상의 모든 문제를 건강에 대한 잠재적 위협으로 간주하는 문화에서 우리는 취약한 존재로 다루어진다.

그런데 이와 반대로 오늘날의 문화에서는 인간은 이미 타인이나 사회와의 관계가 필요 없는 완성되고 독립적인 주체라는 주장이 병존하기도 한다. 인간이 다른 사람 없이도 스스로 자립할 수 있는 존재라는 주장은 관계가 낳는 모든 부정성을 더욱 위협적이고 두려운 것으로 만드는 바로 그 주장이기도 하다. 타인과 타인으로 인한 감정은 인간의 자기 완결성과 독립성을 위협할 수 있기 때문이다.

동전의 양면과도 같은 이 모순은 어떤 결론으로 이어질까? 바로 인간은 독립적이지만 그 독립성은 타인으로부터의 독립을 통해 성취되며, 인간은 자유롭지만 그 자유는 오로지 위험을 관리해 나가는 경영가가 될 때만 달성될 수 있다는 것이다.

치료요법 문화는 긍정적 기분 혹은 생산적 상태를 유지할 책임을 강조하는 것으로 신자유주의에 이바지하는 데 그치지 않는다. 치료요법적 세계관의 전제를 받아들이다 보면 우리는 단순히 세상에 방어적 태도를 보이는 데서 나아가 필연적으로 타인에 대한 도구적 관점을 취할 수밖에 없다. 치료요법 문화의 인간관계론은 자기 자신을 넘어 타인마저 관리, 경영, 투자, 최적화의 대상으로 보는 관점을 깊이 내면화시키는 문화적 도구이기도 하다.

치료요법 문화의 인간관계론은 실제로도 경영과 투자의 메타포를 적극적으로 활용한다. 쉽게 닳아 없어지는 자원인 감정적 에너지는 당신이 선택한 소수의 사람에게만 '투자'해야 한다는 것이다. 당신과 당신의 건강이 너무나 소중하다는 말은 타인을 투자의 대상으로 보는 관점을 효과적으로 정당화한다. 치료요법의 전문가들은 친구의 고민 들어주기, 안부 묻기, 즐겁게 인사하기, 가볍게 말 걸기 등 타인과의 다양한 상호작용을 관계에 '투자하는' 행동으로 재평가하기도 한다. 관계에 관한 중요한 사항을 직접 만나서 말하는 것도 예의 바른 행동이라기보다 일종의 투자 행위가 된다. 그저 주변 사람과 잘 지내려 노력하는 것조차 나의 감정적 안전을 시험하고 소중한 감정적 에너지를 고갈시키는 일종의 투자로 의미화하는 것이다.

손절이라는 단어가 유행하는 현상의 바탕에는 당신의 의식적 평가를 통과한 사람들만이 이러한 투자를 받을 가치가 있다는 가정이 깔려 있는 셈이다. 왜 그들로 인해 스트레스를 받아야 하는가? 그런데 감정을 소모하고 에너지를 투자하기에는 당신은 너무나 소중한 존재다. 당신 자신을 먼저 돌보라!

이때 인간관계는 대화적이고 맥락적이며 체화된 것, 함께 가꾸어나가는 것이 아니라 최소한의 에너지로써 최적화되어야 할 대상으로 개념화된다. 관계는 꼭 필요한 무언가가 아닌 단지 선택의 문제라고들 한다. 깊이 있고 풍성한 인간관계를 꾸리고 가꾸려면 어떻게 노력해야 하는지 알려주는 미디어는 흥미를 끌지 못하는데, 인간을 전자 기기의 성능처럼 쉽게 평가하도록 일련의 일반화된 기준을 제공하는 미디어들이 인기가 많은 것도 그런 이유일 것이다.

무엇이 건강한 관계일까

치료요법 문화는 심리학과 정신의학적 지식의 도움으로 건강한 사람을 파악해 그에게만 감정적 에너지를 투자하고, 관계를 합리적으로 최적화하는 행위가 가능하다는 것을 전제로 한다. 그런데 이처럼 인간관계를 개인의 합리적 선택과 투자의 문제로 볼 때, 실제로 그러한 선택과 투자를 하는 우리는 상당한 혼란과 무력감을 유발하는 문제들에 봉착한다.

첫 번째 문제는 어떤 관계가 건강하고 어떤 인간이 건강한지가 모호할 수밖에 없다는 점이다. 진실은, 거의 모든 사람과의 관계가 '유해한' 또는 '무해한'이라는 이분법으로 나눌 수 없는 어떤 회색지대에 있다는 것이다. 그러나 통제에 대한 환상을 판매하는 각종 심리학, 정신의학, 자기 계발 매체가 내세우는 심리적 건강의 공식이란 그지없이 단순하고 이분법적이다. 고통스러운 감정은 건강에 좋지 않으며 긍정적 감정은 건강에 좋다. 괴로운 감정을 유발하는 관계는 유해한 관계이며 긍정적 감정을 유발하는 관계는 건강한 관계이다! 그러니 서로에게 항상 긍정적 감정을 주는, 적어도 동등하게 긍정적 감정을 주고받는 관계야말로 건강한 관계라 할 수 있다. 더없이 복잡한 현대 사회에서 치료요법 문화가 제시하는 계약과도 같은 인간관계론의 단순 명료함과 통제 가능성은 상당히 매력적 비전으로 다가온다.

그러나 우리의 인간관계 경험에는 아무리 괴로워도 단순한 스트레스나 유해함으로 일축할 수만은 없는 복잡성이 존재한다. 치료요법 문화는 (외부의 억압을 받는다고 가정되는) 개인의 감정을 유일한 진실이자 판단 기준으로 제시한다. 하지만 함께 살아가는 삶에서 벌어지는 여러 감정은 한 사람의 마음속에 변함없이 존재하는 무언가가 아니라, 특정한 맥락 속에 존재하는 것이자 만들어지고 변화되는 무언가이다. 어떤 상황이나 대상에 대한 감정은 선험적으로 주어진 것이 아니라 각자가 처한 상황과 맥락에 따라 달리 이해되며, 시간의 흐름이나 개인적 성찰, 타인과의 상호작용 속에서 변화하기도 한다.

우리는 어떤 친구를 만났을 때는 즐겁다가도 헤어진 뒤에는 공허감을 느끼기도 한다. 흐르는 세월 속에서 죽고 못 살던 친구와 멀어지기도 하고, 친하지 않았거나 심지어 미워했던 사람과 친해지기도 한다. 무엇보다, 우리는 친구의 말에 기분이 나쁘거나 불편감을 느끼다가도 시간이 지난 뒤에는 그 친구가 정말 옳은 말을 해준 좋은 친구라는 깨달음을 얻기도 한다. 그런 면에서, 우리가 인간이 되기 위해 정말로 필요한 것은 무한한 공감만을 퍼붓는 무해한 친구가 아니라 우리를 진실로 사랑하는 이의 유해하지만 뼈가 되고 살이 되는 말인지도 모른다.

또한 우리는 거의 모든 상황에 대해 다양한 감정을 느낀다. 타인의 성공을 기뻐하고 축하하기도 하지만 질투심이나 열등감에 사로잡히기도 한다. 도와준 이에게 고마워하면서도 부채감이나 수치심 때문에 공연히 거리감을 느끼기도 한다. 관계가 끊어지길 소망하는 사람에게 애착과 미안함, 고마움의 감정을 동시에 갖는 일도 있다.

이처럼 어떤 사람에 대해서 긍정적 감정과 부정적 감정을 동시에 느끼는 것은 너무나 흔하고 일상적인 일이다. 그리고 여기에는 단순히 유해한 관계를 끊어내지 못하는 우유부단함이나 '감정 문해력emotional literacy'의 부재만으로는 설명할 수 없는 많은 이유가 있을 수 있다. 롤러코스터를 탈 때 우리는 두려워하는 동시에 짜릿함과 재미를 느낀다. 그렇다고 해서 우리가 롤러코스터를 좋아하는 이유가 소위 감정 문해력이 부족하기 때문은 아니다. 사실 그러한 양가성은 롤러코스터가 주는 즐거움의 본질이라고 해도 좋을 것이다.

감정은 현재의 맥락에 따라 변화할 뿐만 아니라 상당히 복잡하고 양가적이기에 심리적 건강에 좋다 혹은 나쁘다를 기준으로 타인을 평가해 단호한 판단을 내리라는 조언은 생각해 볼 여지가 있다. 심적 건강이라는 기준은 얼핏 보기에는 명확하고 절대적인 듯하지만, 실제로는 모든 시간과 상황에 적용 가능한 절대적 판단 기준이란 존재하지 않는 것이다.

감정의 변화는 환경이나 시간의 변화에 영향받기도 하지만 타인과의 대화와 상호작용 속에서도 나타난다. 누군가를 손절하는 대신 터놓고 대화를 나누거나, 잠시 거리를 두고 생각하는 시간을 가졌더니 그 사람에 대한 감정이 바뀌었다면 우리는 과연 언제 느낀 감정을 판단 기준으로 삼아야 할까? 갈등과 마찰을 직면할 수 있는 용기와 기다림을 위한 인내심 없이 타인과 깊은 관계를 맺는 것은 불가능한지도 모른다.

우리가 경험하는 모든 감정은 어떤 관계가 건강한지를 알려주는 객관적 바로미터보다는 주관적 해석의 결과물에 가깝다. 어떤 사건을 단순한 스트레스나 트라우마로 해석할수록 더욱 괴로운 사건으로 경험된다는 사실에서 알 수 있듯이, 사건에 대한 해석은 감정 반응에 대단히 유의미한 영향을 미친다. 특히 사건이 일어난 원인에 대한 해석은 사건에 대한 감정 반응에 상당한 영향을 준다고 알려져 있다.[50]

성찰과 상호작용으로 인해 타인에 대한 감정이 변화하는 것은 그 타인이 속한 문맥 그리고 때로는 우리 자신이 속한 문맥에 대한 이해의 확장과 이로 인한 해석의 변화와 관련이 있다. 치료요법 문화가 권장하는 합리적 판단이란 복잡성과 변화 가능성을 고려하지 않는 단호하고 냉정한, 이른바 '사이다' 같은 판단이다. 하지만 그런 판단이 더 나은 인간관계를 보장한다고 보기는 어렵다.

감정의 복잡성과 변화 가능성에 열린 태도를 보이는 것이 특히 중요한 이유는, 인간은 자신에게 치우친 태도를 보이는 자기 고양적 편향을 지니기 때문이다. 자신에 대해 긍정적으로 생각하라는 이야기가 넘치는 시대지만 굳이 그런 조언이 필요 없을 정도로 대부분의 인간은 자신을 좋게 생각하려는 태도를 보인다. 인간은 자신이 타인보다 우월할 뿐 아니라 더 선량하다고도 생각한다. 타인의 잘못은 쉽게 비난하면서도 자신이 저지른 잘못은 어쩔 수 없는 것이었다며 자기 정당화를 일삼고, 좋은 사람이라는 자기 이미지를 유지하려고 애쓴다. 추상적 차원에서는 이러한 편향이 존재할 수 있음을 인정하지만, 막상 자신이 그런 편향을 범하리라고는 생각지 못한다.[51]

우리의 감정은 타인에게는 가혹하고 자신에게는 한없이 너그러운 우리 자신의 해석이 만들어낸 결과물이기도 하다. 그렇다고 해서 그 감정이 아무 의미도 없지는 않겠지만, 자신의 느낌을 항상 신뢰하라는 주장은 문제가 많을 수밖에 없다. 이미 자신보다 타인을 나쁘게 보는 편향으로 무장하고 있는 우리에게, 세상에는 유해한 타인이 너무나 많다고 강조하며 어떤 타인이 유해한지 포착하기 위해 끊임없이 노력하라고 충고하는 문화는 이런 편향을 한층 더 강화하는 결과를 불러온다.

인간은 자신이 틀렸다는 것을 스스로의 힘만으로 알아낼 수 없다. 우리에게 유해할 수도 있는 타인의 시선이 필요할 수밖에 없는 중요한 이유이다.

치료요법 문화의 내적 모순은 자신에게는 너그럽고 타인에게는 가혹한 우리의 편향이 드러나는 예시이기도 하다. 이 문화의 핵심 주제 중 하나는 타인에 의해 오염되지 않은 진정한 나를 지키고 보여주는 행위의 중요성이다. 그렇기에 치료요법의 인간관계론은 관계와 우정의 성립 조건으로서 진정한 나를 내보이는 것을 대단히 중시하는데, 이는 특히 감정을 솔직하게 드러낼 수 있음을 의미한다. 진정한 감정을 표현할 수 없다면 진정한 친구 관계라 할 수 없는 것이다. 상담 선생님만큼이나 나의 모든 것, 나의 모든 내밀한 감정들을 속속들이 잘 알고, 나의 '진정한 모습'을 아는 사이가 되는 것이 대다수 현대인이 추구하는 인간관계일 것이다.

그러나 한편으로 치료요법 문화는 타인의 감정은 나에 대한 공격이 될 수 있고, 다른 사람의 감정을 듣는 것이 나의 감정 에너지를 소모시키고 스트레스를 유발하는 사건이 될 수 있다고 주장한다.

이처럼 괴로운 감정을 비롯해 진실한 감정을 드러내는 행동을 진정성의 표상으로 의미화하면서도, 타인이 그 같은 행동을 하면 나의 건강을 해치는 행동으로 의미화한다는 것이 치료요법 문화의 주된 모순이다. 아무도 서로의 이야기를 들으려 하지 않는데 관계가 더욱 깊어질 리 만무하다. 이 같은 모순이야말로 우리 사회가 갈수록 말하는 입은 많으나 듣는 귀는 아무 데도 없는 사회로 변모해가는 주된 이유다. 3부에서 보게 될 예정이듯이, 이는 상담이나 정신과처럼 '듣는 역할의 상품화'가 점점 더 보편화되는 원인이기도 하다.

누가 건강한 사람일까

"어떤 사람이 정신적으로 건강한가"라는 질문에 대한 답은 "어떤 관계가 건강한지를 어떻게 알 수 있는가"라는 질문에 대한 답만큼이나 불분명하다. 치료요법 문화의 또 다른 모순은, 앞서 본 것처럼 고통의 표현이 진정성의 표현도, 타인을 괴롭히는 행위도 될 수 있기에, 타인에게 감정을 드러내는 행동과 그렇지 않은 행동 모두를 일종의 병리적 문제를 시사하는 증거로 인식한다는 것이다.

예를 들어 힘든 시기를 보내는 사람들 가운데 어떤 사람은 그 사실을 거의 말하지 않고 혼자 힘으로 헤쳐나가려 한다. 반면 힘들다는 사실을 적극 어필하며 도움받으려는 사람도 있을 것이다. 이전에는 이런 행동의 차이가 일반적으로 성격의 차이나 다양성으로 받아들여졌다.

그런데 치료요법적 세계관에서는 양자의 행동 모두가 더 큰 병리적 문제에 대한 암시로 둔갑할 수 있다. 전자는 감정 공유가 되지 않는 '감정 문맹'이나 진정성 없는 사람, 결코 힘든 티를 내지 않는 '착한 아이 콤플렉스'라는 평가를, 반대로 후자는 다른 사람을 감정 쓰레기통으로 쓰는 나르시시스트라는 평가를 받을 수 있다. 그리고 나르시시스트와 감정 쓰레기통이라는 표현은 감정이 자본처럼 소모되고 투자되며 심지어는 도둑질당할 수도 있는 무언가라는 전제에 기반한다. 이 두 표현은 특히 최근의 청년문화에서 유례없이 대유행하는 표현이 되었다.

아마도 치료요법 문화의 제안은 이 두 극단 사이의 어떤 이상적 지점을 달성한, 즉 '최적화된' 인간을 찾으라는 것이겠지만 그런 지점이 어디인지는 상당히 모호하다. 다른 모든 가치판단과 마찬가지로 '건강한 사람'에 대한 기준은 주관적이고 명확하지 않다. 반면에 무엇이건 어떤 사람이 유해하다는 증거가 될 수 있다. 게다가 심리학과 정신의학의 어휘와 평가 도식이 전문 지식을 넘어 하나의 문화로 자리매김하면서, 일련의 심리학적 어휘들이 의미하는 바는 한층 더 모호해졌다.

앞서 본 것처럼 해킹은 고리 효과 개념을 통해 일련의 분류가 사람들이 자신과 세상을 경험하는 방식에 영향을 미친다는 사실을 지적했다. 그런데 이 효과는 사실 '고리'의 절반에 불과하다. 분류가 사람을 변화시키듯 인간 또한 분류를 변화시키기 때문이다. 사람들이 분류를 받아들이고 정당화하며 해석함에 따라 분류 자체의 의미도 변화하게 되는데, 이는 고리 효과의 나머지 중요한 절반이다.[52] 분류와 인간은 서로에게 영향을 미치며 피드백 고리를 만들어 내는 것이다.

예를 들어 ADHD나 우울증으로 분류된 사람들은 단지 어떤 치료를 받을지 알려주는 질병 분류를 넘어서는, 일종의 정체성이라는 새로운 의미를 이러한 명칭에 부여하기도 한다(이는 2부에서 자세히 살펴볼 것이다).

이와 유사하게, '자기애성 성격 장애' '에너지 뱀파이어' '경계선 성격 장애' '불안형 애착' 등의 심리학적 용어들이 다양한 미디어를 통해 확산함에 따라 일련의 심리학적·정신의학적 전문 지식은 이제 상담실에서 벗어나 특히 청년층을 중심으로 일상적 경험을 해석하는 데 사용하는 일반적 어휘로 자리 잡았다.

예를 들어 자기애성 성격 장애나 나르시시스트는 이기적 모습을 보여주거나 자의식이 강한 누구나를 지칭하는 단어가 되었다. 애착 유형이 유행하며 퍼지기 시작한 회피형이라는 단어는 이제 애착과 관련된 맥락이 아니더라도 무언가를 회피하거나 미루는 행동 전반을 지칭하게 되었다(이는 '회피형 애착'과 '회피형 인격 장애'가 혼동되면서 발생한 현상이기도 하다). 치료요법적 지식이 누구나 사용하는 일반 어휘로 변모하고 다양한 '전문가'들의 손에 가공되면서, 정신의학과 심리학이 제공하는 어휘들의 의미도 한층 더 광범위해지고 모호해지는 것이다.

각종 심리학과 정신의학 어휘가 일상 어휘처럼 범람하는 상황에서는 모든 인간적 특징들을 하나 혹은 그 이상의 심리학적 개념의 틀에서 해석할 수 있다. 특히 언어적·의식적 평가 행위를 권장하는 문화에서는 어떤 행동이라도 건강하지 못한 인간의 표지 혹은 유해함의 잠재적 신호가 될 수 있다.

치료요법 문화가 권장하는 당신을 위한 최선의 선택이라는 것이 정말로 존재할까? 확대경을 들이밀어 꼼꼼히 조사하고, 서로 모순되기도 하는 이런저런 기준에 비추어 평가하면 아무 결점도 없는 인간이 과연 존재하는지 의구심을 갖지 않을 수 없다. 치료요법적 인간관계론을 따라가다 보면 '나'는 스트레스 폭격에 시달리는 무력한 피해자나 환자, '타인'은 당신의 건강을 해치는 잠재적 가해자인 것만 같다.

이처럼 온갖 치료요법적 지식을 동원한 의식적이고 꼼꼼한 평가를 문화적으로 권장하는 문화에서, 나쁜 평가를 피해 갈 수 있는 사람은 아무도 없을지도 모른다.

노동이 된 인간관계

무엇이든 트라우마가 되고 누구라도 유해한 사람이 될 수 있는 문화적 바탕에서, 유해함을 예방하라는 우리 시대의 문화적 명령을 따르려면 상당한 혼란을 경험해야만 한다.

그런데 의식적 평가에 기반해 타인으로 인한 고통을 통제하고 최적화하는 것이 어려운 이유가 평가 기준의 모호함에만 있는 것은 아니다. 인간관계가 의식적 평가와 투자의 대상이 될 때의 두 번째 난관은 인간과 관계에 대한 많은 판단이 애초에 이른바 이성적 판단의 범주 바깥에서 이루어질 수밖에 없다는 점에 있다.

치료요법 문화가 권장하는 언어화된 판단 방식은 탈맥락화된 판단이면서도 대단히 의식적인 판단이기도 하다. 특히 서구 사상사에서 인간의 이성은 언제나 특별한 의미를 부여받는 존재였으며, 이성의 실천은 곧 자유와 동일시되곤 했다. 그리고 치료요법 문화는 직관적 판단이 아니라 언어적 지식을 동원한 의식적 판단이야말로 이성적 판단이라는 것을 전제로 한다. 나아가 관계의 매 순간을 언어적으로 계산한 이성적 판단으로 재단할 것을 요구한다.

이성적이고 냉혹한 경영가의 이미지가 지배하는 사회에서 "인간관계 또한 언어적 계산으로 최적화해야 할 무언가"라는 주장은 상당히 설득력이 있어 보인다. 그러나 언어적이고 의식적인 판단이 과연 더 우월한 판단이라고 할 수 있을까? 심리학자들은 일상적 판단에 대해 이성적 이유를 많이 생각할수록 오히려 결정에 대한 만족도는 낮아진다는 사실을 밝혀냈다. 결정에 대한 합리적 이유가 필요할 때 우리는 명확하게 언어화할 수 있는 측면들, 이성적 이유라고 볼 수 있는 것들에만 초점을 맞추며, 실질적으로 우리에게 중요한 기준

들은 거의 동원하지 않기 때문이다.[53]

반대로 직관적 평가에 의존해 판단할 때, 우리는 누군가가 왜 좋은지 그 이유를 명확히 설명할 수는 없어도 우리의 직관적이고 무의식적인 선택에 상당히 만족하는 경우가 많다. 직관적 평가 과정은 단순히 이성적 평가의 반대가 아니라, 장기 기억에 내재된 경험, 관계, 사실 등이 마음속에서 조직화되어 순간적 느낌의 형태로 나타나는 통합적 평가 과정이기 때문이다.[54]

인간관계란 바로 이러한 직관이 작동하는 영역으로, 인간적 상호작용의 과정은 일련의 일반화되고 언어화된 원칙에 비춘 평가와 반응이 아니라 당시의 상황, 맥락, 분위기, 과거 경험, 그 사람의 전인적 면모를 고려하는 종합적 판단과 반응을 요구한다. 통하고 있다는 직감 같은 것을 의미하는 '케미chemi'라는 단어야말로 관계 맺기가 이루어지는 방법을 가장 정확하게 묘사하는지도 모른다. 친구와 '통했다'고 느끼거나 사랑에 홀딱 빠지는 일이 목록을 써서 꼼꼼히 평가하는 것으로 가능하다고 믿는 사람은 아무도 없을 것이다.

몽테뉴는《에세Les Essais》에서 절친한 친구인 에티엔 드 라 보에시와의 우정에 관해 설명하며, "두 사람이 왜 친구가 되었는가"라는 질문에 "그가 그이기 때문에, 내가 나이기 때문에라는 설명밖에는 할 수가 없다"고 답하기도 했다. 우정은 이성의 영역으로 설명할 수 있는 것이 아니라, 그저 경험되는 것일 따름이다.

우리는 분명 인간관계에서 많은 판단을 내리며, 수도 없이 많은 사람을 만나고 헤어진다. 누군가를 싫어하고 좋아하는 일 또한 자연스럽게 일어나는 무의식적·직관적 판단의 영역에 있다. 그러므로 온갖 언어적 자원을 동원해 숙제를 해치우듯 어떤 '과학적' 기준에 비추어 타인을 이성적으로 반추한다고 해서 우리가 체감하는 관계의 질이 높아지지는 않는다. 타인을 꼼꼼히 평가해 별점을 매긴다고 싫은 사람이 좋아지거나, 그 반대가 될 수는 없기 때문이다.

게다가 이런 평가는 누군가가 나를 좋아하게 만드는 일에도 방해가 될 따름이다. 타인을 잠재적 유해함의 요인으로 대상화하여 의식적으로 평가하는 데 몰입해 있는 사람을 좋아하기란 어렵다.

긍정적 기대가 긍정적 결과를 유발한다는 '피그말리온 효과Pygmalion effect'와 반대되는 '골렘 효과Golem effect'는 타인에 대한 부정적 기대가 실제로 부정적 결과를 유발하는 현상을 뜻한다. 어쩌면 우리는 과도한 경계심으로 골렘 효과를 유도하고 있는 것은 아닐까?

이성적 판단을 통해 관계를 최적화하라는 명령은 체화되고, 직관적이며, 맥락에 따르는 인간적 상호작용의 방해물로 작동할 뿐이다. 에바 일루즈는 치료요법의 언어 이데올로기가 우리의 삶에 '언어적 장막'을 씌움으로써, '직관' '통찰력' 또는 즉각적 판단을 이용할 것을 요구하는 사회적 상호작용에서의 결정을 방해해 왔다고 주장한다.[55]

지나치게 의식적이고 언어적인 평가는 타인과의 관계를 있는 그대로 경험하고 받아들이는 것을 어렵게 할 뿐만 아니라, 인간관계와 사회적 상호작용 자체를 피로하게 만들어버린다. 의식적·언어적 평가와 내면에 대한 감시를 통해 인간관계를 최적화하라는 명령은 인간관계를 또 하나의 정신노동으로 삼으라는 말이나 다름없다. 모든 것이 노동이 되는 신자유주의 사회에서는 사람을 사귀는 일마저 노동이 되어야 하는 것이다.

손절과 잠수

고역스러운 평가노동은 '자격'과 '경쟁'을 강조하는 신자유주의의 특징이다. 승자만이 '투자'를 받고 생존할 수 있다는 적자생존의 세계관이 지배하는 세상에서는 무엇인가를 양화하고 서열화하는 평가 행위에 많은 시간이 낭비된다. 그런 과정에서 질적 차원은 사라져버리고, 진정으로 의미 있는 것들이 무르익을 시간은 주어지지 않는다.

오늘날 학자들은 관점의 독창성이나 사회와 학계에 대한 공헌 등이 아니라 상위 몇 퍼센트 학술지에 얼마나 많은 수의 논문을 남겼는지, 얼마나 많은 연구비를 따냈는지로 평가받는다. 병원이나 공공 보건 서비스의 품질 또한 환자를 얼마나 인격적으로 대우하고 어떤 환자를 치료했는지가 아니라 사망률이 몇 퍼센트이고, 수술을 몇 건 집도했으며, 얼마나 많은 돈을 벌었는지 등의 수치들로 압축된다. 교육의 품질마저 능력 평가에서 몇 점을 받았는지, 어떤 대학에 학생들을 몇 명 보냈는지 등을 기준으로 평가하기 일쑤다.

모든 것이 서열화와 경쟁의 대상이 되는 신자유주의 사회에서는 대학이건 병원이건 기업이건 간에 이런 식의 평가와 감사를 준비하고 수행하느라 핵심 업무보다 불필요한 서류와 행정 작업에 더 많은 시간을 소모한다. 이 과정에서 어떤 행위의 본질은 양적 차원의 평가로 축소되어 버린다. 그리고 이런 양적 차원의 평가에서 실패하면 투자받을 자격을 순식간에 상실하며, 두 번째 기회는 찾아오지 않는다. 뭔가를 인내심을 갖고 제대로 해내는 것보다 평가하고 평가받는 일에 많은 시간이 들고, 평가가 실제 경험의 중요성을 압도하며, 평가에 미달했다는 이유만으로 간단히 '손절'당하기 일쑤인 것이다.

이러한 면에서, 실제로 인간관계를 해보는 것보다 이런저런 지식으로 무장한 채 인간관계에 관해 평가하는 것을 강조하고, 이런 평가 결과가 어떤 명확한 기준에 미달하면 가차 없이 투자를 끊으라고 말하는 이 문화는 실로 신자유주의적이다. 손절이 본래 주식 투자에서 온 단어라는 것은 우연이 아니다. 당신은 너무 소중하니 신중한 선택을 바탕으로 당신의 감정 에너지를 투자하라고 말하는 문화에서는 치료요법적 기준은 물론 다른 여러 기준에 비추어본 의식적 평가 행위 또한 더욱 일반화될 수밖에 없다.

그러나 평가를 위해 동원하는 기준이 치료요법적이건 아니건, 앞서 보았듯이 우리의 선택이 정말로 최선의 선택인지 알 방법이란 존재하지 않는다. 게다가 서로 경합하는 각종 조언이 난무하는 가운데 대체 어떤 인간관계 전문가나 자기 계발 미디어의 조언을 따라야 할지 알기란 쉽지 않다. 특히, 외적인 도덕적 기준에서 해방된 개인의 '자유로운' 선택을 중시하면서도 그 선택을 언제나 최적화하라고 하는 사회에서, 명확한 기준의 부재와 최적화 강박 속에 현대인은 더 깊은 혼란에 빠진다. 정신과 의사, 유튜버, 인플루언서, 각종 커뮤니티의 익명 조언자들 그리고 이제는 챗GPT까지, 어떤 정답을 알려주겠다고 주장하는 이들이 너무나 많은 시대이다.

그리고 나에게 이처럼 다양한 기준에서 타인을 평가할 자유가 있다는 것은 타인에게도 나를 평가할 자유가 있음을 뜻하기에, 우리의 자아는 한층 더 깊은 불안에 빠진다. 타인을 일련의 기준에 비추어 평가하면 할수록, 의식적으로든 무의식적으로든 자기 자신 또한 같은 기준에 비추어 평가하지 않을 수 없다. 이를테면 우리는 점점 더 에너지 뱀파이어, 나르시시스트 등으로 보일지도 모른다는 걱정 때문에 자신의 말과 행동을 계산해서 꺼내기도 한다. 타인의 시선이 두렵기에 친구 대신 사주나 상담처럼 상품화된 친밀성에 의존하기도 한다. 때로는 손절당하는 것이 두려워 먼저 손절을 감행한다.

결과적으로, 인간관계로 인한 갈등과 괴로움을 피하려는 발버둥은 때로 더 큰 갈등과 괴로움을 경험하게 하기도 한다. 그런데도 치료요법 문화는 완벽하게 건강한 관계를 달성하는 것이 가능하다는 거짓말로 잔인한 기대를 심어주는 셈이다. 철학자 슬라보예 지젝이 말하듯, 상처가 없다는 것은 완전히 고립되었다는 뜻에 지나지 않는다.[56] 고통과 갈등은 인간의 만남에서 필연적인 현상이고, 의미 있는 관계는 상처받을 용기를 전제로 한다. 더불어 살아가기를 원한다면 타인과 삶의 통제 불가능성과 복잡성, 이로 인한 필연적 갈등과 고통을 받아들이는 수밖에 없다.

그러나 자존감을 보호하고 심적 고통과 갈등을 겪지 않는 것이 하나의 지향을 넘어선 도덕적 가치가 된 사회에서 그러한 목표는 달성하기 어려운 것이 된다. 이럴 때 우리가 가장 쉽게 선택하는 선택지는 '선택하지 않는 것'이다. 인간관계를 돌연 끊어버리는 손절 외에도, 아무 설명 없이 일방적으로 연락을 끊어버리는 잠수 혹은 '고스팅 ghosting'부터 일본에서 늘어난다는, 인간관계를 끊고 잠적해버리는 '인간관계 리셋 증후군'까지, 인간관계의 돌연한 단절은 오늘날 다양한 문화권에서 널리 관찰할 수 있는 현상이 되었다.

이처럼 감정적 항상성 유지를 위해 관계를 단절하고 마는 선택은 자신을 돌보기 위한 적극적이고 자신감 넘치는 결정이기만 한 것이 아니라 달성하기 어려운 목표, 모순되는 조언들 속에 무엇이 최선인지 알기 어려워 혼란에 빠진 사람들의 수동적 도피이기도 하다.

이러한 현상과 관련해 일루즈는 "선택하지 않음의 선택"이 오늘날의 주체를 이루는 결정적 특성으로 자리 잡았다고 주장한다.[57] 치료요법 문화는 깊이 있는 관계를 잠재적 위험의 근원으로 의미화한다. 하지만 깊이 있는 관계를 맺고 싶다는 바람은 인간의 본원적 욕망이다. 타인을 나의 자율성을 확인하는 도구로 여기면서도 정작 내가 내 '자유'로 무엇을 하고 싶은지를 알 수 없는 혼란과 두려움 속에서 사람들은 차라리 깊이 있는 관계를 맺고 싶다는 욕망으로

부터 도피하기를 택한다고 일루즈는 지적한다. 현대인들 대부분이 상당한 외로움에 시달리는데도 손절이 우리 시대 최고의 유행어로 등극하는 모순은 바로 이렇게 생겨난다.《혼자가 편한 게 아니라 상처받기 싫은 거였다》라는 책의 제목은 관계를 욕망하면서도 갈등과 상처, 감정적 항상성 유지의 실패를 두려워해서 차라리 관계의 단절을 택하는 현대인들의 모습을 잘 보여준다.

타인과 관계를 맺는다는 것은 체화된 공간 속에서 끊임없이 이어지는 하나의 대화를 나누는 것과도 같다. 그렇기에 관계를 단절하는 것 또한 하나의 표현이자 극단적 표현이라 할 수 있다. 그러나 현대인은 점점 더 자신의 표현으로 반향을 일으키게 될 타인의 마음이 중요하지 않은 것은 물론, 심지어 그 마음과 결국에는 공명할 자신의 마음조차도 중요하지 않은 것처럼 말하고 행동한다. "나와 내 자존감을 방어하고 스트레스와 상처를 받지 않는다"는 문화적 목표를 가장 쉽게 달성할 방법이란 결국 도피이기 때문이다.

레딧에서 트위터, 각종 커뮤니티 사이트까지, 치료요법 문화를 확산하는 각종 인터넷 커뮤니티와 소셜 미디어들의 문자적 특성은 이렇듯 관계를 개선하려는 시도조차 없이 돌연히 관계를 단절하는 행위들을 더욱 쉽게 받아들이도록 한다. 치료요법은 기본적으로 언어를 통한 일반화된 평가에 기대는 문화다. 그리고 인터넷 커뮤니티와 상당수 소셜 미디어의 의사소통 형식은 맥락과 개인성을 배제한 철저하게 언어적이고 문자적인 의사소통 형식이기에 치료요법적 사고방식의 부상과 유행에 대단히 중요한 역할을 수행해 왔다.

인터넷이 치료요법적 자기 계발 정보가 유통되는 유일한 장소는 아니며 자기 계발서와 TV, 신문 등의 전통 매체 또한 치료요법 문화의 확산에서 여전히 중요한 역할을 한다. 그러나 빠르고 단편적인 문자 의사소통을 특징으로 하는 온라인 미디어 형식의 대두는 치료요법적 사고방식의 대중화를 선도하는 중요한 요인인 동시에, 이러한 문화의 극단화를 이끄는 조건이기도 하다.

공동체 바깥에서 비非동기화되고 비非체화된 형태로 일어나는 인터넷 미디어의 의사소통 형식은 관계에 대한 일말의 책임감과 의무마저 저버린 채 돌연히 관계를 단절하는 행동을 쉽게 생각하도록 만든다. 그렇게 우리는 자신에 대해, 자신이 속한 맥락에 대해, 자신의 친구에 대해 잘 알지도 못하는 전문가들과 익명 조언자들이 건네는 조언 그리고 그 조언들이 일반화하는 감수성에 따라 그지없이 일방적인 '선택'을 내린다. 우리의 눈을 볼 수 없는 사람들의 조언을 받는 일이 흔해진 만큼, 상대의 눈을 보지 않고 관계 맺기와 맺지 않기에 관한 결정을 내리는 것도 그만큼 흔한 일이 되어버렸다. 그렇게 우리는 타인에게서뿐만 아니라 우리 자신이 원하는 것, 즉 깊이 있는 관계로부터도 도피하기를 택한다.

너 자신을 알라

치료요법 문화의 인간 상품화 프로젝트

나는 나 자신에게 이해할 수 있는 방식으로 나를 설명하려고 했다. 나는 내 공포에 형상을 부여하고 구실을 댔다. 나는 내 속력을 달리하고, 나 자신들이 잠을 자는 모습을 지켜보았다. 내가 하는 일은 무언가 잘못되었으나 나는 여전히 그것을 하고 있다. 가장 나쁜 순간을 살아가고, 나 자신을 망치면서. 나의 내적 삶은 어두운 유리 한 장이다. 내가 바닥을 향해 떨어지면 나는 계속해서 떨어질 것이다.

내 욕망의 거대함이 역겹다.

리처드 사이켄, 〈새들이 짓밟힌 들판 위에서 맴돈다〉[1]

4장

프로필 대
프로필의 만남

인간관계의 필수 요소가 된 MBTI

최적화를 추구하는 문화는 필연적으로 지름길이나 정답을 알려주겠다고 주장하는 상품과 콘텐츠의 범람을 낳는다. 예를 들어 독서는 단순한 정보 습득 과정이 아니라 세상과 인간과 언어의 다양한 모습을 접하고 새로운 사고의 지평을 열어젖히는 과정이기도 하다. 그러나 최적화를 추구하는 문화, 독서를 단지 정보 획득 수단으로 여기는 문화에서 한 권의 책이 주는 경험은 유튜브나 팟캐스트, 국어 자습서가 요약할 수 있는 몇 줄의 자료나 정답과 동일시될 따름이다.

마찬가지로 인간관계 또한 흐름에 내맡기는 것이 아니라 수능이나 취업처럼 관리하고 최적화해야 할 문제가 될 때, 인간관계의 '정답'을 찾고자 하는 경향 또한 강화될 수밖에 없다. 인간관계를 개인의 건강을 달성하기 위한 도구이자 최적화의 대상으로 보는 오늘날의 문화에서는 심리학적 분류들, 특히 유형론이 그 정형화된 정답을 제공하는 역할을 담당하기도 한다. 최적화를 추구하는 문화에서는 인간 또한 쉽게 요약하고 파악할 수 있는 몇 줄의 정보가 되어버린다.

나에게 딱 맞는 최적화된 관계를 추구해야 한다는 현대적 명령, 어떤 기준으로 타인을 판단할지 알기 어렵다는 혼란, 인간을 알아가기 위한 노력도 일종의 투자로 보는 문화적 감수성 속에서 MBTI와 애착 유형을 위시한 여러 심리학적 분류는 큰 '투자' 없이 인간을 빠르고 쉽게 파악하고 판단할 수 있게 하는 일종의 '휴리스틱 heuristic'처럼 기능하기도 한다.*

특히 한국에서 MBTI는 거의 범국민적 유행으로 자리매김해, 첫 만남에서 MBTI 유형을 묻는 것은 오늘날의 거의 모든 사교 장면에서 흔히 보이는 행동이 되었다. 엠브레인이 2023년 수행한 '자아 정체성 및 MBTI 관련 인식 조사'는 전체 조사 응답자 58.5%가 인간관계를 잘하기 위해 MBTI를 활용한다는 흥미로운 결과를 보여

* 휴리스틱, 혹은 발견법發見法이란 인간이 시간이나 정보가 불충분한 상황에서 빠르고 효율적으로 결정을 내리기 위해 사용하곤 하는 일련의 간편한 추론 방법을 말한다. 가령 대표성 휴리스틱은 어떤 원형이나 대표적인 이미지와 비교해 어떤 사건의 확률을 추론하고 판단을 내리는 경우를 말한다. 예를 들어 우리는 흰색 가운을 입은 사람을 보면 그가 변호사일 확률보다는 의사일 확률이 더 높다고 생각한다.

준다.[2]

　창시자들의 의도가 무엇이건 오늘날에는 MBTI를 자신과 타인을 빠르게 판단하는 수단, 심지어 타인과 내가 잘 맞을지 '궁합'을 보는 수단으로 이용하곤 한다. 이른바 '짝짓기 프로그램'이라고 하는 연애 프로그램은 시청자들이 보이는 반응을 통해 인간관계에 대한 대중적 생각을 엿볼 수 있는 창이 되어주는데, 여기서도 MBTI는 빠지지 않는다.

　인터넷에 연애 프로그램 출연자들의 이름을 검색하면 한 사람은 '인팁INTP'이고 다른 한 사람은 '잇프제ISFJ'이기 때문에 둘의 궁합이 맞지 않는다는 식의 분석을 쉽게 찾아볼 수 있다. 인팁은 추상적이며 자유로운 사고를 선호하지만 잇프제는 구체적이며 현실과 책임을 중시하기에 갈등이 생기기 쉽다는 것이다.

　MBTI는 심리학이 단순히 지식이 아니라 하나의 문화 현상이 되었다는 것을 아주 잘 보여주는 사례이기도 하다. ADHD, 우울증에서 자기애성 성격 장애나 경계선 성격 장애까지 온갖 치료요법적 진단명이 아무 진단 없이도 쓸 수 있는 일종의 유행어처럼 되어버린 상황에서, 겉보기에 나쁜 유형이 없으며 모두에게 각자 자신만의 캐릭터를 제공하는 MBTI는 모든 사람에게 적용할 수 있는 보편적 심리 도구로 상당한 인기를 구가하게 되었다.

　MBTI에 대한 비판은 잘 알려져 있는데 이 중 몇 가지를 소개하면 다음과 같다. MBTI는 실험적 증거나 통계적 근거 등 이른바 과학적인 토대가 아니라 융의 성격 이론에 기반해 1940년대에 개발

된 성격 검사다. 그리고 현대 심리학의 관점에서 융의 이론은 비판의 여지가 많다. 예를 들어 감각과 직관을 비롯해 융의 이론이 서로 배타적으로 규정하는 성격 특성은 오늘날의 심리학에서는 병존할 수 있는 상보적 특성으로 이해되는 경우가 많다. MBTI에 부재하는 척도인 감정적 반응성 내지는 신경증은 현대 심리학이 매우 중시하는 성격 특성이기도 하다.[3] 16가지 유형이 인간 다양성을 포괄하기에는 턱없이 적다는 비판은 대중적으로도 널리 알려져 있는데 이는 대부분의 심리학적 유형론에 적용되는 비판이기도 하다.

사실 MBTI의 설득력은 보편적 성격 특성을 자신만의 특별한 성격으로 여기는 심리적 효과를 뜻하는 '바넘 효과Barnum effect'에 의존하는 부분이 크다. 또한 모든 자기 보고식 검사와 마찬가지로 MBTI는 개인이 스스로 답한 내용에 의존한다는 한계가 있다. MBTI 결과에는 내가 스스로 나의 모습이라고 생각한 모습이나 타인에게 보여주고 싶은 모습이 투사되어 있는 것이다.

이러한 비판에 아랑곳없이 MBTI의 인기는 사그라들기는커녕 점점 더 커지는 추세다. 일각에서는 MBTI는 전적으로 신뢰할 수는 없고 그냥 재미로 보아야 하며, '과몰입'해서는 안 된다고 말한다. 실제로도 MBTI가 첫 만남의 어색함을 풀어주는 대화 소재로만 쓰인다면 굳이 분석의 대상이 될 일도 없을 것이다.

그러나 'MBTI별 궁합'은 물론 '걸러야 하는 MBTI'나 '성격 더러운 MBTI', 심지어는 'MBTI별 연락 속도' 'MBTI별 애정 표현' '금사빠 MBTI' 같은 제목을 내세우는 MBTI 이차 창작 콘텐츠가 범람하고 사람들이 그러한 콘텐츠에 열광적 반응을 보이는 현상은 사람들이 정말 MBTI를 가볍게만 받아들이는지 의구심을 갖게 만든다. MBTI별 여행 상품 추천에서 MBTI를 의인화한 캐릭터 상품에 이르기까지 MBTI를 이용한 마케팅도 적지 않으며, 급기야는 MBTI를 상품과 나의 '궁합'을 측정하는 척도로 활용하는 데까지 이르렀다.

사람들이 타인에게 특정한 행동을 하는 데는 대단히 다양한 이유들이 있는데도, MBTI를 그 모든 이유를 설명할 수 있는 궁극의 비기祕器로 여기기도 한다. 실제로 앞서 언급한 엠브레인 조사에서는 조사 응답자 75.2%가 MBTI를 신뢰한다고 답하는 놀라운 결과가 나타나기도 했다.

이때 흥미로운 점은 MBTI에 대해 가장 높은 신뢰를 보여주는 연령층이 바로 청년층이라는 사실이다. 한국리서치가 수행한 또 다른 조사에 따르면 MBTI 검사를 신뢰하느냐는 질문에 전체 응답자 36%가 '매우' 또는 '그런 편'이라고 답한 반면, 18~29세 청년 52%가 같은 질문에 '매우' 또는 '그런 편'이라고 답하여 과반수가 MBTI를 신뢰하는 것으로 나타났다. 다른 모든 연령층에서 MBTI를 신뢰하는 비율이 30% 초반대로 일관되게 나타난 것과는 상반된 결과다. 성별로 보면 여성 40%가 '매우' 또는 '그런 편'에 답한 반면 남성은 32%가 같은 문항에 답했다.

이러한 조사 결과는 오늘날 심리학 문화의 선두 주자가 청년층, 그중에서도 특히 여성이라는 것을 보여준다.[4] '틴더'를 비롯해 젊은 세대들이 애용하는 친구 찾기 및 소개팅 어플들이 프로필에 MBTI를 표시할 수 있게 하는 것만 보아도 MBTI가 특히 청년들의 인간관계에서 얼마나 중요한 역할을 하는지 짐작할 수 있다. 적지 않은 청년이 처음부터 잘 맞을 것 같은 사람을 선택함으로써 잘 안 맞는 사람에게 감정적 '투자'를 해버리는 손해를 막고, 인간관계를 통제하고 최적화하기 위한 수단으로 MBTI를 사용한다.

인간과 관계의 역동성

프로필에 MBTI를 표시하는 현상에서 드러나듯 MBTI가 인간관계의 최적화를 위한 도구로 사용되기도 하는 것은, 현대 사회에서는 인간과 인간의 만남이 프로필과 프로필의 만남, 특히 심리적 프로필의 만남처럼 여겨지기 때문이다. 이러한 현대문화의 전제는 다음과 같다. 첫째, 인간의 심리적 특징은 개인의 내면에 존재하는 고정적 실체이며, 심리학이나 정신의학이 부여하는 과학적 명칭을 통해 '진정한' 개인의 모습을 파악할 수 있다. 둘째, 관계 맺는 두 사람의 심리(학)적 특성이야말로 인간관계의 향방을 가장 잘 예측한다.

　물론 성격이 잘 맞고 잘 통하는 느낌이 드는 친구를 만나고 싶다는 바람이 보편적이라는 사실을 부정할 수는 없다. 그러나 치료요법적 언어로 된 심리적 프로필이 우리가 장차 맺게 될 관계를 정말 잘 예측할 수 있을까? 최소한 이러한 프로필이 그 사람이 누구인지를 정말 잘 요약한다고 할 수 있을까?

사실 인간의 실제 마음에는 몇 가지 정보로 쉽게 요약할 수 없는 복잡성과 역동성이 존재한다. 그리고 인간의 복잡성과 역동성은 인간이 맥락과 환경 속에서, 특히 타인이라는 맥락 속에서 살아가야 한다는 사실에서 발생한다.

1부에서 언급한 바 있듯이 인간은 의식적·메타적 인지나 평가보다는 실제 경험과 직관을 통해서 타인과 유대감을 쌓아나간다. 그리고 MBTI를 비롯한 일련의 심리학적 성격 분류는 한 사람이 실제로 삶에서 드러내는 다양하고 복잡한 모습, 경험을 통해서만 알 수 있는 내면의 깊이에 대해 거의 아무것도 알려주지 않는다. 어떤 검사에서도 심리학적 명칭은 한 인간이 무엇에 웃음 짓고 눈물 흘리는지, 무엇을 소망하고 중요하게 생각하는지, 타인에게 어떤 사람이길 원하는지 알려주지 않는다. 그가 실생활에서 타인을 어떤 방식으로 대하는지를 비롯해 현실의 삶에서 어떻게 살아가는지 전혀 알려주지 않는 것도 물론이다.

그렇지만 사실상 누군가에게 깊은 유대감을 느끼는 것은 바로 이렇게 어느 정도 시간이 흐르기 전에는 드러나지 않는 요인들 때문인 경우가 많다. 인간의 내면은 단지 성격 유형만으로 요약할 수 없는 수없이 많은 요소의 총체다. 그리고 이 요소들의 대부분은 어떤 상황과 접하기 전까지는 내면의 소유자 자신에게조차 드러나지 않는다.

특히 인간이 맥락과 환경 속에서 살아가는 존재라는 사실은 인간의 내면이 일시에 파악할 수 없을 정도로 복잡하고 역동적인 것, 계속해서 발견되는 것임을 알려준다. MBTI가 한 사람이 '소유하는' 일련의 특징에 대한 통찰을 보여준다는 일반적 인식과 달리 MBTI 결과의 신뢰도, 즉 다시 검사했을 때 같은 결과가 재현될 확률은 대단히 낮다. 고작 5주 뒤에 다시 MBTI를 실시하면 다른 결과가 나올 확률이 50%에 달한다.[5] 이처럼 성격 검사 결과에 대한 재현율이 낮은 것은, 한 인간이 보여주는 여러 심리적 특성은 개인이 소유하는 물건처럼 불변하는 것이 아니기 때문이다. 이러한 특성들은 개인이 속한 환경, 특히 타인과 맺는 관계 속에서 역동적으로 변화하고 만들어진다.

2015년 노벨문학상을 수상한 스베틀라나 알렉시예비치의 논픽션《전쟁은 여자의 얼굴을 하지 않았다*у войны не женское лицо*》는 인간의 이 같은 놀라운 가변성을 보여주는 르포다. 이 책에 등장하는 여성들은 하나같이 전쟁에 나가기 전에는 자신이 살인과 죽음에 대해 아무것도 모르는 평범하고 순진한 어린 여성일 뿐이었다고 고백한다. 그러나 전쟁터에 발을 디디자 그들 중 어떤 이들은 아무렇지 않게 살인을 저지를 수 있는 사람이 되었고, 또 어떤 이들은 동료를 위해 포화 속으로 발을 내디디고 잔인한 고문을 견딜 수 있는 사람이 되었으며, 어떤 이들은 둘 모두가 되었다.

그렇다면 여린 마음을 가진 소녀와 냉정한 살인자와 용기 있는 전우 중 어떤 것이 그들의 진정한 원래 모습이었을까? "외부 환경과 분리된 인간의 진정한 모습 같은 것이란 존재하지 않는다"는 것이 이 질문에 대한 답이다. 피로 일군 국가를 수호해야 한다는 의무감, 동료에 대한 애정, 끊임없는 폭력을 헤쳐나가야만 하는 상황 속에서 그들은 다른 존재가 되었다.

끔찍한 상황만이 인간의 인격을 바꾸는 것은 아니다. 부와 높은 지위가 인간성의 추락을 불러오거나 인간의 비윤리적인 모습을 끌어내기도 한다는 것은 잘 증명된 심리학적 사실이다. 계급적 지위가 높은 사람들은 계급적 지위가 낮은 사람과 비교해 준법정신이 약하며, 더 쉽게 비윤리적 결정을 내리는 경향이 있는 데다, 타인을 갈취하거나 거짓말을 하고, 부정직한 수단을 쓰거나, 일터에서 비윤리적 행동을 할 확률도 더 높다.[6] 상층계급은 하층계급과 비교해 타인의 감정을 읽는 능력이 떨어지며,[7,8] 친사회적 행동에 참여하는 빈도도 더 낮다.[9]

공감 능력, 혹은 이른바 '감정 지능'을 계발하는 데 굳이 시간을 들이는 계급이 하층계급보다는 중산층 이상의 계급일 가능성이 크다는 사실을 감안하면, 성격이라는 것이 단지 한 개인이 발견하거나 계발하는 것만은 아님은 명백해 보인다.

높은 지위와 이기적이고 냉정한 성격이 단지 상관관계를 통해서만이 아니라 인과관계를 통해서 연결된다는 것을 보여주는 연구도 있다. 이 연구는 참가자들이 체감하는 지위 수준을 인위적으로 낮추는 실험 환경에 처하면 공감 능력이나 감정을 읽는 능력이 향상되기도 한다는 것을 보여주었다.[10] 우리가 지각하는 우리의 지위가 실시간으로 성격을 변화시키는 것이다. 사회적 지위와 친사회적 능력의 관련성이라는 연구 주제에 관한 권위자인 심리학자 대커 켈트너는 권력이 '전두엽 손상'에 버금가는 공감 능력의 상실을 불러온다고 주장하기도 한다.[11]

이렇게 극단적인 경우는 아니더라도, 우리는 누군가의 사랑, 심지어는 애정 어린 말 한마디 덕분에 완전히 다른 사람으로 변모한 사람들의 이야기를 흔하게 접할 수 있다. 《사람일까 상황일까*The Person and the Situation*》의 저자 리 로스는 인간은 일관적이지만, 그 일관성의 이유는 그들이 처한 상황 및 수행하는 역할 그리고 그들과 우리의 관계가 일관적이라는 사실 때문이라고 지적한다.

우리가 타인 및 세상과 맺는 관계 그리고 그 관계 속에서 우리가 하는 행동은 끊임없이 우리를 변화시키며, 그렇기에 인간은 복합적이고 다면적이고 역동적인 존재가 된다. 인간의 자유의지나 타고난 고유성이 전혀 존재하지 않는다는 것이 아니다. 우리는 언제나 우리가 속한 환경 및 타인들과 연결되어 있으며, 그러한 관계 속에서 행위하고, 이러한 행위가 다시 자신과 타인과 세상을 변화시키는 순환 속에 위치한다는 것이다. 우리는 오로지 세상과 부딪히는 것을 통해서만 비로소 자신의 윤곽을 더듬어내게 된다. 상황이나 맥락에 따른 복잡성을 이해하지 않고서는 어느 누군가를 진실로 이해했다고 말하기 어려운 이유다.

우리에게는 분명 각자가 타고난 기질이 있다. 남들보다 느긋한 기질로 태어나는 사람이 있는가 하면 남들보다 예민하고 신중한 기질로 태어나는 사람도 있다는 사실을 부정할 수 없다. 그러나 이런 기질적 특징만으로 한 인간의 행동을 설명하고 이해할 수는 없다.

우리는 적대적 환경에서는 내향적이었다가 우호적 환경에서는 외향적으로 변하기도 하며, 어떤 사람에게는 깊이 공감하다가도 또 다른 사람에게는 한없이 냉정해지기도 한다. 대부분의 사람은 타인과의 관계(혈연관계나 사적 관계의 유무)나 타인의 특성(연령, 성별, 나이, 인종 등)에 따라 혹은 공적 장소인지 사적 장소인지에 따라 다른 모습을 보인다.

개인의 관점과 가치관은 이처럼 환경에 따라 변화하는 인간 행동과 성격의 복잡성을 심화하는 요인이자, 그 자체로 환경에 의해 형성되기도 한다. 예를 들어 권위와 권위주의에 대한 개인의 생각은 직장에서 상급자와 하급자에게 보이는 '성격'에 영향을 미칠 수밖에 없으며, 이러한 사고방식 역시 맥락과 환경 속에서 형성되고 실천된다. 그렇기에 MBTI 혹은 여타 심리학적 명칭들로 인간을 설명할 수 있다는 주장은 혐오 범죄를 일으키는 범죄자들이나 퇴보적 정책을 펼치는 정치인들의 행동을 단순히 '사이코패스 경향'으로 환원해서 설명할 수 있다고 주장하는 것이나 다름없다.

보상에 대한 어린이들의 자기 조절 능력을 살펴봄으로써 대중적으로 유명해진 '마시멜로 실험'은 흔히 인내심 있고 성실한 성격을 계발하라는 메시지를 주는 것으로 이해된다. 그러나 정작 마시멜로 패러다임의 창안자인 심리학자 월터 미셸은 특정한 성격 분류로 인간의 행동을 예측하는 것은 무의미하다고 주장한다. 우리는 너무 많이 추론하고, 예측하고, 일반화하려 하지만 사실상 상황과 환경

을 고려한 주의 깊은 관찰은 거의 하지 않는다는 것이 미셸의 지적이다.[12]

상황과 맥락에 따라 달라지는 모습은 타인과 더불어 살아가는 존재로서 인간의 필연적 특징일 뿐 아니라 얼마간은 필수적 능력이기도 하다. 인간을 꿰뚫어볼 수 있는 단 한 가지 방법, 인간에 대한 '정답'을 알려주겠다는 유혹이 도처에 산재한 시대지만, 실제로는 자기 복잡성, 즉 자기 개념의 복잡성과 다양성이야말로 심적 고통을 유발하는 사건에 대한 보호 인자이기 때문이다.[13]

심리학적 명칭처럼 개념화된 자기를 포함해 한 가지 자기 개념에 집착하는 것은 오히려 인간을 심적 고통과 외부의 피드백에 취약하게 만드는 것으로 알려져 있다.[14·15] 어떤 자기 개념이 확고해지면 설사 그것이 부정적일지라도 사람들은 이러한 자기 개념의 변화를 유도하는 사람이나 상황에 민감하게 반응하고 적극적으로 저항하기까지 한다.[16] '나는 내향적이다' '나는 계획적이다' '나는 예민하다' '나는 우울하다' 등의 성격 명칭에 몰입하면 의식적으로든 무의식적으로든 그 모습을 지키기 위해 행동하게 되고, 그 결과 다양한 역할과 상황 그리고 그 속에서 나타날 수밖에 없는 자신의 여러 면모를 받아들이기 어려워진다.

자신의 의식적·무의식적 믿음에 자신의 행동을 맞추어간 결과 실제 그러한 믿음이나 예측이 현실화하는 현상인 자기실현적 예언은 고리 효과를 만들어내는 중요한 요인이기도 하다.

인간은 다양한 역할과 상황을 경험하고 여기에 나름대로 의미를 부여하고 해석하면서 자기 개념을 더욱 복잡하게 만들어나간다. 자신의 서로 다른 면모를 발견하고 이를 수용하는 능력은 안정적 인간으로 성장하기 위한 필수 요소다. 자신이건 타인이건 한 사람을 알기 위해서는 삶 속에서 그를 직접, 오랜 시간에 걸쳐 경험해 보아야만 하며, 누군가를 완벽히 안다는 것은 엄밀하게 말하면 불가능하다. 인간은 애초에 단 한 가지로 정의하기 어려울 만큼 복잡하고 어쩌면 일관성도 없는 존재이기 때문이다.

그럼에도 MBTI를 위시한 각종 치료요법적 기술들은 자신이나 타인이 '어떠한 사람인가'라는 질문에 대한 대답을 별 노력 없이 쉽고 빠르게 얻어낼 수 있다는 환상을 심어준다. 개인의 고유한 특성이 이미 마음속 어딘가에 존재하며, 치료요법이 제공하는 간단한 도구들을 통해 이를 쉽게 파악할 수 있다는 것이다.

분명 모든 사람이 MBTI에 '과몰입'하는 것은 아니고, 단지 긴장을 풀고 재미있는 대화를 하기 위한 소재로 쓰는 사람도 많다. 그러나 MBTI를 위시한 심리학적 유형론을 인간 파악과 관계 예측의 도구로 사용하는 문화에서, 우리는 인내심을 갖고 타인에게 다가가기보다는 타인을 쉽고 빠르게 간파할 수 있는 존재로 여기거나, 어떤 명칭을 통해 파악할 수 있는 것 이상으로 알 필요가 없는 존재처럼 대우하기도 한다. 사람들의 수많은 행동에 대해 단지 "심리적 유형이 ~이기 때문에"라는 식으로 결론 내리기도 한다.

심지어 우리는 때로 MBTI나 애착 유형 같은 심리적 유형을 통해 타인과 나의 미래 궁합에 대한 통찰을 얻었다고까지 생각하기도 한다. 때로는 이러한 생각 때문에 자신과 타인 사이에 보이지 않는 마음속 선을 긋고, 자기 자신 혹은 관계의 발전 가능성에 한계를 설정하기도 한다. 가령 "나는 MBTI가 ~라서 사교적으로 행동할 수 없다" "그 사람과는 MBTI 궁합이 맞지 않아 관계를 오래 이어나갈 수 없을 것 같다"는 식이다. MBTI가 스스로 경험한 것을 바탕으로 관계를 형성하는 관계 맺기의 실제 과정에 대한 의식적·무의식적 방해물을 쌓기도 하는 것이다. 각종 심리적 유형론의 유행은 타인을 깊게 알아가기 위한 노력을 일종의 에너지 소모로 여기며 피상적 대화에 머무르려는 문화의 일부분이기도 하다.

그러나 인간 자체만이 아니라 관계 또한 맥락과 환경의 영향 속에 존재한다는 사실은 인간관계가 단순히 서로의 프로필을 평가하는 두 자아의 만남이라는 전제를 의심케 한다. 생텍쥐페리는《인간의 대지 *Terre des Hommes*》에서 "사랑은 두 사람이 마주 쳐다보는 것이 아니라, 함께 같은 것을 바라보는 것"이라고 쓰고 있다.

이런 관점에서 보면 친밀감과 유대감은 사전에 결정된 것이 아니라 같은 것을 보기 위한 인내와 노력, 특히 집합적 노력 속에 만들어지는 것이라고도 할 수 있다. 종교 행사, 정치 집회, 스포츠 활동처럼 공통 목표를 바탕으로 한 활동을 의례적으로 함께하는 것이 유대감과 결속에 강력한 효과를 발휘하는 것도 그런 이유다.

심리학 연구들은 일제히 같은 행동을 하기만 해도 강한 사회적 유대감을 경험하고, 더 많은 친사회적 행동을 보이며, 동기화의 수준이 높아질수록 유대감의 질 또한 높아진다는 것을 보여준다.[17] 예를 들어 군대의 집단 훈련은 구성원들 간의 개인적 친분이 없는 상황에서도 강력한 연대감을 끌어내는 바탕이 되기도 한다.[18] 스피닝과 크로스핏 등 함께 고강도 동작을 하는 운동들이 현대 사회에서 거의 컬트적이라고까지 할 수 있는[19] 인기를 끄는 것도 그런 이유다. 인류학 연구들은 오래도록 의례가 여러 사람을 하나로 모으는 '인간 사회의 접착제' 같은 기능을 수행한다는 것을 보여주어 왔다.[20]

의식적 선택이 유대감의 바탕이 되는 것이 아니라 어떤 목표를 위해 크고 작은 고통을 함께 인내하는 경험 자체가 유대감의 바탕이 되고, 이렇게 형성된 유대감은 서로를 더 잘 알아가기 위한 바탕이 되어주기도 하는 것이다.

고전 사회학자 에밀 뒤르켐은 우정이 종교와 마찬가지로 의례를 필요로 한다고 보았다.[21] 이는 주기적으로 만남을 가지고, 대화에 참여하며, 함께 무언가를 하는 것이 우정의 필수 요소라는 뜻이다. 하지만 반대로 생각하면 공통의 목표와 의례를 제공하는 환경에 속하는 것이 우정에 중요한 맥락을 제공하기도 한다. 어쩌면 학창 시절에 만난 친구가 오래간다는 일상적인 말 또한 이와 비슷한 통찰에 기반하는지도 모른다.

자기 이해 산업과 산업을 위한 자기 이해

모든 사람이 MBTI를 신봉하지는 않는다 해도 많은 사람이 MBTI

를 믿는다는 사실은 우리 시대의 자아관에 관해 많은 것을 시사한다. 인간의 고유성과 정체성을, 한 인간이 타인이나 사회와 무관하게 소유하는 측정 가능한 불변의 심리적 특질에서 찾는 독백적 자아관이 우리 시대의 지배적 자아관이 된 것이다. 각종 심리적 명칭에 대한 현대적 집착은 우리가 타인을 이해하는 방식뿐만 아니라 우리가 우리 자신을 이해하는 방식을 보여준다. MBTI가 일종의 사교술이나 인간을 알기 위한 보편문법의 하나로 통용되는 현상의 바탕에 있는 현대 치료요법 문화의 특징은 크게 두 가지로 나눌 수 있다.

첫째, 환경이나 사회의 영향과는 독립적으로 존재하는 나만의 고유하고 특별한 핵심, 혹은 진정한 나를 발견하라는 강박적 명령이 도처에 산재한다. 현대 사회에서 심리 검사는 사교 기술이나 인간관계의 도구이기 이전에 무엇보다 자기 자신을 알기 위한 기술이라는 점에서, 이른바 진정한 나를 아는 일에 집착하는 현대인의 모습을 보여준다.

"너 자신을 알라"는 말은 고대 그리스부터 전해 내려온 유명한 격언이지만, 현대 사회에서는 거의 격언을 넘어서는 명령이 되었다. 특히 청년 세대에게 '자기를 아는' 것보다 중요한 일은 드물다.

앞서 나온 '사단법인 오늘은'의 조사에 따르면 19~29세 청년 96.2%가 나를 이해하는 것이 중요하다고 생각하며, 55.8%는 관계 맺기보다 나를 들여다보는 것이 우선이라고 생각한다.[22] 인간에게는 필수재나 다름없는 관계보다도 자신을 아는 일을 우선한다는 것이다. 이때 자신을 아는 것이야말로 오히려 관계를 위한 조건이 된다. 그리고 이때 나를 안다는 것은 곧 진정한 나를 안다는 것이다. 인플루언서들의 에세이에서 유명인들의 TED 강의까지 진정한 나를 찾고 나서 180도 달라진 삶을 살게 된 이들의 자기 고백은 거의 틀에 박혔다고 할 만큼 흔한 문화적 내러티브다.

진정성 개념의 등장은 서구의 낭만주의 시대로까지 거슬러 가지만 진정성에 대한 문화적 관심이 본격화된 것은 치료요법 에토스가 대중화되기 시작한 1960년대라고 할 수 있다.[23]

특히 칼 로저스가 중심이 된 인본주의 심리학 운동은 진정성이라는 단어의 대중화에 중요한 역할을 했다. 인본주의 심리학자들은 우리 모두의 내면에 막대한 창조적 잠재력이 있으며, 인간에게는 자아를 실현할 놀라운 힘이 있다고 믿었다. 로저스에 따르면 창조적 인간에게 가장 중요한 질문은 다음과 같다. "나는 내게 진실로 만족스러운 방식으로, 나를 정말로 표현할 수 있는 방향으로 살고 있는가?"[24]

현대 사회에서는 진정성 개념을 다양한 의미로 사용하지만, 일반적으로는 대략 '나답게 살기' '나 자신이 되기'라는 의미로 받아들인다. 그리고 '나답게' 살기 위해서는 무엇보다 사회적 구속과 가면에서 해방되어 내면에서 우러나오는 소리를 듣는 것이 필요하다고들 한다. 자아에는 타인이나 사회와는 별개로 존재하는 어떤 불변의 핵심이 있고, 그 핵심은 개인의 내면을 들여다봄으로써 알 수 있다는 것이 현대문화의 일반적 가정이다.

진정한 나는 예컨대 나를 다른 방식으로 보는 사람의 말 한마디나 나의 다른 모습을 이끌어내어 줄 어떤 공동체를 통해서 발견되는 것이 아니다. 그보다는 이를테면 인도 배낭여행이나 발리 요가 여행에서, 산티아고 순례길에서 온전히 나와 함께 있는 시간, 내면을 들여다보는 시간을 통해서만 발견된다. 어느 날 갑자기 그전에 발견하지 못한 예술적 재능을 깨우치는 것과 마찬가지다.

그러나 나다워진다는 것이 그저 아무나 되는 것을 의미하지는 않는다. 진정한 나를 안다는 것은 나의 특별함을 알아차리는 일이기도 하다. 특히 인본주의 심리학 운동에 영향을 받아 시작된 1980년대와 1990년대의 자존감 열풍 이후로 "당신은 특별하다" "나는 특별하다"는 말은 일상에서 매일같이 접하는 일종의 현대적 만트라로 자리 잡았다. 진정한 나를 찾는다는 것은 곧 나의 특별함을 찾는다는(계발한다는) 의미로도 쓰인다.

'정체성identity'이라는 단어의 현대적 용례 또한 개인의 고유성과 특별함에 집착하는 현대 사회의 특징을 보여준다. 현대 사회에서는 정체성이라는 말을 다양한 의미로 사용하지만, 본래 정체성이라는 개념은 특히 1940년대에 심리학자 에릭 에릭슨이 고안한 '정체성 위기identity crisis' 개념과 더불어 처음으로 대중적 관심을 받기 시작했다. 정체성 위기는 특히 청소년기에 두드러지는 발달 과정으로, 에릭슨에 따르면 이 시기 청소년들은 다양한 역할을 탐색하며 세상에서 자신의 위치를 찾는 한편 자신의 과거와 미래를 통합적으로 이해하게 해줄 내적 연속성을 확립하고자 한다.[25] 당시 에릭슨이 말한 정체성은 주로 자아 자체 및 세상에서 자아의 위치에 대해 일관된 감각을 느낄 수 있다는 사실과 관련되었다.

그러나 정체성 개념이 널리 대중화된 1960년대에 접어들면서 정체성은 점점 더 "당신이 누구인가"라는 질문에 대한 '답'이자 개인의 독특함, 남들과 다른 특징을 뜻하는 단어로 사용되기 시작했다.[26]

첫 번째 특징과 긴밀하게 관련된 현대 사회의 두 번째 특징은 나만의 고유하고 독특한 정체성을 찾는 것을 도와주겠다고 주장하는 수많은 심리학적 도구가 존재하며, 이러한 측정 도구의 사용이 자아 정체성 탐색의 의례적 과정이 되었다는 것이다. 단순히 자신의 내면을 탐색함으로써 '내가 누구인지'를 발견할 수 있다면, 내면 관찰에 도움이 될 도구를 사용하는 것도 정체성을 구축하는 주된 방법 중 하나가 될 수밖에 없다.

MBTI 검사부터 ADHD나 우울증 등 정신의학적 상태에 대한 자가 진단까지 '나'를 정의하는 명칭을 알려준다는 각종 심리학적 도구가 이처럼 보편화된 시대는 지금이 유일할 것이다. 이러한 심리학적 명칭 또는 그와 연관된 캐릭터가 정체성의 중요한 부분이 된 시대도 전무후무할 것이다.

전체적으로 보면 MBTI의 유행은 ADHD나 우울증 등 각종 치료요법적 명칭들이 단순한 진단명에 그치지 않고 점점 더 젊은 층의 자기 정의와 자기 정체성에서 중요한 부분을 차지하고 있는[27] 사회적 흐름의 일부이기도 하다. MBTI는 그중 가장 유행하는 검사일 뿐이다.

치료요법의 시대에 성행하는 것은 비단 MBTI 검사만이 아니다. 오늘날에는 인터넷 커뮤니티에서 뉴스까지 수도 없이 많은 매체가 앞다투어 온갖 심리학적·정신의학적 자가 진단을 제시하면서 당신의 '증상'을 이해하게 하는 단 한 가지 명칭을 알려주겠다고 제안한다.

인터넷에서 쉽게 찾을 수 있는 출처 불명의 각종 초민감자, 즉 HSP 검사들은 처음에 서구에서 유행하다가 최근에는 한국에서도 MBTI의 뒤를 잇는 새로운 유행으로 자리 잡았다.[28] 청년층의 인기를 끄는 다양한 심리 검사를 제공하는 사이트인 '타입스'는 HSP를 "MBTI로 이해되지 않았던 많은 것들"을 새로운 관점에서 보게 하는 검사라고 소개한다. 틱톡에서 #HSP 해시태그는 2023년 9월에 이미 약 5억 뷰의 조회 수를 기록했고,[29] 국내에서도 유튜브와 일부 커뮤니티를 중심으로 유행하는 성격 명칭이 되었다.

자신이나 타인의 감정, 환경 자극 등 다양한 자극에 민감한 사람을 가리키는 명칭인 HSP는 심리학자 일레인 아론이 1996년 고안한 개념으로, 사실 학계에서는 오래도록 별다른 관심을 끌지 못했던 주제다. 그러다 최근 2~3년 사이 갑자기 HSP 검사는 청년층을 중심으로 크게 유행하는 진단으로 부상했다. HSP의 유행은 다른 심리 검사의 유행과 마찬가지로 서구에서 시작되었지만, 최근에는 한국에서도 《예민함의 힘 *Sensitive*》《나는 왜 남들보다 쉽게 지칠까》 등 HSP에 관한 번역서 및 국내서를 쉽게 찾아볼 수 있다.

HSP 검사들에 포함된 특성들은 거의 전부가 흔하거나 좋아 보이는 특징으로 구성되어, 사람들의 자기 고양 편향과 바넘 효과를 최대한 활용한다는 비판을 피하기 어렵다. 예를 들어 HSP의 특성으로 자주 제시되는, 관계에서 갈등을 피하는 성향이나 다른 사람의 감정을 버거워하는 성향 등은 이미 살펴보았듯이 현대 사회에서 점점 더 흔해지는 행동 양식이다. 한편 뛰어난 창의력, 공감 능력, 눈치, 자기 성찰, 예술에 대한 민감성 등은 아무도 거부하지 않을 법한 긍정적 특징들이다. 심리학자 퍼거스 케인Fergus Kane은 "HSP의 특성은 거의 다 바람직한 것들인데 HSP가 되기를 원하지 않는 사람이 있을까?"라고 반문하기도 한다.[30]

《예민함의 힘》의 저자인 젠 그랜만과 안드레 솔로는 HSP 개념을 적극 옹호하면서 HSP가 남과 다른 특별한 특징, 심지어는 일종의 '초능력superpower'이라고까지 주장한다. 이처럼 HSP는 남들과는 다른 나의 특별함을 찾고 싶은 의식적·무의식적 욕구를 만족시키는 도구로 사용되기도 한다.

이른바 자기 이해의 도구로 사용되는 것은 MBTI처럼 성격에 위계를 두지 않는 중립적으로 보이는 검사나, HSP처럼 개인의 성향이 긍정적으로 보이게 하는 성격 검사만이 아니다. 현대의 청년문화에서는 정신의학적 진단마저도 남들과는 다른 나의 특성 혹은 정체성처럼 이해될 수 있기 때문이다.

ADHD나 우울증을 소재로 한 온라인 유머 게시글과 각종 에세이, 웹툰의 범람, 일본 인터넷에서 만들어진 신조어인 '멘헤라'가 대표하는 정신 질환의 캐릭터화, 이러한 진단명들을 중심으로 교류하는 커뮤니티들의 등장은 청년문화에서 ADHD나 우울증 같은 명칭들이 단지 병원에서 의사가 내리는 진단명 이상의 특별한 의미를 부여받는다는 사실을 보여준다.

일례로 ADHD를 위한 라이프스타일 잡지를 표방하는 〈애디튜드ADDitude〉는 ADHD의 증상이나 치료법을 알려주는 데 그치지 않고, ADHD가 정의에 대한 민감성[31]이나 창의력[32] 등 많은 긍정적 자질을 포함하는 특성이라고 주장한다. 정신과적 진단명이 특히 청년들에게서 의학적 의미를 넘어서는 문화적 의미를 부여받고, 하나의 라이프스타일이 되며, 개인의 자아 인식에서 중요한 역할을 수행하기도 하는 것이다.

더군다나 'ADHD ○○' '○○ 우울계'처럼 프로필에 진단명을 쓰는 현상은 특정한 정신과 진단명이 나를 요약하는 말로 사용되기도 한다는 사실을 보여준다. 정신의학적 진단명이 "나는 누구인가"라는 질문에 대한 일종의 정답처럼 여겨지기도 하는 것이다. 실제로 스켑틱리서치센터Skeptic Research Center, SRC의 조사는 Z 세대 여성 72%와 Z 세대 남성 67%가 정신 건강 문제가 자신의 정체성에서 중요한 요소라고 답했다는 놀라운 결과를 보여준다.[33]

인간의 타고난 편향과 이를 강화하는 소셜 미디어는 이러한 현상이 벌어지는 여러 가지 이유 중 하나다. 인간은 무질서하고 임의적인 여러 경험에 의미와 질서를 부여하는 설명체계를 찾으려는 경향이 있다.[34] 인지적 자원을 절약하며 여러 상황이나 문제를 간편하게 설명할 방법을 찾으려는 욕구인 인지적 종결 욕구가 강한 사람들은 특히나 이런 경향을 보이기 쉽다. 가령 자신의 모든 문제나 여러 성격적 특징, 사소한 습관들을 모두 ADHD나 우울증이나 MBTI 같은 특징으로 설명하기 쉬운 것이다. 게다가 인간은 자신의 기존 믿음과 일치하는 방향으로 정보를 받아들이고 해석하려는 확증 편향을 보인다. 그리고 오늘날 현대인, 특히 청년층이 심리학 정보를 습득하는 주된 창구인 소셜 미디어의 알고리즘은 인간의 이러한 성향을 극대화한다.

소셜 미디어의 세계에서는 성장통처럼 단지 스쳐 지나갈 뿐인 감정 상태나 호기심 같은 사소한 특징도 쉽게 당신이 특정한 심리적 유형이나 환자군에 속한다는 근거가 된다. 이렇게 시작된 의심은 이내 'ADHD의 습관'에서 'ADHD의 정치 성향'까지 당신이 관심 있을 만한 온갖 콘텐츠들을 보여주면서 확증 편향을 유도하는 알고리즘의 수많은 콘텐츠를 거쳐 확신으로 변모한다. 이러한 과정을 거치며 정신과적 명칭이나 심리학적 명칭은 정체성의 중요한 부분으로 자리 잡고, 결국 나의 모든 것을 설명해 주는 단어가 되기 쉽다.

그러나 알고리즘은 이러한 현상이 벌어지는 이유에서 극히 일부분을 차지할 뿐이다. 근본적인 차원에서 이러한 콘텐츠를 매력적이게 만드는 정체성에 관한 문화적 전제들을 살펴볼 필요가 있는 것이다.

나 자신에게조차 내가 누구인지는 명확하지 않으며, 정체성은 단순히 발견되는 것이 아니라 타인이나 사회와의 상호작용을 통해 만들어지는 무언가이기도 하다. 그러나 개인의 정체성은 이제 고유성과 동일시되고, 개인의 정체성에 관한 질문은 각종 심리학적 자기 계발 미디어의 도움을 받아 스스로 답할 수 있는 질문처럼 여겨진다.

우리는 왜 이토록 남들과 구분되는 나의 고유성, 이른바 진정한 나를 찾는 데 집착하는가? 그리고 왜 이 과업을 다른 산업이 아니라 개인을 정의하는 일련의 심리학적 명칭과 언어들을 알려주는 자기 계발 산업의 도움을 받아 수행해야 한다고 받아들이는가?

온갖 심리적 명칭을 동원해 스스로를 분석하고 자신의 특별함을 알아내는 데 집착하는 청년들의 모습은 이들이 반사회적 나르시시스트임을 시사하는 것만 같다. 그러나 한편으로 이러한 모습은 오히려 신자유주의 현대문화가 보내는 암묵적 메시지를 너무나 잘 체득했기에 생기는 것이기도 하다. 즉 타고난 심리적 특성을 발견하고 활용하고 계발하고 광고하는 능력에 그리고 "그저 나 자신이 되는" 것에 생존과 성공의 열쇠가 달려 있다는 메시지를 보내는 이 사회에 지나치게 잘 적응한 결과물이기도 한 것이다.

인간의 영혼마저 경제적으로 경영되어야 할 '인적 자본'으로 만드는 신자유주의화와 탈산업화가 비슷한 시기에 이루어졌다는 것은 우연이 아니다. 경제구조의 탈산업화는 대부분의 사람이 노동자로 살아남기 위해서 단순히 객관적 생산 능력을 계발하는 데 그치지 않고 내면적 능력을 계발해야 하는 상황을 만들어냈다. 지난 세기, 특히 1980년대 이래로 유형의 무언가를 생산하는 제조업 부문은 계속해서 축소되었다. 이와 반대로 통신업, 금융업, 광고업 등 무형의 서비스를 통해 부가가치를 창출하는 산업인 서비스업 부문은 계속해서 성장했다.

예를 들어 1910~2000년 미국에서는 '전문직, 경영, 회계, 영업, 서비스업' 부문으로 분류된 노동자 수가 세 배로 늘어, 전체 고용의 4분의 1에서 4분의 3으로 증가했다.[35] 2022년 한국의 서비스업 비중은 58%로, 2021년 기준 미국(77.6%)이나 영국(72.2%), 일본(71.4%), 독일(62.7%) 등의 주요국보다 크게 낮은 편이지만,[36] 서비스업 비중이 계속해서 증가하는 추세라는 점에서는 이들 국가들과 크게 다르지 않다. 서비스업의 증가는 탈산업화가 진행된 국가 대다수에서 나타나는 특징이기도 하다.

산업화 사회에서는 주어진 일을 기계적·효율적으로 해내는 것이 중요하다. 노동자가 누구인지는 거의 중요하지 않은 것이다. 그러나 탈산업화 사회의 일은 기계적으로 맡은 임무만 해내면 되는 일이 아니다. 현대 사회의 지배적 노동 형태는 소위 유연성, 창의성, 커뮤니케이션 능력처럼 노동자의 내면, 특히 '성격'과 직결되는 요소들이 중요한 비물질 노동이다. 그리고 이러한 노동은 이런 능력을 활용하기 위한 바탕으로서 노동자의 적극적인 몰입을 요구한다. 차별화된 노동자, 소위 '특별한' 노동자가 필요한 시대가 된 것이다.

몰입과 긍정적 감정을 비롯한 인간의 심리적 특성마저 경영해야 할 상품, 이른바 인적 자본이 된다는 것은 현대 사회의 주된 특징 중 하나다. 나와 꼭 맞는 일자리에서 나의 잠재력을 최대로 실현한다는 믿음, 즉 자아를 실현한다는 믿음을 바탕으로 다양한 심리적 자질을 발휘하며 최대한 몰입해서 일할 필요가 있는 것이다. 현대 문화가 감정적 건강을 관리할 필요성을 강조하고 또 강조하는 이유이다.

자아와 정체성을 단순히 내면을 들여다보면 알 수 있고 측량 가능한 것으로 의미화하는 치료요법적 자아관은, 노동자의 영혼이 이윤 추출의 수단이 되는 사회에 자발적으로 적응하도록 유도하는 데 대단히 효과적인 문화적 도구다.

일련의 심리학적 명칭이 오늘날 인간을 이해하는 지배적 기술이 된 것은, 심리학이 비물질 노동 중심으로 재편된 경제의 필요에 부응해 자신의 입지를 공고히 한 결과이기도 하다. MBTI는 〈포춘〉 선정 글로벌 500대 기업을 포함한 여러 기업에서 널리 사용해 온 검사이기도 하다.

MBTI 캐릭터 상품의 유행은 CAPT 같은 연구소나 CPP 같은 출판사뿐만 아니라 OKA 등의 대형 컨설팅 회사가 적극적으로 추진한 기획이기도 했다.[37] MBTI는 업무와 유관한 노동자의 심리적 특성을 파악하여 회사에 꼭 맞는 노동자를 선발하고 이들의 심리적 특성을 계발하는 도구이기도 했다.

한편 개인 차원에서 보면 MBTI를 비롯한 성격 검사들은 흔히 성격의 장단점을 파악해 강점을 키우고 단점을 보완할 뿐만 아니라, 자신에게 꼭 맞는 진로와 커리어를 파악하기 위한 수단으로 사용된다. 그리고 흔히 우리 문화에서는 자신의 성격과 잘 맞는, 즉 자발적으로 몰입해서 일할 수 있는 진로와 커리어를 택하는 것을 자아실현과 동일시한다. 진정한 나다움을 발견하게 해준다는 자기 계발서 《진정한 나다움의 발견 MBTI》의 부제가 '타고난 성격을 성공 스펙으로 만드는 법'인 이유이다.

심리학은 이처럼 인간의 심리적 특성을 파악하고 계발해 인간을 적재적소에 배치하기를 원하는 자본과, 점점 더 '유연하게' 변화하는 경제에 잘 적응하기 위해 '자발적' 자기 탐색과 경영, 자기 브랜딩에 참여해야 하는 노동자 모두에 유용한 도구가 되었다.

여러 번 언급했듯이 개인의 고유한 내면을 구성하는 요인에는 성격 말고도 개인의 역사나 가치관, 인간관계 등 수없이 많은 것들이 있으며, 정체성은 시간과 환경 속에서 끊임없이 형성되고 변모한다. 그러나 경제의 관점에서 보면 인간의 이런 복잡성을 이해한다는 것은 실로 비경제적인 일에 지나지 않는다. 그러므로 자아는 마치 프로필처럼 단순하고, 쉽게 파악할 수 있으며, 어떤 특별한 마케팅 포인트가 있어야 한다. 우리는 특별해져야만 하지만, 팔리는 노동자가 될 수 있는 한계 안에서 특별해져야 한다. 우리가 특별한 나를 알기 위해 수도 없이 많은 심리 검사를 전전하는 이유 중 하나일 것이다.

정신과 진단의 이데올로기적 효과

나를 이해하고 발견하는 방식은 여러 가지일 수 있다. 진정한 나의 모습은 내면에 언제나 존재해 온 것 혹은 단순히 내면을 들여다볼 때 발견되는 것이 아니라 환경이나 타인과의 대화 속에서 계속해서 찾아나가야 하는 무언가일 수도 있다. 내가 진정하다고 생각하는 나의 모습은 나의 여러 면모 중 하나, 특정한 상황과 시간 속에 존재하는 나의 모습에 지나지 않는지도 모른다. 또한 진정한 나의 모습이라고 생각하는 것이 오로지 내게 고유한 것은 아닐 수도 있다.

그러나 현재의 자본주의는 타인과 자기 자신을 복잡하고 모호하며 맥락에 따라 변화하는 존재보다는 개별적으로 존재하는 하나의 심리적 프로필처럼 사유하게 한다. 인간의 영혼을 측정 가능한 프로필처럼 바라보는 문화적 관행이 현재의 경제에서 수행하는 역할은 한 가지가 아니다. 심리적 명칭 부여가 인간 내면을 현대적 비물질 노동에 적합한 형태로 활용하거나 빚어내는 도구로 사용되는 사례는 비단 MBTI에 국한되지 않기 때문이다.

ADHD 진단에서 우울증 진단까지, 현대 정신의학은 생산성이 없는 상태를 개인의 특성, 즉 질병으로 이해하도록 만들어 현대 신자유주의 사회에 필수적 기능을 수행해 왔다. 현대 정신의학에서 생산성의 부재는 정신 질환의 진단 기준이 되는 대표 요소다.

《DSM-III-R》부터 도입된 총괄기능평가척도Global Assessment of Functioning Scale, GAF는 낮은 노동 생산성과 업무 능력을 정신 장애의 주요 특징으로 개념화했으며, 세계보건기구가 발표하는 〈국제질병분류 제11차 개정판International Classification of Diseases, 11th Revision〉(ICD-11) 또한 집중과 결정의 어려움, 업무에 지속적 주의를 기울이기 힘

듦, 피로함, 정신 운동의 지연을 '우울 삽화'*의 주된 특징으로 정의한다. 최근 대중적으로 유행하는 진단명인 ADHD와 우울증은 모두 생산성을 유지할 수 없는 상태가 주된 특징인 '질병'이기도 하다.

앞서 언급한 것처럼, 오늘날의 사회에서 범람하는 ADHD나 우울증 같은 치료요법적 진단명들은 개인의 성격과 마찬가지로 평생을 안고 가야 하는 자아의 불변하는 특성, 자아의 구심점처럼 여겨지곤 한다. 또한 같은 진단명을 가진 타인과 동질감을 느끼고 커뮤니티를 형성하는 기반이 되기도 한다. 그러나 사실 개인이 일이나 공부에 집중하지 못하고 우울감에 빠지는 이유는 수도 없이 많다. 다수의 심리학 연구는 학업 부담, 노동 환경, 소득과 직업 안정성, 차별과 폭력 등의 요인이 이른바 정신 질환과 강한 상관관계가 있음을 보여준다.[38]

서론에서 언급했듯이 현대인 대다수는 제대로 휴식도 취하지 못할 만큼 터무니없는 노동과 공부에 시달리며, 그 대가인 임금과 직업 안정성은 그 어느 때보다 낮은 수준이다. 초등학교 저학년, 심지어 유치원 때부터 수많은 학원을 전전하며 공부에 매달리고, 학업을 마친 뒤에도 각종 취업 대비 학원과 대학원 등에서 끝없이 공부를 지속한다. 그렇게 취직한 직장에서는 하루 대부분을 바쳐 일하고, 퇴근 후에도 직업 안정성에 대한 불안 속에 자기 계발과 투잡에

---

* 우울 삽화는 우울증 증상이 나타나는 기간으로, DSM-5에 의하면 5개 이상의 증상이 2주 이상 지속될 때 이를 우울 삽화로 볼 수 있다.

시달린다. 그 대가는 형편없이 낮은 임금, 폭등하는 주거 비용과 고물가다. 이것이 대다수 현대인, 특히 청년들의 삶이다.

특히 장시간의 노동이나 공부는 그 자체로 심적 고통을 유발하고 집중력을 파괴하는 요인이며, 그렇게 해야 하는 이유가 타인을 이겨야 하는 경쟁 압박 때문일 때 고통은 더욱 커진다. 예를 들어 청소년을 우울하게 만드는 주된 요인은 성적에 대한 압박감으로, 청소년의 우울감에 미치는 영향이 소셜 미디어보다도 더 강력하다.[39] 그런데 그렇게 열심히 하는 일이나 공부의 내용은 개인적 의미를 부여하기가 힘들고 몰입이 대단히 어려운 것이다.

신자유주의 사회의 지배적 인간관은 인간을 오로지 돈과 성과에서 동기를 부여받는 경제적 인간이라고 가정한다. 하지만 사실 인간은 놀랍도록 의미를 추구하는 존재이기도 하다. 개인차는 있을지언정 모든 인간이 개인적 의미나 보람이 없는 일에 쉽게 몰입하지 못하고, 의미 없는 일을 반복하며 심리적 고통을 느낀다. 강도는 낮고 보상은 높은 일을 할 때조차, 사람들은 의미가 없는 일을 하는 것에 심적 고통을 느낀다.[40] 그러니 공부 그 자체가 목적도, 앎의 보람과 즐거움을 위한 행위도 아니고, 단지 성적이나 성과를 위한 도구인 사회에서, 많은 이들이 공부에 전혀 몰입하지 못하는 것은 당연한 일이다.

한편으로《불헛 잡 *Bullshit Jobs*》의 저자 데이비드 그레이버가 지적하듯이, 상품을 만드는 일보다 판매하는 일을 중시하는 현대 경제에서는 금융업이나 광고업처럼 선망받는 직업을 포함해 대부분의 일이 아무런 개인적 의미나 몰입도 끌어내기 어려운 종류의 일이다. 사회에 별로 유익하지도 않고 개인적 애착이 있는 것도 아닌 상품이나 서비스를 개발하고 파는 노력에 진심으로 몰입하는 사람이 과연 몇 명이나 될까? 현대인 대부분은 지금 하는 일을 앞으로 몇십 년간 해야 한다고 하면 막막하다는 생각부터 할 것이다. 의미 없는 일의 지속은 밀려오는 상실감과 공허감과의 투쟁이나 다름없다.

이런 와중에 스마트폰은 물론 업무나 공부를 위해 사용하는 아이패드나 노트북 등의 기기마저도 우리에게 시도 때도 없이 뉴스, 메신저, 이메일, 소셜 미디어 알림을 보내며 불가능한 멀티태스킹을 강제한다. 일을 잘하기 위해 이러한 멀티태스킹이 오히려 필요한 경우도 적지 않다. 특히 현대인 대다수가 사용하는 유튜브, 트위터, 인스타그램, 페이스북 등의 미디어는 세계 최고의 엔지니어들이 우리의 주의를 최대한 많이 빼앗도록 설계한 결과물로,[41] 이러한 미디어를 만드는 거대 테크 기업은 사용자의 주의를 빼앗고 집중력을 파괴하는 것으로 돈을 번다.

그런데 우리가 이렇게 열심히 주의력을 마모시키며 보는 소셜 미디어는 우리 삶을 상대적으로 형편없는 것으로 느끼게 할 뿐 아니라, 장기적으로는 우리를 더 외롭게 만들기까지 한다(이에 대해서는 3부에서 더 자세히 살펴볼 것이다).

요약하면, 대다수 현대인은 주의력을 빼앗고 우울하게 만드는 기술과 투쟁하며 온종일 턱없이 방대한 의미 없는 노동과 공부를 해낸다. 그러고는 이렇게 삶 전체를 맞바꾼 대가로 아주 형편없는 것만을 손에 넣는다. 이런 사회에서 집중하는 데 어려움을 겪고, 이유 모를 무력감과 공허감, 우울감에 사로잡히는 것은 지극히 당연한 일인지도 모른다. 수많은 현대인들이 한 번쯤 자신이 ADHD가 아닌지, 우울증에 걸린 건 아닌지 의심한다. ADHD나 우울증에 걸리는 것도 '정상'이라는 말이 유행하는 것은 그만큼 많은 사람이 집중력 결핍과 우울함을 느낄 수밖에 없는 환경에서 살기 때문이다. 오히려 이런 사회를 살아가며 언제나 맡은 일을 제대로 해내고 한 번도 우울한 적이 없는 사람이야말로 어떤 의미에서는 비정상이 아닌지 질문을 던질 때이다.

ADHD, 우울증 등의 '의학적' 진단은 우울감이나 몰입의 부족이 사회와는 일절 무관한 한 개인의 고유한 심리적 특성인 듯한 착각을 불러온다. 특히 주류 정신의학은 이러한 문제가 도파민이나 세로토닌과 관련된 뇌의 결함 때문이라고 주장한다. 그러나 그 어떤 정신 질환도 특정한 뇌파 패턴이나 뇌의 구조적 문제와 대응하지 않는다는 것은 《DSM》 집필팀을 이끈 심리학자 앨런 프랜시스도 인정하는 공공연한 사실이다.[42]

대중적으로 알려진 사실과는 달리 ADHD, 우울증 같은 질환들은 뇌의 구조적·신경화학적 이상에 대응되는 실체가 있는 질병이기보다는, 전문가들이 증상이라고 규정한 행동과 사고의 목록에 붙여진 임의적 이름에 가깝다.[43]

현대인들 대다수가 끔찍한 심적 고통과 몰입의 상실이라는 문제에 시달리는 것은 분명하지만, 이 같은 현상을 반드시 개인과 개인의 의학적 '질환'에 초점을 맞추는 치료요법적 프레임에서 이해해야 하는 것은 아니다. 그럼에도 이러한 정신의학적 명칭들이 크게 대중화된 것은 일차적으로는 제약 업계들이 질병 마케팅을 통해 약물을 마케팅하고자 한 결과이기도 했다. 선택적 세로토닌 재흡수 억제제Selective Serotonin Reuptake Inhibitors, SSRIs 계통의 항우울제나 ADHD 치료제인 메틸페니데이트를 비롯한 신약을 판매하려는 것이 그들의 목적이었다.

트라우마 개념이 그러하듯, 지난 몇십 년에 걸쳐 ADHD와 우울증을 포함하는 정신 질환의 범위는 극적으로 확장되었다.[44] 예를 들어 사별 등 외적 이유가 있는 우울감은 본디 우울증으로 분류되지 않았지만, 1980년대《DSM-III》출간 이후부터는 명백한 외적 이유가 있는 우울감도 우울증의 범주에 편입되었다.[45]

1990년대까지만 해도 ADHD는 본래 성인에게는 해당 사항이 없는 질병으로 여겨졌으며, 오늘날 ADHD의 특성으로 간주되는 많은 것들이 단지 성격 특성으로 여겨졌다.[46]《DSM-5》부터는 성인이 더 적은 개수의 증상만으로도 ADHD를 진단받을 수 있게 되었는데[47]《DSM-5》의 ADHD 자문위원 78%가 제약사와 관련되어 있다[48]는 것은 우연이 아니다. 사회학, 심리학, 의료 사학까지 다양한 분야의 평자들이 정신 질환 개념의 확대는 제약 업계의 이윤 추구 경향과 밀접한 관련이 있다고 비판해 왔다.[49,50,51,52]

수많은 사람들이 한 번쯤은 자신이 ADHD나 우울증이 아닌지 의심해 보는 사회에서 이런 약물들이 더 잘 팔릴 것은 당연지사다.

정신과 약을 소비자에게 직접 마케팅하는 것은 많은 나라에서 불법이지만, 병을 마케팅하는 것은 그렇지 않다.

그러나 《정신병을 팝니다 _Sedated_》의 저자인 심리학자 제임스 데이비스가 지적하듯이 ADHD나 우울증 같은 치료요법적 명칭이 수행하는 가장 중요한 기능은 단순히 제약 업계의 이득을 고취하는 데 있지 않다.

데이비스는 정신과 진단을 남용할 때의 가장 큰 문제는 사회가 만들어내는 문제를 개인의 문제로 탈정치화하는 데 있다고 지적한다. 범람하는 정신과 진단은 사실상 사회의 특성이기도 한 현상을 오로지 자신만의 문제인 것처럼 단순화하여 생각하도록 유도함으로써 공감과 연대가 이루어질 가능성을 훼손한다. 자아와 정체성을 오로지 내면에서 흘러나오는 것으로 이해하는 자아관은 나와 타인 사이에 벽을 쌓게 만든다.

우울증 같은 정신과적 진단명의 범람과 정신과 치료의 증대는 진보적 사회 변화의 일환으로 인식되기도 하지만, 결과적으로는 사회적 연대의 가능성을 크게 훼손한다(이에 대해서는 4부에서 자세히 살펴볼 예정이다).

5장

프로필 가꾸기
프로젝트

어른 되기의 어려움

어떤 사람이 "**정말** 누구인가"라는 질문의 답은 누구도 알 수 없다. 그렇기에 인간을 쉽게 꿰뚫어볼 수 있는 도구가 있다는 주장이 보여주는 단순함의 그림은 그 자체로 매력적이다. 이런 단순함은 모든 잠재적 스트레스원을 꿰뚫어보고 통제하길 바라는 현대인의 욕망에도 대단히 잘 부합한다. 거시적으로 보면, 파악하기 쉬운 몇 가지 명칭으로 자아를 요약할 수 있다는 사고방식이 인적 자본과 비물질 노동에 의존하는 현재의 경제에 유리한 것 또한 분명하다.

그러나 이런 사실들이 오늘날 우리가 치료요법적 명칭들에 어떤 의미를 부여하는지, 그 명칭들이 매력적으로 다가오는 이유가 무엇인지를 완벽히 설명하지는 못한다. 단순히 공부나 일, 더 나은 인간관계를 위한 도구를 넘어서는, 자아 이해와 정체성 획득의 도구로서 치료요법적 명칭들의 소구력은 크게 두 가지 요인에 기반한다.

첫째, 우리 문화가 '나답게 되는 것', 즉 타인과의 차별화에 대단히 진보적 가치를 부여한다는 것이다. 진정성에 대한 문화적 집착은 인본주의 심리학과 이에 영향받은 심리학자들이 만들어낸 일군의 치유 담론 외에도 다양한 문화적 변화의 결과물이기도 하다.

현대문화에서 개인의 고유함 혹은 진정성에 대한 집착 자체를 진보적이라 여기는 것은 특히 서구에서 1960년대에 일어난 변화와 관련이 있다. 서구 각국에서는 1968년도를 기점으로 반자본주의, 반인종주의, 반전주의, 반가부장제 등의 의제를 내세운 이른바 신좌파 운동이 폭발적으로 일어났다. '68운동' 또는 '68혁명'이라고도 하는 이 사회적 변동은 다양한 흐름을 포괄하는데, 반자본주의 정신은 그 중요한 축 가운데 하나였다.

그러나 68운동의 자본주의 비판은 단순히 불평등이나 빈곤 같은 경제적 부정의에 관한 것만이 아니었다. 자본주의가 인간을 마치 물건처럼 대량생산하고 표준화함으로써 인간의 진정성을 말살한다는 문제의식이 이 시기 자본주의 비판의 핵심이었다.

그런데《자본주의의 새로운 정신》의 저자인 프랑스 사회학자 뤽 볼탕스키와 이브 시아펠로는 "자본주의가 개인의 진정성과 자율성을 억압한다"는 이 비판을 자본주의가 흡수해, 아이러니하게도 새로운 자본주의의 기획을 효과적으로 실현하고 정당화해 왔음을 지적한다.[53] 대량생산된 인간이 아니라 차별화된 인간이 되어야 한다는 요구가, 인간 개인의 특성처럼 이전에는 자본화되지 않았던 것들의 자본화를 가능하게 했다는 것이다. 자본주의는 자본주의가 개인을 획일화한다는 비판을 흡수해 개인의 개별성과 독특성을 찾아준다고 주장하는 것은 그 무엇이든 진보적 아우라를 부여받게 했다.

이러한 문화적 바탕 아래, 현대 사회에서는 차별화를 그 자체로 진보적인 것으로 이해하거나, 개인의 진정성과 정체성에 대한 추구를 곧 개인의 특별함에 대한 추구와 동일시하기 쉽다. 특히 전통적으로 수직적 집단주의 특성이 강한 한국 사회에서는, 개인의 개성이나 특별함 혹은 진정성에 대한 추구는 어떤 형태건 그 자체로 부정의한 집단주의나 권위주의에 대한 반발이자 진보적 움직임으로 이해하는 경향이 있다. 심리학 테스트건, 패션 상품이건, 일자리건 간에 현대 사회에서 나를 발견하게 해준다는 것들에 의문을 제기할 사람은 많지 않다.

그러나 우리 사회는 "당신에게는 그 누구보다 특별한 가치가 있다" "당신 자신을 알라"고 외치면서도 정작 안정된 자기 이해를 확립하고 스스로 가치 있다고 느끼도록 할 실질적 자원은 거의 제공하지 않는다.

치료요법적 명칭의 획득이 자아 이해나 정체성 획득과 동일시되는 문화를 만드는 두 번째 요인이자 가장 중요한 요인은 안정된 정체감 획득을 가능하게 하는 문화적·사회적 조건의 부재이다.

에릭 에릭슨의 자아 정체성 이론에서 출발해 정체성이라는 주제를 탐구해 온 심리학자 댄 맥애덤스는, 정체성은 자아나 자아 개념은 물론 "나는 누구인가"라는 질문에 대한 답 자체와도 다르다고 주장한다. 나 자신을 안정적 방식으로 이해하려면 삶의 다양한 이야기가 의미 있는 하나의 서사로 통합되어야 한다. 정체성은 삶에 목적을 주고 삶을 통합적으로 이해하는 것을 가능케 하는, 자아를 의미 있는 심리사회적 자리에 위치시키는 하나의 서사라는 것이다.[54] 삶이 하나의 이야기라면 이야기에는 방향성이 필요하다. 이야기는 결코 주인공 한 명으로만 완성될 수 없다. 이야기를 함께 만들어나가는 공동체와 타인, 이야기에 목적을 부여하는 의미의 지평이 필요하다.

이런 의미에서 정체성은 독백이 아니라 대화를 통해 구성된다. 프랭크 푸레디는 정체성 위기와 치료요법적 수단을 통한 정체화가 두드러지는 현대 사회의 모습은, 젊은 층이 참조점으로 삼고 소속감을 끌어낼 도덕적 유대와 가치체계가 부재하는 상황과 깊은 관련이 있다고 본다.[55]

나의 특별함이나 진정함을 느끼기 위해 반드시 내가 타인과 분리되고 차별화된 존재라고 느낄 필요는 없다. 오히려 우리는 자신을 넘어 더 큰 의미를 추구하는 과정에서 비로소 스스로를 가치 있고 진정한 존재로 느끼고, 삶을 의미 있고 특별한 하나의 서사로 만들어낸다.

개인의 서사를 쌓아나가는 과정은 무엇보다 대화적인 과정이기도 하다. 단순한 나르시시즘과 대비되는 진정성의 윤리를 옹호하는 철학자 찰스 테일러는 개인의 진정성은 타인과의 대화적 관계에 전적으로 의존한다고 주장한다. 우리가 실현하고자 하는 이상적 자아의 모습은 우리가 우리의 성격을 바탕으로 자발적으로 선택한 결과이기도 하지만, 결국 우리가 속한 사회문화적 환경 아래 주어진 여러 가치체계와 가능성 가운데 선택되는 것이기도 하기 때문이다. 자기실현을 외치면서 외재적 도덕의 요구나 타인에 대한 의무에는 관심을 두지 않으려는 생활 태도는 진실된 진정성의 실현이 아니라 나르시시즘으로의 쇠락일 뿐이라고 테일러는 주장한다.[56]

나와 나의 성과를 벗어난 아무런 의미 없는 삶은 어떤 형태의 삶이어도 정신적으로 빈곤할 수밖에 없다. 에릭슨의 모델에서도 개인의 사상이나 삶의 철학을 형성하는 것은 정체성 위기를 겪는 과정의 중요한 일부분이었다.[57]

그러나 이른바 포스트모던한 현대 사회에서는 모든 공동체적 가치나 보편적 가치가 의심의 대상이 된다. 가치는 그저 상대적인 무언가로만 여겨지고, 무엇을 추구할지는 오로지 스스로의 선택의 몫으로 남는다. 다시 말해 노동자인 우리는 더는 산업 역군으로서 국가에 기여하거나, 노동계급의 성원으로서 계급 해방을 위해 투쟁하거나, 신앙과 신앙 공동체에 헌신하거나, 심지어는 내가 속한 직장이나 공동체, 가족에 이바지하는 것을 꿈꾸지 않는다. 특히 신자유주의 사회에서 자유는 선택할 권리와 동일시되는 경향이 있으며, 이런 자유관에서 공동체나 공동선의 추구는 개인의 선택 문제로 이해되기 쉽다. 테일러와 같은 공동체주의 철학자들과 여성학자들은 이렇듯 소위 자율적인 개인의 선택을 강조하는 협소한 자유 개념이 인간의 필연적 상호 의존성을 간과한다고 비판하며, 자유는 공동체 속에서 비로소 실현될 수 있다고 주장하기도 한다.[58·59]

공동체가 단지 선택의 문제가 되어버린 사회에서, 경쟁에서의 승리라는 신자유주의적 가치는 사실상 유일한 가치, 특히 젊은 세대의 유일한 가치처럼 되어버렸다. 고통은 의미와 목적의 공허를 알리는 징후이자 세상에서 나의 위치를 성찰케 하는 가장 강력한 동인이다. 그러나 현대 사회는 고통을 성찰의 기회나 개인의 성과 외에 다른 가치를 찾는 기회로 삼을 시간을 주지 않는다. 대신 콘서타나 애더럴 등 정신과 약물을 수혈해서라도 일단 일할 수 있는 상태를 만든다.

특히 지금의 청소년은 역사상 가장 긴 시기를 성과 형성에 쏟아붓는 세대로, 그 성과를 통해 체제에 적응하는 것 말고는 아무것도 중요하지 않다고 끊임없이 암시하는 환경에서 자란다. 성장통마저 약물 처방의 대상이 되는 사회에서, 이들 다수는 정체성이 형성되는 결정적 시기를 성과 이외의 다른 의미를 찾을 겨를이 없이 보내야 한다.

앞서 언급했듯이 자기 개념의 복잡성이 삶의 고통에 대한 보호인자가 된다는 것을 생각하면, 고통을 성장의 기회로 삼지 못하는 현대의 젊은 세대가 삶에서 맞닥뜨리는 여러 고난에 그 누구보다 민감하게 반응하는 것은 당연한지도 모른다. 사회나 공동체와의 관계가 단지 계약에 따른 것, 개인이 성과를 쌓아가는 하나의 배경으로만 존재할 때 안정적 정체성을 형성하기란 쉽지 않다.

물론 신자유주의 사회에도 건강을 비롯해 개인화된 각종 성과 이외의 다른 가치는 분명 존재한다. 그렇지 않다면 이 사회가 유지되지 못했을 것이다. 그럼에도 나 자신을 벗어난 가치를 추구하는 행위를 오늘날의 사회는 성과의 방해물이나 정신 건강을 해치는 일로 여기기 일쑤이고, 심지어는 (어떤 가치를 추구하는가와 관계없이) 순진한 짓이라며 조소의 대상으로 삼기도 한다. 인문학이나 순수과학을 택하는 이들이 비웃음을 당하고, 대학에서 이런 학과들이 구조 조정을 당하는 현상은 이를 보여주는 수많은 예시의 하나에 지나지 않는다.

그러나 우리가 어떤 가치와도 정신적으로 연결되지 못하는 것이 자율적 개인의 성과에만 집착하는 신자유주의 문화에서 비롯된 문제만은 아니다. 근대는 국가적으로는 국민을 통제하는 아버지 국가가 힘을 잃고 가정의 차원에서는 가부장의 권위가 쇠퇴하는 등 전통적 권위의 원천이 도전받는 과정이자, 가족과 종교 등 전통 제도의 힘이 약화되는 과정이기도 했다.

많은 경우 이러한 탈권위주의적 변화는 진보적 사회 운동의 결과물이었다. 대표적으로 페미니즘은 특히 가족과 종교라는 제도가 여성을 억압해 온 방식에 주목하며 전통적 제도의 권위에 도전했고, 공적 공간의 남성 중심성에 반기를 들며 노동자와 시민의 개념을 재정의하고자 했다.

그러나 신자유주의는 가족, 학교, 일터, 노조, 종교 및 정치 공동체, 국가 같은 사회 제도의 내적 문제를 비판하기 이전에, 우리가 어떤 식으로든 이러한 제도와 안정감 있게 연결되는 것 자체를 어렵게 만들었다.

사실 현대인, 특히 청년들이 겪는 정체성 문제는 의미를 제공하는 제도와 공동체가 선택의 문제가 되었다는 사실이 아니라 이러한 제도를 선택할 수조차 없게 되었다는 사실에 있는지도 모른다.

대학은 학술 공동체를 제공하는 대신 스펙을 판매하는 일종의 기업으로 탈바꿈할 것을 강요받았다. 페미니즘이 비판한 남성 생계 부양자 모델은 교묘하게도 누군가를 부양하기에는 턱없이 적은 월급을 위해 남녀 모두 분투하는 모델로 대체되었고, 가족은 그야말로 사치품이 되었다. 종신 고용은 사라지고, 직장은 잘리거나 몸값을 높이기 위해 이직하기 전까지 기껏해야 이삼 년 머무는 장소가 되었다. 블루칼라의 노조는 분쇄되어 힘을 잃었고, 대부분의 화이트칼라 직장에는 제대로 된 노조가 생겨나지 않았다.

정치는 사회에 대한 공통의 비전이나 사상과는 무관한 기술공학적 문제로 축소되고, 어떤 정책이 국내총생산Gross Domestic Product, GDP에 얼마나 영향을 주는지 등의 문제를 통계적으로 따지는 것을 가장 중시하게 되었다. 이런 정치에서 시민적 참여의 여지는 거의 없어졌다. 신자유주의 철학은 국가가 개인의 삶에 개입해서는 안 된다며 국가와 국민을 대립하는 관계에 두고 국가의 존재감을 최소화할 것을 주문한다. 그러면서도 국가는 기업이 파산할 때만은 엄청난 존재감을 과시하며 개입을 아끼지 않는다.

의미와 목적은 단지 개인의 마음속에만 존재하는 것이 아니라 직업적 소명의 실천, 정치 활동, 가족이나 공동체에 대한 헌신 등 실제적 사회 참여 **경험**에서 발견되고 실현된다. 에릭슨이 정체성이 '성취되는achieved' 것이라고 표현하는 이유이다.

그러나 현대 사회에서는 온전히 자신을 책임지고 자기 자신을 넘어서는 공동체에 기여하는 사람이 되는 것, 즉 성인이 되는 것마저 달성하기 어려운 하나의 성과가 되어버렸다. 전통적으로 성인이 된다는 것은 직장을 구하고, 가족을 꾸리고, 종교 공동체, 지역 사회, 노조 등에 헌신하는 시민이 되는 것을 의미했다. 그러나 현대의 청소년과 청년들은 아무리 '노오력'해도 안정적 직업이나 가족을 가지고 지속 가능한 공동체에 소속되기가 대단히 어려운 사회, 그렇다고 대안적 사회 참여나 대안 가족의 형태가 보편화된 것도 아닌 사회에서 살아간다.

이렇게 보면 현대의 청년들이 느끼는 '외롭다'는 감각, 무언가가 부재한다는 느낌은, 단지 인간관계의 부재나 부족만이 아니라 어딘가에 닻을 내리고 있다는 감각의 부재를 포함하는지도 모른다. 지속적이고 유의미한 방식으로 세상과 연결되어 의미와 목적의식을 가질 때 우리는 비로소 견고하고 안정된 자아 정체감을 획득한 사람, 즉 성인으로 성장할 수 있다.

그러나 현대 사회는 안정된 정체감을 가능하게 하는 어떤 견고한 의미나 가치도, 어떤 지속적 대화도 보장하지 않는다. "자신이 누구인지 알라"고 하면서도 자신이 누구인지 알 수 있는 외부를 제공하지 않고, "진정한 나로 살 수 있는 선택을 하라"고 하면서도 무엇이 의미 있는 선택인지를 알려주지 않는 사회에서 '정체성 위기'는 끝날 길이 없다.

정체성 위기를 극복한 성인이 되는 것마저 하나의 성과가 된 사회에서, 치료요법적 명칭을 정체성과 동일시하는 문화가 번성하는 현상은 놀랍지 않다. 현재의 경제에서 나름의 역할을 하는 검사들, 즉 MBTI 등의 성격 검사나 ADHD, 우울증 같은 정신의학적 검사와 달리 오로지 개인의 특별함을 강조하는 검사일 뿐인 HSP의 유행은, 치료요법적 명칭이 청소년과 청년들의 대안적 정체성 획득의 수단이 되어버린 현대 사회의 모습을 잘 보여준다.

타인이나 공동체와의 정신적·물리적 차원에서의 연결이 사치재로 취급받거나 심지어 불필요해진 상황에서 심리학의 문법은 매력적인 대안적 정체성을 제공한다. 사회학자 김성윤이 지적하듯이 "치유문화는 정치적 주체를 한없이 지연시키는 기작이기만 한 것이 아니라, 사실은 주체화 자체가 불가능한 시대에 불가피한, 일종의 대리 보충"이기도 하다.[60] 치유문화는 그 자체로 우리를 공존감과 멀어지게 하는 원인이기도 하지만, 공존감에 기반한 정체성의 획득 자체가 불가능한 시대의 '대리 보충'이기도 한 것이다.

그러나 심리학적 명칭은 세상에서 자신의 위치를 이해하고 진정성과 자기 가치를 느끼기 위한 기반으로서는 대단히 빈약하다. 푸레디는 개인의 실제 경험이나 문화적 가치와의 유기적 관련성이 없는 정체성은 허약할 수밖에 없다고 지적한다.[61] 대리 보충이라는 표현이 시사하듯, 의미 있는 서사성을 갖추지 못하고 어떤 실제 경험에도 뿌리내리지 못한 정체성은 위태로울 수밖에 없다.

정체성이 대화적이라는 말에는 여러 가지 의미가 있다. 우리는 타인과 사회에 의지해 나의 삶의 목적과 의미를 정초할 뿐만 아니라, 이러한 목적을 체현하는 나의 삶을 보고, 나의 이야기를 듣고, 나를 사랑하고, 나의 가치를 알아보는 타인들의 존재를 통해서만 비로소 안정된 정체감을 획득하게 된다.

정체감은 사회나 공동체와 연관된 더 큰 의미와 타인의 인정에 항상 의존할 수밖에 없다. 우리의 인간 이해를 신자유주의적 합리성으로 물들이는 치료요법 문화의 확장에 진보적 서사를 부여하려는 시도가 있는 이유이다. 어떤 성격적 특성을 치료요법적 명칭으로 부르는 것 자체가 억압에 저항하고 다양성을 증진하는 기능을 한다는 것이다.

HSP에 대한 '의식 고양'이 필요하다고 주장하는 전문가들은, 예민함은 현대 사회에서 충분히 인정받지 못한 채 자주 낙인찍히고 오해받는 특징이라고 주장하면서 이 민감한 사람들을 예민하다고 나무라는 대신 HSP라는 다양성을 지녔다고 받아들일 것을 주장한다.

ADHD에 대한 '의식 고양'이 필요하다고 주장하는 전문가들도 한 개인을 ADHD로 개념화하고 이해하게 하는 문화적 틀 자체에 의구심을 가지거나 그러한 문화적 틀이 신자유주의 사회, 하다못해 기업을 위해 어떤 기능을 수행하는지 질문하지 않는다. 대신 ADHD라는 틀을 통해, 집중하지 못하는 성격적 특성을 억압되어 온 일종의 신경학적 '다양성'이라고 주장하는 한편 ADHD에 대한 '낙인'

과 '편견'을 철폐하는 것이 가장 중요한 문제라고 강조한다. 그러면서 문제의 초점을 사회가 아닌, 현대 신경과학이나 다양성에 무지하다는 개인으로 전환해 버린다.

그렇다면 끊임없이 'ADHD 환자'를 양성하는 테크 기업들은 고통으로 돈을 번 것이 아니라 우리 사회의 다양성을 증진한다는 소명에 봉사한 것일까? 이전에는 환자로 보지 않던 사람들을 ADHD 범주에 넣기 시작한 제약 기업은 이윤을 추구한 것이 아니라 사회의 다양성을 증진한 것일까?

HSP나 ADHD 같은 심리학적 명칭들의 부상과 유행에 급기야는 진보적 사회 변화라는 의미를 부여하고, 이런 명칭을 수용하는 이들에게 (인종적 소수자나 성소수자를 연상케 하는) 소수자라는 의미를 부여하는 것은, 심리 검사를 통한 심리적 명칭의 발견이 일종의 서사성이나 가치를 갖게 하려는 시도이기도 하다.

그러나 어떤 심리학적 명칭을 부여받은 이들을 그 자체로 특별한 것으로 받아들이라는 인정 요구 자체가 심리학적 명칭을 통한 정체화의 허약한 기반을 드러내기도 한다. 존재하는 것이 그 자체로 정체성이 될 수 없는 것처럼, 의학적 명칭에 아무리 특별한 서사를 부여하려 애써도 이런 심리학적 명칭에는 어떤 특별한 역사성이 존재하지 않는다. HSP 자가 진단을 하는 것은 예를 들면 미국 흑인으로 정체화하는 것이나, 사회주의자로 정체화하는 것과는 전혀 다른 경험일 수밖에 없다. 한 개인의 이야기를 넘어서는 공통의 이야기와 역사가 있을 때 정체감은 비로소 견고해진다. 이러한 과정이 존재하지 않는 내면과의 자폐적 대화만으로 확고하고 안정된 자아감을 갖기란 어려운 일일 수밖에 없다.

어쩌면 우리에게 정말 필요한 것은 더 잘 보이는 거울이 아니라 눈을 감고 나를 타인의 시선에 내맡기는 용기인지도 모른다. 진정한 나, 특별한 나에 대한 현대적 집착은 나의 내적 삶과 나라는 존재 자체가 타인 및 사회와의 적극적 상호작용에 의존한다는 사실을 잊게 한다. 치유적 세계관에서 타인은 나를 함께 만들어가는 존재가 아니라 내가 규정한 나의 본질을 그저 인정해야 하는 나의 그림자 같은 존재일 따름이다.

개인의 특별함에 대한 집착은 타인과 내가 결국 같은 세상을 공유한다는 사실을 인식하기 어렵게 만들고, 진정성에 대한 과도한 집착은 타인을 나의 자아 탐색에 별 도움이 안 되는 존재로 보게 한다. 진정성에 집착하는 문화에서 타인은 기껏해야 진정한 나를 찾는 데 방해물이나 오염물질 같은 존재가 될 뿐이다.

영혼의 능력주의

진정성과 자존감을 강조하는 문화는 내가 생각하는 있는 그대로의 나 자신을 찾고 받아들이는 일만을 강조하지는 않는다. 진정성과 자존감을 강조하는 문화는 당신을 향상하라고 다그치는 문화와도 전혀 상충하지 않는다. "진정한 나를 찾아라" "당신의 '최고 버전'이 되어라Be the Best Version of Yourself"는 말은 지금의 나는 진정하지 않다는 말이나 다름없다. 당신이 특별하다는 말은 자신을 특별하게 생각하지 못하는 것이 문제임을 암시하기도 한다. 진정성과 자존감은 특정한 목표를 제안하는 것처럼 보이지 않지만, 그렇기에 더욱 효과적으로 최적화 강박을 정당화한다. 우리는 아예 다른 내가 될 수는 없을지도 모른다. 그러나 '더 나은 나' '최선의 나'가 되기는 해야 한다.

자아가 내면을 들여다봄으로써 발견하고 측정하고 개선할 수 있는 무언가라는 관점은 최적화 강박을 영혼의 차원까지 확대한다. 그리고 이때의 최적화란 단지 ADHD나 우울증처럼 명백한 병리를 제거하는 데 국한되지 않는다. 단순히 마이너스 상태에서 벗어나는 것을 넘어, 완벽에 가까운 심리적 건강을 달성하기 위해 분투해야만 하는 것이다.

애착 유형과 '사랑받고 자란 사람'에 대한 최근의 문화적 집착은 완성된 내면을 가진 인간을 원하고 선망하는 현대 청년들의 욕망을 보여준다. 애착 유형은 레딧에서 블라인드까지 전 세계 커뮤니티에서 자주 거론되며, 틱톡과 인스타그램처럼 특히 청(소)년층이 애용하는 소셜 미디어 영상물의 단골 소재이기도 하다. 2023년 기준 틱톡에서 #attachmentstyle(애착 유형) 해시태그의 조회 수는 거의 10억 뷰에 달했다.[62]

애착 유형에 기반한 자기 계발서인 아미르 레빈과 레이첼 헬러의 《그들이 그렇게 연애하는 까닭 *Attached: The New Science of Adult Attachment and How it Can Help You Find—and Keep—Love*》은 2010년에 처음 출간되었

지만, 특히 2020년대 들어 서구 사회를 중심으로 갑작스레 높은 판매량을 기록하기도 했다.[63]

애착 유형은 다양한 상황에서 사용되지만, 특히 연애 상대를 평가하는 기준으로 가장 많이 활용된다. 특히 '회피형 애착' 유형인 사람은 그야말로 피하고 손절해야 할 사람의 대명사다. 회피형 애착 유형인 주인공이 나오는 웹툰 〈최서연의 회피한 날들〉 1화에는 아직 별다른 이야기가 전개되지 않았음에도 "회피형은 만나지 마라"는 댓글이 수두룩하게 달렸다. 손절이라는 말이 유행어가 될 만큼 관계 회피와 탈출이 일상적 문화인 현실을 생각하면 아이러니하다. 헌신을 회피하는 관계나 갑작스러운 손절에 질려버린 사람들이 너무도 많은 탓일까?

회피형이라는 말이 너무나 유명해진 나머지, 일상생활에서 무언가를 회피하는 사람들까지 회피형이라는 꼬리표를 얻는다. 불안형 애착은 어쨌든 관계에 헌신(?)은 한다는 점에서 조금 더 낫다고 평가받지만, 안정형 애착에 비하면 여전히 불완전한 애착으로 취급받는다. 안정형 애착은 이 위계의 정점에 있으며, 안정적 관계를 보장하는 보증수표다.

한편 한국에서는 사랑받고 자란 사람을 잠재적 친구나 데이트 상대를 판단하는 궁극의 휴리스틱으로 사용하기도 한다. 좋은 친구나 애인을 고르려고 복잡한 MBTI나 애착 유형을 따질 필요가 없다. 그저 어린 시절에 '사랑받고 자란 티'가 나는 사람을 선택하면 된다! 그 이유는 대략 다음과 같다.

사랑받고 자란 사람은 어린 시절 안정적 애착관계를 경험했기에 스스로도 사랑을 주고받는 것이 자연스러운 안정형 애착을 형성한다고 한다. 사랑받으며 유년기를 보낸 사람은 항상 밝고 긍정적인 모습을 보이며, 실패에 굴하지 않는 높은 자존감을 지녔다고도 한다. 그야말로 완벽한 심리적 특성을 갖춘 셈이다. 반면 안정되지 못한 가정 환경에서 자라고 사랑받지 못한 사람은 낮은 자존감, 불안정한 애착, 부정적 성격 같은 잠재적 '결핍'을 갖게 된다고 한다.

안정형 애착과 사랑받고 자란 사람에 대한 청년문화의 집착은 무해한 사람에 대한 집착의 연장선처럼 보이기도 한다. 내게 상처 대신 사랑만을 줄 준비가 된 존재, 이미 완성되어 더는 손댈 필요가 없는 공산품처럼 완벽한 내면을 갖춘 존재에 대한 갈망이 드러나는 것이다.

그러나 완벽하지 못한 내면을 가진 이들에 대한 지나친 가혹함은 사실 우리 자신의 완벽함에 대한 갈망을 투사한 결과인지도 모른다. 완벽주의는 실패의 상실감을 겪지 않도록 보호받으며 자란 세대의 특징이기 전에, 모든 것이 개인의 책임인 시대의 특징이기도 하다. '완벽주의' '완벽주의자' 등의 키워드를 내세우는 교양 프로그램과 서적의 범람에서도 알 수 있듯, 적어도 내가 통제하는 부분만이라도 더 나아져야 한다는 강박은 우리 시대의 보편적 현상이다.

다양한 영역에서 능력과 조건이 뛰어난 사람을 뜻하는 '육각형 인간'이라는 유행어는, 완벽에 대한 집착이 이제 외모나 학력 같은 전통적 기준을 넘어 성격이나 심리적 특질 같은 추상적 차원까지 확대되고 있다는 사실을 보여준다.

사람들은 안정형 애착 유형인 사람을 찾는 데 그치지 않고 자기 자신이 안정형 애착 유형이 되기를 바란다. 애착 유형을 다루며 스스로 문제를 극복하도록 돕겠다고 주장하는 각종 자기 계발 매체들은 애착 유형이 연애와 대인관계를 좌우하므로 자신의 애착 유형을 알고 통제하는 것이 중요하다고 말한다. 적지 않은 사람이 검사를 통해 자신의 애착 유형을 파악해 이를 안정형으로 바꾸면 더 나은 관계를 쟁취할 수 있다고 믿는다.

높은 자존감을 갖춘 사람을 곁에 두고 싶어 할 뿐 아니라 먼저 자기 자신이 자존감 높은 사람이 되기를 열망하는 이도 적지 않다. 자존감 개념이 대중의 인식에 등장하고 상당한 시간이 흐른 지금, 자존감은 유행을 넘어 하나의 일반 어휘나 상식처럼 자리 잡았다. 지금도 서점에는 '자존감' '자존감 수업'이라는 키워드가 들어간 신간이 수없이 출판되어 있고, TV 교양 프로그램과 해시태그 #데이팅 틱톡 등 수많은 매체들이 자존감 향상법을 다룬다. 수도 없이 많은 전문가가 자존감 향상이야말로 원만한 대인관계, 심지어는 사회적 성공을 달성하는 방법이라고 강조한다.

반면 낮은 자존감은 가정 폭력이나 데이트 폭력에 노출되는 이유, 비정상적으로 이성에 집착하는 '남미새'가 되는 이유, 빈곤을 탈출하지 못하는 이유 등으로 지목되며 그야말로 만악의 근원으로 취급받기도 한다. 마음의 근육을 단련하라는 메시지가 끊이지 않는 때이다. 그리고 마음을 계발하는 것은 우리 문화에서는 곧 성장과 동일한 의미가 되어버렸다.

결별을 통해 형성되는 자아

현대 치료요법 문화의 특징 중 하나는 대부분의 개인을 적어도 어떤 면에서는 건강하지 않다고 본다는 사실이다. 모든 사람이 ADHD나 우울증처럼 명백하게 병리화된 진단의 대상이 되지는 않겠지만, 완벽한 자존감과 완전히 안정적인 애착의 소유자라고 단정할 만한 사람도 드물다.

오늘날의 치유문화에서는 거의 모든 사람의 심리가 분석과 향상이 필요한 무언가이고, 거의 모든 심리적 '문제'에 대한 맞춤 솔루션을 제공하는 다채로운 상품이 존재한다. 화학적 해결책이 필요한 문제가 있는가 하면 명상으로 해결해야 할 문제도 있다.

그러나 서로 다른 문제들에 적용 가능한 단 하나의 솔루션이 있으니, 바로 과거를 치료요법적 관점에서 분석적으로 돌아보는 것이다. 치료요법을 자아를 이해하는 주된 틀로 삼는 문화에서 심리적 건강의 달성을 위한 공식은 대략 다음과 같다. "자존감, 우울, 애착 문제 등등의 치료요법적 언어로 현재의 문제를 이해한다, 과거를, 특히 부모와의 관계를 반추하고 털어놓는다, 이를 통해 문제의 원인이 과거의 상처와 트라우마에 있다는 것을 이해한다, 이러한 깨달음을 바탕으로 상처받은 내면아이를 돌보고 자기 자신을 재양육reparent

함으로써 상처와 트라우마로 가득 찬 과거와 결별한다, 나를 괴롭히는 우울, 낮은 자존감, 애착 문제 등에서 벗어나 마침내 진정한 나를 되찾는다.”

전형적인 심리 상담의 틀(이라고 여겨지는 것)을 따르는 이 일련의 과정은 인간의 심리적 건강이 개인이 소유하는 하나의 속성이며, 특히 유년기에 만들어지는 고정적 속성이라는 익숙한 전제에 기반한다. 과거란 여러 가지 경험의 총체지만, 이러한 서사 형식에서 과거란 대개 가족 속에서의 경험과 동일시된다. 부모가 제공하는 양육 환경이 인간이 성인이 되어 보이는 성격적 특성과 심리적 건강을 결정한다는 심리학적 가설, 일명 ‘양육 가설’은 이제 널리 통용되는 하나의 상식이나 다름없다.

애착과 사랑받고 자란 사람에 대한 청년문화의 집착은 이 가설이 가진 대중적 힘을 보여주는 현상이기도 하다. 한 일간지 기사는 말한다. “애착 손상 못 알아채면 ‘정서적 흙수저’ 된다”.[64] 한편 유튜브에서 293만 조회 수를 찍은 KBS 다큐멘터리의 유튜브판 제목은 심지어 이렇게 말한다. “영유아기 3살 때까지 받은 사랑이 뇌 성장을 결정한다!”.

“인간을 만드는 것이 본성인가 환경인가” 하는 심리학의 고전적 질문에서 ‘환경’은 곧 부모와 동일시되곤 한다. 모든 심리적 문제를 부모와 유년기를 통해 설명할 수 있다고 주장하는 양육 가설의 간명하고 직관적인 개념틀은 모든 심리적 문제를 설명하고 치유할 수 있다는 매력적 환상을 제공한다.

그렇다면 심리적 상태를 이해할 수 있는 모든 열쇠가 과거, 특히 유년기에 있다는 주장은 과학적으로 얼마나 신빙성이 있을까? 사실 양육 가설은 다양한 분야의 학자들에게 꾸준히 비판받아 왔다. 인간 발달에 영향을 미치는 '환경'에는 부모 외에도 많은 것들이 포함되며, 건강한 인간이 되는 데 부모의 영향은 절대적이지 않다는 것이다.

《부모는 중요하지 않다*Do Parents Matter?*》의 저자인 심리인류학자 로버트 러바인과 세라 러바인의 연구가 보여주듯, 부모의 역할과 의무에 관한 생각은 문화와 사회에 따라 현격한 차이가 있고 가족의 크기와 형태, 보편적 양육법 또한 문화에 따라 다르다. 그럼에도 인간은 어디에서나 비슷하게 건강하고 성숙한 성인으로 성장한다.[65]

사실 사랑을 베푸는 것을 부모의 중요한 의무로 여기는 서구화된 현대 사회에서 양육한 청년과 청소년이 특별히 정서적으로도 더 안정되고 균형 잡힌 관계를 맺는 성인으로 자라나는 것은 아니다(오히려 현실은 그 반대에 가까워 보일 때도 많다).

'양육 가설'이라는 용어를 처음 제안해 이러한 믿음이 문화적 신화라는 사실을 지적한 심리학자이자《양육 가설*The Nurture Assumption*》이라는 동명의 책의 저자이기도 한 주디스 리치 해리스가 세심한 논증을 통해 보여주듯이, 부모의 양육이 성인이 되었을 때 개인의 성격이나 적응 상태에 결정적 영향을 미친다는 근거는 빈약하다. 사실 대부분의 심리학 연구에서 전문가들이 평가한 돌봄의 질은 발달 경과에 유의미한 영향을 미치는 요인이 아니었다.[66]

해리스는 양육 가설을 검증하는 대부분의 연구가 사후 확증 편향에 크게 영향받는다는 사실 또한 지적한다. 현재 심리적 문제를 경험하고 있는 사람에게 유년기를 떠올리게 하면, 부모로 인해 심리적 문제를 겪게 되었다는 서사 형식에 어울리는 기억들을 떠올리기 쉬우며, 어떤 기억을 그 형식에 어울리는 방식으로 해석할 가능성도 커진다는 것이다.

사회학자 라스 덴시크가 지적하듯이 유년기의 사건들, 특히 부모의 행동이 한 인간의 운명을 결정한다는 주장은 과학적으로 입증된 진실이라기보다는 서구화된 사회에서 통용되는 역사가 짧은 문화적 믿음에 불과하다.[67] 특히 여성학자들은 양육 가설이 모성의 중요성을 강조하며 어머니를 지나치게 비난하는 문화적 편향에 크게 영향을 받아 탄생했다는 사실을 지적해 왔다.

양육 가설의 모태라고 할 수 있는 볼비의 애착 이론이 탄생한 것은 세계대전이 끝난 뒤 전쟁 시기 동안 남성을 대신해 공적 영역에 진출한 여성들을 가정으로 돌려보내야 할 정치적 필요가 강조된 시기이기도 했다.[68] 볼비의 애착 이론은 세계대전 이후 부모와 헤어져 보호시설에서 자라게 된 아동들에 관한 연구를 바탕으로 만들어졌다. 전쟁고아들에게 부족한 것이 모성만은 아니었지만, 볼비는 모성의 결핍으로 전쟁고아들이 겪는 여러 심리적 문제를 설명하려고 했다.

한편 양육 가설은 페미니즘의 대두 이후 여성이 사회에 적극적으로 진출한 1980년대와 1990년대에 특히 대중화된 가설이기도 하다.[69] 어머니와 아버지 모두가 양육에 참여하는 현대 사회에서는 양육 가설의 성별화된 함의가 다소 희석되었지만, 이 가설에는 모성을 숭배하는 동시에 모성 신화에서 이탈하는 여성들을 만악의 근원으로 비난해 온 문화의 역사적 유산이 내재한다는 사실을 부정할 수 없다.

"양육 가설은 어머니에게 양육에 엄청난 시간, 에너지, 돈을 쏟아부으라고 권하는 젠더화된 양육 모델"[70]인 집중적 모성Intensive Mothering 이데올로기와도 무관하지 않다. 치료요법 문화는 어머니가 심리적 건강을 포함해 자녀의 인적 자본 전반을 계발하는 데 인생을 바쳐야 한다는 현대적 관념과 깊은 관련이 있는 것이다.

근본적 차원에서 보면, 우리는 이른바 심리적 건강이 개인의 속성이라는 가설 자체에 의문을 제기할 필요가 있다. ADHD나 우울증 같은 병리가 단지 한 개인이 타고난 심리적 자질의 문제가 아니라 사회와의 관계에서 발생하는 문제이듯이, 건강한 것으로 여겨지는 심리적 특질 또한 사회와 우리의 관계를 반영한다.

자존감이나 애착 등의 심리적 특징들이 자기 계발을 통해 달성할 수 있는 것이려면 이러한 특징들이 한 개인이 소유하는 안정적인 심리적 속성, 속된 말로는 '정신력'의 일종이어야 할 것이다. 그러나 최근의 심리학 연구들은 이러한 특성이 개인이 소유하는 자질이라기보다는 개인과 사회가 맺는 관계에 대한 하나의 표상, 개인과 사회의 관계에 따라 변화하는 유동적 특성이라는 것을 보여준다.

성인 애착을 연구하는 현대 심리학자들은 애착 유형이 평생에 걸쳐 지속되고 다른 관계에서도 반복된다는 널리 퍼진 믿음에 이의를 제기하는 한편, 근본적 차원에서는 애착을 단순히 개인의 유형이나 속성으로만 볼 수 없다고 주장한다. 개인은 서로 다른 사람과 서로 다른 형태의 애착을 형성할 수도 있으며, 애착의 형태도 시간이 지남에 따라 변화할 수 있다.[71] 그렇기에 동일한 사람일지라도 시간이나 상황, 접하는 사람별로 서로 다른 애착 유형에 속한다고 여겨지는 행동을 보일 수도 있다. 애착은 개인의 고정된 속성이 아니라, 개인이 맺고 있는 관계의 특성과 환경적 맥락에 따라 변화하는 사회적이고 맥락적인 과정이라는 것이다.[72]

자존감은 흔히 자기 자신을 좋게 생각하는 한 개인의 능력으로 생각된다. 자존감을 높이려면 특히 자신을 칭찬하고 소중히 다루는 태도를 배양할 필요가 있다고들 여긴다. 그러나 자존감에 관한 영향력 있는 이론인 '소시오미터 이론sociometer theory'의 창시자 마크 리어리에 따르면, 자존감은 단순히 개인의 고유한 특성이 아니라 현재 개인의 사회적 관계를 반영하는 하나의 심리적 바로미터이다.[73] 자존감은 자신이 다른 사람에게 얼마나 가치 있고 존중받아 마땅한 사람으로 받아들여지는가에 크게 영향받는다. 자존감은 우리가 사람들 속에서 어떻게 살아가는지를 반영함으로써, 인간에게 사회적 존재가 되기를 촉구하는 것이다.

자신이 존중받는다고 느낄 때 높은 자존감을 갖게 된다는 리어리의 이론은 자아의 대화적 측면을 다시금 상기시킨다. 특히 일시적 성취보다는 한 인간으로서 가치 있는 존재로 받아들여질 때 비로소 안정적이고 바람직한 자존감이 가능하다고 리어리는 주장한다.

리어리와 함께 자존감을 연구해 온 심리학자인 로이 바우마이스터의 연구는 자존감을 인위적으로 개선하는 것이 개인에게 유익하다고 보기 어렵다는 사실을 알려주기도 한다.[74]

우리의 내적 특성들은 현재 우리가 처한 복잡한 미시적·거시적 환경의 산물이자, 가정의 경계를 넘어서는 수많은 경험, 때로는 기억도 하지 못하는 다채로운 경험의 산물이다. 그렇기에 개개인이 현재의 모습을 갖게 된 것이 정확히 어떤 원인 때문인지를 명확하게 이해하고 깨닫기는 불가능하다. "내가 어떻게 해서 현재의 모습이 되었는가"라는 질문은 "내가 누구인가"만큼이나 쉽게 대답할 수 없는 질문이다. 단순화되고 선형적인 서사를 뛰어넘어 깊은 성찰을 요구하는 질문일 뿐만 아니라, 그 성찰 속에서도 명확한 답이 주어질 수 없는 질문이기도 하다. 그렇기에 과거 회상이 심리치료의 전형으로 알려져 있다고는 해도, 사실 인지행동치료에서 수용전념치료까지 현대에서 사용하는 상당수 심리치료 기법은 과거를 톺아보는 것과는 별 관련이 없다.

그럼에도 과거 돌아보기로 자신을 치유한다는 이 서사 형식이 특히 청년층에게 매력적으로 다가오는 것은 이 틀이 성인이 되기 위한 통과의례를 제공하지 못하는 사회에서 일종의 대안적 성장 서사를 제공하기 때문이다. 유년기와의 실제적·상징적 단절을 통해 진정한 나를 회복한다는 서사 형식이 자아를 이해하고 성인으로서의 정체성을 획득하기 위한 대안적 서사 형식으로 기능하기도 하는 것이다.

사회학자 제니퍼 M. 실바는 오늘날의 노동계급 청년들이 **무드 경제**에서 산다고 주장한다. 감정적 치유를 중시하는 이 경제에서 청년들은 결혼, 노동, 계급 연대 같은 전통적인 사회적 통화通貨가 아니라 감정적 단점을 계획적인 자아 변형 서사로 조직해 냄으로써 정당성과 자기 가치를 획득한다는 것이 실바의 지적이다.[75]

가족을 꾸리고, 안정적 일자리를 획득하고, 공동체에 참여하며. 가족·지역 사회·계급·국가·신에 기여하는 성인이 되는 것이 가능하지도 바람직하지도 않은 사회에서, 치료 서사는 대안적 통과의례를 제공한다. 과거를 고발하고 단절하는 것으로 진정한 나를 되찾아 유년기의 문을 닫고 성인기로 나아갔다는 감각을 획득하게 하는 것이다. 그리고 개인은 이러한 서사를 통해 자신의 문제를 이해했다는 유능감과 통제감을 획득하고, 실제로도 얼마간 치유적 효과를 달성할 수 있다. 치료요법 문화의 인기는 적어도 개별적이고 단기적인 차원에서만큼은 이 문화가 내세우는 서사가 효과를 발휘한다는 데서 기인한다.

이미 보았듯이 부모와의 경험이라는 협소한 의미로 정의된 과거를 털어놓는 것만으로는 내가 현재와 같은 모습이 된 이유를 정확하게 알고 어떤 이상적 모습으로 나를 빚어내는 것은 불가능하다. 사실 이러한 서사가 발휘하는 매력은 과학적 증거나 완벽한 설명 능력보다는, 우리가 본 것처럼 임의적인 여러 경험에 의미를 부여하는 단 하나의 설명체계를 찾으려는 인간의 경향에 있다고 보아야 한다. 특히 해리스도 지적했듯이, 인간은 수동적으로 정보를 기억하는 것이 아니라 가용한 스키마에 맞추어 의미 있는 형태로 기억을 재구성하려고 하는 경향이 있다.[76] (가령 우리는 ADHD라는 진단을 받으면 자신이 ADHD라는 사실을 지지하는 방식으로 과거를 기억하려 하고, 자신이 ADHD라는 것을 지지하지 않는 과거는 떠올리지 못하기도 한다).

그러나 과거에 대한 우리의 서사가 아무리 부분적이라 할지라도, 과거 돌아보기는 여전히 성찰과 변화의 계기를 제공할 수는 있다. 어떤 식으로건 더 나은 모습이 되겠다고 결심하는 계기, 자신이 맺는 관계와 자기 자신을 비판적으로 성찰할 계기가 될 수 있기 때문이다. 특히 경제적으로나 심리적으로나 원가족에게서 완전히 독립하는 것이 어려워진 시대에, 가족과의 관계를 더 건강한 방향으로 재확립하고 유해한 가족과는 거리를 두라고 요구하는 치료요법의 명령은 해방적으로 다가온다.

그러나 문제는 대안적 서사가 없는 상황에서, 특히 치유문화에 익숙한 청년층이 이 서사를 자아와 정체성을 이해하는 주된 서사로 여기기도 한다는 데 있다. 치료요법적 서사가 자아를 이해하고 정체성을 구축하기 위한 유일한 자원이 될 때의 문제는 이 서사가 자아의 오점과 얼룩을 지우는 법만을 알려줄 뿐 정작 무엇을 기입해 나가야 할지는 공백으로 남겨놓는다는 것이다.

외부의 유해한 영향으로부터 독립한다는 의미에서의 진정성을 강조하며 타인과의 결별을 종용하는 치유문화의 문법은 단절을 성장을 위한 유일한 길로 상상하게 한다. 그 단절은 유해한 가족을 손절하는 실제적 단절일 수도 있고, 과거와 결별하는 상징적 단절일 수도 있다. 과거를 통해 현재를 이해하고 진정성을 회복하라고 말하는 이 서사 양식은 과거와 현재를 통합하는 하나의 서사 양식, 자아를 이해하기 위한 하나의 대안적 서사를 제공한다.

그러나 치료요법 문화는 그렇게 단절을 실천하고 난 다음 단계에 무엇으로 자아를 채워야 하는지 알려주는 바가 거의 없다. 자신의 내면의 목소리를 따를 것을 가장 강조하는 문화가 주는 가르침에는 타인이나 공동체와 어떤 식으로든 연결된 정체성을 만드는 데 필요한 자원은 거의 존재하지 않는다. 그렇게 외부와 단단히 연결되지 못하는 정체성은 여전히 불안정한 기반에 놓일 수밖에 없다.

결국 치유문화의 대안적 성장 서사는 변화란 불가능하며 잘살기 위해서는 처음부터 잘사는 부모 밑에 태어나는 것밖에 답이 없다는 봉건적 자본주의 시대의 운명론과 놀라울 만큼 유사한 형태의 상처를 생산해 내기도 한다. 연예인들의 부와 화려한 삶을 선망해 끊임없는 '노오력'을 경주하면서도 그 연예인들을, 그렇게 태어나지 못한 자신을, 가족과 계급을 원망한다. 좋은 가정에 태어나 건강한 유년기를 보낸 사람의 심리적으로 건강해 보이는 모습을 부러워하며 자신을 치유하고자 하지만, 애초에 그런 가정에서 태어나지 못한 운명에 좌절감을 느끼기도 한다.

개인의 이야기를 더 큰 이야기와 연결하지 못하고 개인의 내면으로만 파고드는 이 서사 형식에는 유대감과 연대감을 느낄 여지가 거의 존재하지 않는다. 가령 우울증과 낮은 자존감으로 인해 분투하는 개인의 이야기는 가학적일 만큼 빠르게 돌아가는 이 사회에서 분투하는 다른 이들의 이야기와 연결되지 못한 채 너무 지나치게 통제적이고 성과 지향적인 부모, 반대로 성공을 위한 자원을 거의 물려주지 않는 무관심한 부모의 이야기로 환원되기 쉽다.

선망과 좌절의 양극단을 오가는 외로운 분투가 성장의 정의가 될 때, 성장은 서로를 돌보기 위한 노력이나 모두가 함께 건강한 공동체와 사회를 만들기 위한 노력과는 무관한 것이 된다.

치료요법 문화의 성장 서사에는 최근 청년층에게 유행하는 '회귀물'의 서사 형식과 유사한 측면이 있다. 회귀물은 주인공이 모든 것을 아는 채로 시간을 거슬러 올라가 과거를 바로잡고 성장한다는 서사 형식을 공유한다. 두 서사 형식 모두에서 타인과 함께 미래를 만들어감으로써 성장한다는 선택지는 존재하지 않는다. 오로지 과거를 바로잡기 위한 고독한 개인의 분투만이 존재할 뿐이다. 사실 실제로 가능한 것은 과거를 다시 쓰는 것이 아니라 미래로 나아가는 것이다. 그러나 개인의 과거를 되짚고 바로잡는 일에 지나치게 몰두하다 보면 미래에 대한 우리의 상상력은 제한될 수밖에 없다.

그러나 사실 시장의 관점에서는 우리가 온전한 성인의 존엄과 안정적 자아 정체성을 획득하지 못하는 것처럼 좋은 일도 없다. 우리가 공허하고 불안정한 자아로 고통받는 동안, 시장은 그 공백을 채워주겠노라 약속하며 기회를 창출하기 때문이다. 무드 경제는 노력으로 해결할 수 없다는 절망과 노력하면 나아진다는 잔인한 희망 가운데에서 고통받는 우리의 상처를 위무하겠다고 약속하며 우리 곁에 다가온다. 그리고 그렇게 상품은 인간적 유대와 연대를 대신해 우리의 자아와 정체성을 새로 쓴다.

친구보다 좋은?
소비주의와 친밀성의 상품화

지옥이란 바로 타인이라고 말했던, 이제 죽음의 평안 속에 잠든 그 프랑스 철학자를 만날 수만 있다면! 지옥을 좀 겪어본 내가 생각할 때, 지옥은 바로 자기 자신이다. 타인이 우리의 관심 밖에서 사라져 잠시 스치는 대체 가능한 한낱 이미지가 되어버리면, 의식과 외부 세계 사이에 보이지 않는 커튼이 드리워지듯, 우리는 어쩔 수 없이 홀로 남겨지기 때문이다.

가스파르 코에닉, 《지옥》[1]

6장

너 자신을
돌보라

심리학 문화 외에도 MZ 세대*를 중심으로 부상한 또 다른 유행이 있었으니… 바로 'K뷰티'다. K뷰티 제품 수출은 초창기에 인접국인 중국이나 러시아에 집중되었지만 최근 K뷰티는 머나먼 영미권에서까지 상당한 인기를 구가한다. 2025년 기준 한국 화장품은 미국 수입 화장품 시장에서 점유율 1위를 달성하고 있다.[2] 영국에서는 한국 화장품만 취급하는 K뷰티 전문 매장이 빠른 속도로 매장 수를 늘려가고 있다.[3] 이러한 유행을 견인하는 것은 MZ 세대, 그중에서도 특히 Z 세대로 분석된다.[4]

뜬금없는 소리가 아니다. 이는 한국식 스킨케어의 유행이 셀프

---

* MZ 세대는 1980년대 초반에서 1990년대 중반에 출생한 밀레니얼 세대 Millennial Generation와 1990년대 중반에서 2000년대 후반에 출생한 Z 세대 Generation Z를 뜻한다.

케어self-care, 혹은 자기 돌봄을 강조하는 문화와 밀접히 연관되는 현상이라는 사실과 관련이 있다. 곰돌이 푸도 어피치도 우리를 위로하고, 심지어는 니체와 쇼펜하우어마저 우리를 위로하는 무드 경제에 대한 분석에서 셀프케어는 빼놓을 수 없는 키워드이다.

K뷰티 시장의 성장을 견인하는 것은 메이크업이 아닌 스킨케어 제품으로, 한 조사에 따르면 미국 이커머스 시장의 K뷰티 판매액 85%를 스킨케어 제품이 차지하고 있다.[5] 유튜브에서는 '유리 피부 만들어주는 5단계 한국 스킨케어 루틴' '10단계 한국 스킨케어 루틴 완전판' 같은 제목의 영상을 영문 검색으로 쉽게 찾을 수 있다. (한국인도 모르는) 한국식 스킨케어 루틴의 세부 내용이 〈보그〉의 기삿거리가 되기도 한다.[6]

이처럼 이른바 '한국식 스킨케어'라는 것이 젊은 세대를 중심으로 새로운 트렌드로 떠오른 이유가 무엇일까? 이중, 삼중 세안을 한 뒤 다양한 스킨케어 제품을 여러 번에 걸쳐 덧바르고 각종 뷰티 디바이스를 사용하는 기나긴 루틴이, 자신에게 집중하며 '자신만을 위한 시간me time'을 가지라고 권하는 자기 돌봄 또는 셀프케어 문화의 감수성과 공명하는 측면이 있기 때문이다.

콕 집어 자기 돌봄이나 셀프케어 같은 말을 쓰지는 않는다 해도, 자신을 돌보는 행위에 집중하는 문화는 서구만의 것이 아니다. 오늘날의 문화에서 자기를 돌보는 것은 자신에게 오롯이 집중하며 각종 '루틴'을 통해 자신의 내·외면을 돌보는 행위와 동일시된다. 유튜브와 인스타그램, 틱톡의 인플루언서들이 선전하는 각종 루틴

영상은 대개 물 마시기, 향초 피우기, 거품 목욕, 괄사 마사지, 값비싼 바디케어 제품을 사용한 샤워, 복잡한 스킨케어 루틴 따라 하기, 명상, 요가, 필라테스, 피트니스, 과일 주스나 요거트 볼 먹기, 밀프렙, 허브티 마시기, 비타민 젤리 먹기, 힐링 에세이 읽기, 감사 일기 쓰기, 필사, 감정 기록, 여행 등으로 구성된 복잡한(그리고 무엇보다 보기 좋은) 루틴을 보여준다. 이들에 따르면 그저 자기 계발처럼 보이기도 하는 이 행동들에는 휴식, 스트레스 해소, 마음의 위안 찾기, 불안감 없애기, 내면 다스리기 등의 목적도 있다고 한다.

셀프케어는 단순히 자기 관리를 넘어 과로와 노동 강박으로 인한 번아웃, 힘겨운 육아, 인플루언서로서 겪는 외모 강박이나 완벽 강박 등 각종 스트레스를 관리하는 수단으로 제시되기까지 한다.

자신을 돌볼 것을 강조하는 문화가 이전의 자기 관리 문화와 다른 점은 어떤 스펙을 획득하기 위해서가 아니라 자기만족을 위해, 좋은 기분을 달성하기 위해 자신을 관리하라고 강조한다는 것이다. 특히 외적 부분뿐만 아니라 심리적 차원의 향상에 주목하며, 내면의 평화를 지키고 평화로운 기분을 느끼라고 강조하는 것이 오늘날의 자기 돌봄 문화의 가장 큰 특징이다.

이때 외면을 돌보고 능력을 함양하는 행위는 내면 돌보기와 너무나 밀접하게 얽혀 있어 사실상 구분이 불가능한 경우도 적지 않다. 요가를 하고 마스크팩을 붙이고 괄사 마사지를 하는 것은 외면을 위한 것만이 아니라 내면을 위한 행위이기도 한 것이다. 심리적 건강에 대한 우리 문화의 집착은 단순히 자존감 등의 특정한 심리적 특성을 달성하는 노력에 그치지 않고 지속적 감정 관리 차원으로 나타나기도 한다.

자기 돌봄에 집중하는 문화는 '힐링'이라는 키워드와도 밀접한 관련이 있지만, 그렇다고 꼭 힐링문화와 밀접한 관련이 있어 보여야 자기 돌봄 행위인 것은 아니다. 집에서 혼자 넷플릭스를 보는 것, 샤워나 세안, 연락하지 않기, 심지어 손절을 하는 행위조차 자기 돌봄으로 개념화될 수 있기 때문이다. 외모 가꾸기, 명상, 차 마시기 등 자기 돌봄 행위에 포함되는 것들은 실로 다양하지만, 이렇게 불리는 일련의 행위들에는 다른 사람과 떨어져서 혼자 하는 행동, 안전하고 편안하다고 느끼는 공간comfort zone을 벗어나지 않은 채 이루어지는 행동이라는 공통점이 있다.

현기증 날 만큼 빠르게 움직이는 사회에서 멈춤과 고독을 위한 시간이 꼭 필요하다는 것은 부정할 수 없는 사실이다. 그러나 우리에게 가장 중요한 것이 만족스러운 기분의 달성이고, 이를 위해 할 수 있는 행동이 오로지 혼자서 하는 행동뿐이라면, 우리가 관계의 단절을 그처럼 쉽게 말하게 된 것도 놀라운 일은 아니다. 집에서 마스크팩을 붙이고 거품 목욕을 하며 넷플릭스를 보는 것이 내 마음의 평화를 위해 가장 중요한 일이라면, 바깥에 나가 다른 사람을 만나는 것은 매력적이지 못한 대안일 수밖에 없다.

우리는 스스로를 돌볼 수 있을까

자신을 돌보는 행위를 꼭 혼자서 해야 하는 것은 아니며, 그 목적이 단지 나 한 사람의 정신적 '웰빙' 향상을 위한 것일 필요도 없다. 어쩌면 우리는 서로를 돌봐줄 수도 있을 것이다.

자기 돌봄 개념의 역사는 이 개념이 본래 훨씬 더 사회적이고 정치적인 개념이었음을 보여준다. 1950년대와 1960년대에 처음 등장했을 때의 자기 돌봄 개념은 환자, 특히 만성 질병을 앓는 환자와 그 가족이 의료 전문가의 도움 없이도 건강 유지를 위해 할 수 있는 일과 관련이 있었다. 그러던 중 1960년대 후반에 접어들어 민권 운동과 페미니즘 운동이 부상하면서 자기 돌봄은 훨씬 정치적인 의미를 띠기 시작했다.

미국의 흑인 민권 운동가이자 목사였던 마틴 루터 킹은 일찍이 건강에서의 불평등이야말로 가장 충격적이고 비인간적인 형태의 부정의不正義라고 주장한 바 있다.[7] 이처럼 민권 운동은 존엄과 건강을 긴밀히 연결되는 문제로 보았다.

특히 1970년대에 전성기를 맞은 흑표당*은 무상 의료, 예방접종 서비스와 함께 주거, 고용, 교육 등 건강의 선결 조건이 되는 다양한 사회 서비스를 제공하는 한편, 흑인에게서 두드러지는 건강 문

---

* 1965년 결성된 미국의 급진적 흑인 운동 단체. 마틴 루터 킹의 평화주의보다는 말콤 엑스의 강경한 노선을 따랐다. 블랙팬서Black Panthers라고도 한다.

제를 공론화하고 해결하기 위한 캠페인들을 벌이기도 했다.[8]

페미니즘 운동 또한 당대 민권 운동의 이러한 행보에 영향을 받아 대대적으로 여성 건강 운동을 펼쳤다. 이 시기의 여성 건강 운동은 생리나 임신 등의 현상을 일종의 질병으로 간주하던 전통적인 서구 건강 패러다임에 도전하고, 남성과 남성의 신체를 기준으로 삼는 의료 지식 체계에 도전하고자 했다.[9] 특히 이 시기 여성 운동은 여성의 재생산과 관련된 권리를 되찾음으로써 삶의 주권을 회복하는 데 중점을 두었다.

이러한 맥락에서 자기 돌봄은 피억압자들이 저항을 위한 신체적·심적 역량을 기르고 자신의 몸에 대한 주권을 되찾는 것과 연관된 개념이었다. "내 몸은 나의 것"이라는 페미니즘의 구호에는 이런 의미가 있는 것이다. 자기 돌봄의 '자기'란 억압받는 이들의 자결권을 의미했으며, 그런 의미에서 자기 돌봄은 무엇보다 서로를 돌보는 것에 관한 개념이기도 했다.

그러나 건강주의 문화의 치유적 에토스와 합류하면서 만들어진 오늘날의 자기 돌봄 문화에서 저항적 의미를 찾기란 힘들다. 이 문화는 예컨대 번아웃이나 우울 등의 문제를 사회적 문제로 인지하는 일이나, 서로를 돌보는 일과는 거리가 멀다.

끊임없는 생산과 가속을 요구하는 현대 사회에서 휴식과 충전의 중요성을 강조하는 자기 돌봄은 현기증 나는 속도로 돌아가는 자본주의에 대한 일종의 대항문화처럼 보이기에 더욱 매력적이다. 특히 혼자 살면서 어떤 사회적 안전망이나 공동체의 돌봄도 받지 못하는 청년들에게, 자기 자신만이라도 자신을 돌보라는 메시지는 매력적으로 다가올 수밖에 없다. 밥은 잘 먹고 다니는지 물어봐 주는 사람이나 함께 늙어갈 동반자 하나 없는 이들, 어떤 사람도 나의 몸과 마음을 살펴볼 거라고 믿을 수 없는 이들은 '저속 노화' 밀프렙과 건강 유튜버, 마음 챙김 명상으로 무장하는 것을 최선의 선택지로 여길 수밖에 없다.

그러나 스스로를 돌볼 것만을 강조하는 문화에서, 돌봄은 주고받는 것이 아니라 '노오력'해야만 받을 자격이 주어지는 것, 개인이 알아서 해결해야 하는 것이 되기 쉽다. 각자 알아서 자신을 돌볼 것을 가장 먼저 강조하는 이 문화는 일시적 위안을 제공하기는 하지만, 결과적으로는 우리를 서로에게서 멀어지게 하고, 서로를 돌보는 행위의 중요성을 상기하지 못하게 하는 원인이 되기도 한다.

1부에서 살펴보았듯이 자기 돌봄 개념이 대두된 1970년대는 신자유주의로의 이행이 본격화하며 건강을 일종의 의무로 여기는 건강주의 문화가 떠오른 시기다. 특히 자기 돌봄이 광범위하게 적용 가능한 소비주의적 개념으로 변모한 것은 비슷한 시기에 시작된 웰빙과 웰니스 열풍에 힘입은 바가 컸다.

1948년 세계보건기구는 "건강은 단순한 질병이나 질환의 부재가 아닌 완전한 신체적·정신적·사회적 웰빙의 상태"라고 정의한 바 있다.[10] 웰니스 개념을 대중화한 햴버트 L. 던은 1959년 논문에서 웰니스는 "기능적 잠재력을 완전히 해방하는 방향으로 향하는 과정"이라고 정의하기도 했다.[11]

이처럼 웰빙과 웰니스는 건강을 단순히 의료 전문가를 만나 질병을 치료하는 행위 이상을 포괄하는 전인적이고 과정적인 개념으로 확장했다는 의의가 있다고 평가받는다. 그러나 바로 그러한 면 때문에 웰빙과 웰니스는 건강의 개념을 통해 이해할 수 있는 문제들의 범위를 넓히고, 건강을 돌보라는 요구를 정신적·영적 차원까지 확대하는 한편, 건강을 끊임없는 라이프스타일 통제와 밀접한 개념으로 탈바꿈시키는 데 중요한 역할을 했다. 그리고 이처럼 건강을 의료 전문가의 소관을 넘어서는 포괄적 과정으로 보는 웰니스의 이상과 자기 돌봄이 주장하는 자결권의 이상에는 기묘한 친연성이 있었다.

결국 현대 사회에서 자기 돌봄과 웰니스는 정신적·영적 치유를 위해 홀로 노력하는 개인을 만들어내기 위한 수사로 탈바꿈하고 말았다. 오늘날 웰빙과 자기 돌봄이라는 키워드는 의미 있는 관계를 맺고 공동체를 만들기보다는 집에서 나 자신에게만 집중해야 할 또 다른 이유를 제공한다.

결국 자기 돌봄은 진정성의 이상이 그러하듯 한때는 진보적 가치였지만 지금은 자본주의에 흡수되어 자본주의의 동력원이 된 셈이다. 고통과 불행이 개인적 행동을 통해 '치료'되어야 하는 문제가 될 때, 우리가 택하는 개인적 행동은 대개 소비이기 때문이다. 스트레스 해소를 위해 홧김에 쓰는 돈을 뜻하는 이른바 'X발 비용'이나 '금융치료' 혹은 '소비치료'로 번역할 수 있는 '리테일 테라피retail therapy' 같은 단어들의 유행은 가장 개인적인 행동인 소비가 불행에 대한 치료가 될 수 있다는 사고방식이 만연한 현실을 보여준다.

물론 이런 개인적 행동들, 특히 소비의 즐거움이 괴로운 느낌을 적어도 잠시나마 잊게 하는 효과가 있다는 것은 부정할 수 없다. 그러나 괴로움을 마비시킴으로써 우리는 변화를 촉구하는 고통의 기능마저 마비시키는지도 모른다. 만족스러운 기분을 위해 우리가 대가로 지불하는 것은 무엇인가? 바로 서로를 돌보고, 인간적 유대감을 회복하고, 고통에 함께 대응할 기회이다.

우리가 자기 돌봄을 통해 치유하고 관리하고자 하는 번아웃과 혼자 살기의 어려움 같은 문제들은 68혁명 시대에 자기 돌봄을 외친 사람들이 해결하고자 했던 문제들만큼이나 사회적 해결을 요구하는 문제이며, 타인의 지지와 유대감 없이는 극복하기 어려운 것들이다. 설사 그렇지 않다 해도, 건강하고 만족스러운 삶을 위해서는 어떤 식으로건 타인이 필요할 수밖에 없다. 그러나 모두가 자기 돌봄에 몰두하는 문화에서 서로의 필요성은 잊히게 마련이다. 자신을 돌보는 일에 다른 사람은 필요 없다는 생각은 타인의 고통이란 그저 스트레스원일 뿐이며, 우리는 서로의 고통을 감당하기에는 너무 허약하다는 사고방식과도 매우 잘 어울린다.

자기 돌봄의 현대적 버전은 고통만을 마비시키고 고통받는 상황이 전혀 바뀌지 않았는데 별문제가 없는 듯한 착각을 불러일으켜, 해로운 상황에 대응해야 한다는 생각을 하지 못하게 만드는지도 모른다.

아무도 우리의 괴로움을 알지 못하고, 우리를 괴롭히는 모든 것이 그대로인 상황에서, 우리는 정말 스스로 자신을 치유할 수 있을까? 유튜브와 인스타, 틱톡에서 유행하는 각종 루틴 비디오들이 때로는 '생산적인 하루productive day'나 버리는 시간 없이 자기 계발에 몰두하는 인생을 뜻하는 '갓생'이라는 키워드를 포함하는 제목으로 나온다는 사실만 보아도, 자기 돌봄이 복무하는 대상이 따로 있다는 것은 명백하다. 우리는 자기 돌봄을 통해 치유되지 않을지는 몰라도 고통을 잊고 마비되어 다시 일할 수 있는 상태, 아마도 더 생산적인 상태가 될 수는 있을 것이다. 심지어 소비 활동을 통해 시장에 기여하기까지 할 수도 있다. 셀프케어 유행은 어쩌면 미라클 모닝과 갓생의 다른 버전, 심지어 더 업그레이드된 버전일지도 모른다.

행복을 연습하세요!

오늘날의 사회에서 개인적 노력, 즉 소비를 통해 달성해야 하는 문화적 과제는 부정적 감정을 관리하는 일에 그치지 않는다. 단순히 감정적 항상성을 유지하는 데 그치지 않고, **더 나은** 감정 상태, 즉 행복을 달성하기 위해 적극적으로 노력해야만 하기 때문이다. ('소소하지만 확실한 행복'을 축약한) '소확행'이라는 말의 유행은 잠시 커피를 마시거나 '덕질'용 굿즈를 사는 것 같은 가장 개인적인 행동들을 통해 행복을 추구하는 행위에 우리 문화가 상당한 중요성을 부여한다는 사실을 보여준다.

행복에 관한 오늘날의 문화적 전제는 행복은 무엇보다 개인적이며, 그렇기에 개인의 노력을 통해 추구할 수 있다는 것이다. 그 노력이란 덕질용 굿즈 구매에서 마음 챙김 명상과 요가, 감사 일기 쓰기, 행복에 관한 강의 듣기까지 다양하지만 "행복을 성취하기 위해 노력해야 한다"라는 기본 전제는 변하지 않는다.

다수의 평자가 관찰하듯이, 사실 현대 사회에서 행복은 단순히 성취될 수 있는 것을 넘어 거의 강박에 가까운 의무가 되어버렸다.[12·13·14] 이제 사람들은 자존감이나 애착 유형 같은 심리적 특성이라는 차원뿐만 아니라 감정적 차원에서까지 이상향을 달성하려고 애쓴다. 심리학자 에드가르 카바나스가 지적하듯이, 행복은 오늘날의 신자유주의 사회에서 좋은 것, 바람직한 것, 무엇보다 건강한 것의 대명사가 되어버렸다.[15]

그런 면에서 행복 강박은 건강에 집착하는 건강주의 문화의 중요한 구성 요소이기도 하다. 행복의 비책을 알려준다는 각종 행복 전문가들의 강연과 세미나에서 서적, 명상과 요가 수업까지 행복은 이제 하나의 산업이 되었다.

예전에는 '행복하게 해줄 의무'가 주로 아이에 대한 부모의 책임으로 거론되었다. 그러나 성인기의 시작을 언제로 보아야 할지 모호해진 이 사회에서는 누군가를 행복하게 할 의무가 있다면 그 누군가가 바로 우리 자신이라고들 한다.

오늘날의 사회에서 행복하지 않다는 것은 그야말로 낙인화된 경험이 되어버렸다. 우리는 주변 사람들뿐 아니라 SNS에서까지 늘 행복한 모습만 보여야 한다는, 행복해야만 한다는 압박에 시달린다.[16] 언제나 행복한 상태를 유지하고 행복한 모습만을 보여주어야 한다는 강박을 뜻하는 '해로운 긍정성 toxic positivity' 개념이 화두에 오르기도 한다.[17] 우리가 조금이라도 부정적인 모습을 보이는 타인을 서슴없이 에너지 뱀파이어로 칭하는 것은 우리 자신부터가 행복 강박에 시달리기 때문인지도 모른다. 행복해지기 위해, 행복해 보이기 위해 매일같이 전전긍긍하지는 않는다 해도 스스로 '나는 지금 행복하게 살고 있을까?'라는 질문을 해본 적이 없는 사람은 드물 것이다.

이처럼 우리 사회에서 행복이 강조되다 못해 강박에 가까운 이 상향이 된 것은 복잡한 사회적 변화의 결과이다. 그러나 한편으로는 심리학 문화, 특히 긍정심리학 운동과 행복학이 행복을 감정적 감시와 관리 작업을 통해 도달할 수 있는 것이라 규정함으로써 오늘날의 행복 강박 문화가 만들어지는 데 지대한 공헌을 했다는 것은 부정할 수 없는 사실이다. 아리스토텔레스에서 버트런드 러셀에 이르기까지 행복을 논한 학자는 다양하지만, 현대문화에서 가장 널리 받아들여지는 것은 무엇보다 긍정심리학적인 행복 개념이다.

1990년대까지만 하더라도 행복은 심리학에서 인기 있는 주제는 아니었다. 그러나 긍정심리학의 등장과 함께 행복은 주류 심리학과 대중심리학의 주된 주제로 부상하게 되었다. 긍정심리학의 최고 권위자인 마틴 셀리그만이 1997년 미국심리학회 American Psychological

Association, APA 회장이 되면서 유행하게 된 긍정심리학은 심리학이 단순히 인간의 병리를 치유하는 것을 넘어 더 행복한 인간을 만들어내는 데 관심을 가져야 한다고 주장한다. 긍정심리학 담론은 심리학계뿐만 아니라 경영 담론과 교육을 위시한 공공 담론에 중대한 영향을 미치는 한편 대중 담론, 특히 자기 계발 산업에 막대한 영향을 줌으로써, 행복을 전 세계 대중의 관심사로 만들어내고 행복에 관한 현대적 이해에 막대한 영향을 미쳤다.[18]

긍정심리학이라는 명칭은 들어본 적이 없어도, "행복은 근육처럼 단련할 수 있다"라는 말이나 "행복을 연습하라"라는 말을 들어보지 않은 사람은 거의 없을 것이다. 이런 만트라들은 이미 현대의 행복 담론에 스며들어 현대인의 무의식에 깊이 내면화된 긍정심리학의 전제들이다. 우리에게도 이미 익숙한 긍정심리학의 기본 전제는 우리 모두에게 행복해질 수 있는 잠재력이 있으며, 개인은 마음가짐과 행동거지를 바꿈으로써 행복을 증대시킬 수 있다는 것이다.

국내에서 《마틴 셀리그만의 긍정심리학》으로 번역된 셀리그만의 《진정한 행복Authentic Happiness》의 캐치프레이즈는 "지금 행복하지 않다면 행복을 배워라!"이다. 긍정심리학의 기념비적인 저작인 이 책에서 셀리그만은 그 유명한 '행복 공식'을 제안한 바 있다. 이 공식에 따르면 행복의 50%는 유전이 결정하고, 40%는 자발적 노력이 결정하며, 행복에 환경이 미치는 영향은 기껏해야 10%도 되지 않는다.[19] 그의 공식에 나온 수치는 실로 임의적이지만, 이처럼 행복이 거의 전적으로 유전과 노력의 문제라는 주장은 대다수 긍

정심리학자가 동의하는 내용이다.[20]

비단 이런 공식의 형태는 아닐지라도, 행복이 자기 하기 나름이라는 생각은 수도 없이 많은 유튜브, TED 강의, 각종 교양 프로그램과 서적은 물론 행복을 내세우는 온갖 광고들이 전달하는 바로 그 사고방식이기도 하다. 애초에 노력을 통해 행복을 달성할 수 없다면 이 모든 자기 계발 매체와 상품들도 무의미할 수밖에 없기 때문이다.

그러면 어떤 노력을 해야 행복해질 수 있을까? 개인적 노력을 통해 행복을 달성할 수 있다는 주장은 행복 자체가 철저하게 개인적 개념이라는 의미이기도 하다. 오늘날의 문화에서는 행복을 특히 감정과 밀접한 것으로 여긴다. 연구자에 따른 차이는 있지만 행복과 웰빙에 관한 주류 심리학 담론은 좋은 감정을 느끼고 자신에 대해 좋게 생각하는 것이 그 자체로 목적이 되어야 한다고 본다.[21] 또한 긍정심리학과 긍정심리학의 행복 담론에 영향을 받은 주류 심리학은 기본적으로 긍정적 감정을 자주 경험하는 것을 대단히 중시한다.[22]

긍정심리학 분야의 대표적인 권위자들은 행복한 사람이란 곧 잦은 빈도로 긍정적 경험을 하는 사람이라고 정의한다.[23,24] 정확히 '과학적으로' 적절한 비율이 얼마인지는 학자마다 견해차가 있지만, 기본적으로는 긍정적 경험 대 부정적 경험의 비율이 1:1인 사람은 건강하지 않다고 여긴다.[25]

한국의 대표적인 행복 연구자 서은국은 행복을 "즐거운 경험의 합"이라고 정의하며, 즐거운 경험의 빈도를 늘리는 것이 행복의 비결이라고 주장한다. "초콜릿 같은 소소한 즐거움의 가랑비에 젖는 것" 등이 바로 행복이라는 것이다.[26] 어쩐지 쾌락의 증가와 고통의 부재가 행복이라던 벤담이 떠오르는 대목이다.

물론 모든 사람이 긍정심리학 책과 이에 영향받은 책들의 애독자는 아니다. 그러나 긍정적 면을 보고, 긍정적으로 생각하며, 긍정적 경험을 자주 하라는 긍정심리학적 조언들, 마음 챙김 명상이나 감사 일기 쓰기, 소소한 긍정적인 경험 맛보기처럼 긍정적 감정을 유발하는 행복 테크닉은 우리 문화에서 너무나 쉽게 찾아볼 수 있다. 긍정적으로 살면 암도 극복한다고들 하지 않는가?

감정적 쾌와 불쾌를 기준으로 사람을 무 자르듯이 손절해야 한다는 믿음의 유행이 젊은 세대에 국한된 기묘한 현상으로 보일 수도 있지만, 이는 기본적으로 감정적 쾌감을 많이 경험하고 감정적 불쾌감은 최대한 피하는 것을 곧 행복으로 여기는 우리 사회의 보편적 감수성 때문에 발생하는 현상이기도 하다.

좋은 삶을 도덕이나 선과 연관 짓는 전통적 관점이나 철학적 관점과는 달리, 긍정적 감정의 우위라는 기준은 가치 중립적일 뿐만 아니라 측정 가능성, 즉 추적과 관리의 가능성을 제공하는 것처럼 보인다. 그렇기에 긍정적 감정의 우위라는 기준은 행복이나 웰빙을 측정하고 분석하려는 다수의 행복 연구들과 대중의 인식에서 좋은 삶의 핵심 요소로 인식된다.

물론 모든 대중심리학자와 자기 계발 전문가가 단순히 불쾌에 대한 쾌의 우위가 행복의 전부라고 말하지는 않는다. 가령 진정성은 긍정심리학자들이 강조하는 행복의 중요한 구성 요소이기도 하다.[27] 그러나 단순한 쾌감 이상의 무언가를 추구할 것을 강조한다고는 해도 긍정성과 긍정적 감정을 강조하는 기본적 방향성은 동일하다. 이는 긍정심리학에서 진정성 및 자존감과 행복의 연관성을 강조하는 이유이기도 하다. 자아를 실현해서 진정한 내가 되어야 행복하다는 것은 현대 사회에서 너무나 당연하다고 받아들이는 문화적 전제들이다. 진정성과 자아실현의 추구는 단순히 좋은 경험을 자주 하라는 것보다는 복잡한 과제처럼 보이지만, 결국 자신을 긍정적으로 느끼는 상태를 강조한다는 점에서는 자존감과 별 차이가 없다.

우울증적 쾌락

긍정적 감정을 추구하는 것은 모든 사람의 본능이라고 할 수 있다. 일부러 부정적 감정을 경험하고자 애쓰는 사람은 없을 것이다. 특히 가부장적·군사문화적 위계와 정형화된 역할이 지배하는 한국 사회에서, 타인과 집단이 강요하는 고행과도 같은 역할에서 벗어나 즐거움을 느끼고 자아실현을 달성하라는 이야기에는 적잖은 설득력이 있다. 마음 챙김 명상, 호흡 가다듬기, 독서, 소소한 즐거움 음미하기, 긍정적 면에 집중하기 등의 행복 테크닉들, 인생은 한 번뿐이니 지금 당장 진정한 자아를 실현하라는 조언들은 이를 실행할 수 있는 사람들에게는 도움이 될지도 모른다.

그러나 이처럼 철저히 개인주의적인 조언을 모든 사람이 실천할 수 없다는 사실은 명백하다. 불안정한 고용 전망, 치솟는 생계비, 억압과 불평등, 빈곤과 폭력 등의 문제에 시달리는 사람들에게 긍정적 마음가짐을 갖고, 감사 일기를 쓰고, 일상의 소소한 즐거움을 음미해 보라는 조언은 그저 기만에 불과하다.

아르바이트도 구하기 어려운 경제난 속에서 얼마 안 되는 수입마저 불확실한 구직에 바쳐야 하는 청년들, 언제 퇴직할지도 모르는 상황에서 과로에 시달리며 몸 바쳐 일하는 노동자들, 내 한 몸 건사하기도 힘든 사회에서 돌봄의 의무까지 진 사람들에게 이런 조언이 얼마나 유용할까?

사회경제적 장벽과 문화적 장애물 아래서 빛날 기회를 찾지 못한 소수자들의 재능, 숨통을 죄어오는 경제 상황에서 살아남고자 분투하다 흔적도 없이 사라진 창조적 열정만큼 비극적인 불행도 없을 것이다. 그러나 이러한 부정의를 진정한 자아실현을 하겠다는 개인의 결심만으로 극복하기 어려운 것도 명백한 사실이다. 행복 개념이 정치적인 개념인 첫 번째 이유다.

무해하기 그지없어 보이는 행복이라는 개념은 지독히 정치적인 개념이기도 하다. 사회학자들은 행복이라는 개념이 신자유주의가 옹호하는 각자도생의 개인주의적 가치관과 밀접한 관련을 맺고 있다는 사실 때문에 행복이 신자유주의 사회에서 중요한 역할을 맡게 되었다고 주장한다.[28]

사회적 맥락을 삭제한 채 일련의 자기 계발 행위를 통해 누구나 행복을 성취할 수 있다고 주장하는 오늘날의 행복 서사는 필연적으로 풍요로운 내적 삶을 일굴 책임을 개인에게 전가하고, 행복하지 못한 개인을 실패자로 만들 수밖에 없다. "노력으로 행복해질 수 있다"는 말은 "불행을 겪는 것은 노력하지 않았기 때문"이라는 말이나 다름없다.

행복해야 한다는 훈령은 역설적으로 실패했다는 실망감과 수치심에 사로잡히게 함으로써 또 다른 불행을 생산하고, '나는 행복한가?'라며 끊임없이 자기 감시 행위를 하도록 만든다. 행복을 의도적으로 추구하는 사람들은 행복해야 할 상황에서 오히려 덜 행복해지는 경향이 있다. 기대만큼 행복하지 않은 상태에 커다란 실망과 고통을 느끼기 때문이다.[29]

특히나 행복을 강조하다 못해 행복이 목적이자 도구가 되는 사회에서 행복하지 못한 상태는 일종의 불명예스러운 낙인이 되기까지 한다. 심리학자들은 행복이 직업적 성공이나 높은 소득, 좋은 인간관계, 신체적·정신적 건강의 결과물이 아니라 원인이 된다고 주장[30]함으로써 행복하지 않은 상태를 이중으로 낙인찍기도 한다. 행복을 정상화하는 문화는 고통받는 이를 병리화하고 타자화하는 문화와도 깊은 관련이 있다. 행복한 상태가 정상이고 바람직한 상태라면 우울과 괴로움은 병리적인 것이 될 수밖에 없다.

사실 치료요법 문화의 스타 학자들과 달리, 적지 않은 심리학자들은 항상 행복한 사람이란 있을 수 없으며, 행복은 일시적 상태에 지나지 않고, 행복을 삶의 목표로 삼는 것은 부적절하다고 주장한

다.[31·32]

그러나 행복을 절대시하는 사회에서는 항상 행복하지만은 않은 절대다수 사람들 그리고 나에게 행복을 주지 못하는 사람들에 대한 공감과 연민 또한 줄어들 수밖에 없다. 우정과 유대의 정의가 '함께함으로써 행복한 것'으로 축소되고 마는 것이다. 왜 행복하지 않은 사람(들)의 이야기에 굳이 관심을 가져 나 자신을 괴롭혀야 하는가? 가장 중요한 것은 나 자신의 행복인데! 비평가 바바라 에런라이크가 지적하듯, 행복은 사회 규범에 순응하고 사회의 불의에 개의치 않는 사람들이 달성하기 쉬운 심리 상태이기도 하다.[33]

이 행복관의 문제는 불행의 타자화에 그치지 않는다. 사실 치유적 행복관에서 가장 심각한 문제는 자기 돌봄 문화와 마찬가지로 내면적 삶을 가꾸는 일에 타인이 제한된 중요성만을 가진다고 믿게 한다는 점이다. 인간적 유대와 연대 없이도 자기 계발이나 소비 등의 개인적 행동을 통한 행복이 가능하다는 환상을 심어주는 것이다.

심리적 경험을 평면화하여 단순히 '빈도와 강도' 같은 산술적 계산의 문제로 환원하는 것은 현대 치료요법 지식과 문화의 주된 특징이다. 특히 모든 것을 뇌 화학물질의 문제로 환원하는 '○○의 뇌과학' '○○의 뇌' 같은 뇌과학 미디어가 유행하는 사회에서 우리의 모든 경험은 엔도르핀이나 세로토닌 등 몇 가지 신경전달물질로 축소되기 일쑤이다. 행복이란 곧 세로토닌이며, 불행이란 곧 세로토닌의 부재라는 것이다. 어떻게 그 세로토닌을 공급하는지는 그다지 중요하지 않다.

그런데 초콜릿을 먹을 때의 즐거움은 가령 예술이 주는 통렬한 깨달음에서 맛보는 즐거움과 같지 않다. 강압적인 권력자가 사람을 학대하며 얻는 즐거움과 많은 이에게 진심으로 존경받는 이가 경험하는 충만감도 같을 수 없다. 빈부 격차가 높은 사회는 더 많은 '경비노동guard labor'을 필요로 한다.[34] 그리고 이런 사회에서 자기 자리를 지키기 위해 항상 긴장해 있는 부자가 누리는 쾌락과 평등한 사회에 속해 있다고 인식하는 이의 기쁨과 자부심은 동일한 것이 아니다. 이 모든 사람이 이른바 내면의 목소리에 따라 자신의 기쁨과 자아실현에 충실한 삶을 추구한다고 해도 이들의 경험은 결코 같지 않다.

우리의 내적 삶은 쾌와 불쾌, 세로토닌과 세로토닌의 부재, 무언가의 빈도와 강도로 환원할 만큼 단순하지 않으며, 개인의 노력만이 아니라 타인, 나아가 공동체나 사회와 맺는 관계의 양상에 좌우되는 대단히 복잡한 사회적 경험이다. 그리고 이 관계는 사회와 문화가 무엇을 장려하고 가능하게 하는지와도 깊은 관련이 있다. 치유적 세계관에서 타인이란 삶의 질적 차원을 좌우하는 존재라기보다는 단지 행복을 만들어내는 여러 요소 중 하나, 또 하나의 세로토닌 공급원일 뿐이다. 그렇다면 여의치 않을 시 이 공급원을 다른 공급원으로 대체하면 된다는 생각도 타당해 보인다.

철학자 마크 피셔는 현대 젊은이들 다수가 우울증적 쾌락에 빠져 있다고 말한다. 그리고 그가 말하는 우울증적 쾌락이란 쾌락을 얻지 못하는 무능이 아니라, 쾌락을 추구하는 것 말고는 다른 무엇도 할 수 없는 무능이다.[35] 흔히 '돈 많은 백수'가 되면 행복할 것이라고들 한다. 돈만 있으면 즐길 수 있는, 심지어 돈 없이도 즐길 수 있는 재미있는 자극들이 넘쳐나는 사회이기 때문이다.

그러나 현대 사회는 멋진 휴가, 맛있는 음식, 아름다운 연예인을 통한 시각적 쾌락과 ASMR이 들려주는 청각적 쾌락 등 온갖 즐거운 자극으로 끊임없이 자신을 위로하고 고무하면서도 자멸적인 공허감에 시달리는 사람들로 가득하다. 이러한 공허감이 단순히 자아실현의 부족 때문일까? 오히려 우리를 끊임없는 자기 채찍질의 고리로 몰아넣는 것은 자아실현에 대한 강박, 행복을 달성해야 한다는 강박인지도 모른다. 자신의 잠재력을 그 누구보다 한껏 꽃피우는 듯한 대기업 CEO들이 우울증에 시달리는 일이 흔하다[36]는 사실은 이른바 자아실현마저 강렬하고 충만한 내적 삶의 충분조건이 아님을 보여준다.

그렇다면 감정의 사회성을 강조하는 방식으로 행복을 재정의하면 어떨까? 다시 말해 타인을 단순히 행복의 한 구성 요소로 설정하는 데 그치지 않고, 타인과 공동체가 중심이 되는 방식으로 행복을 정의하면 어떨까? 이런 재정의에는 분명 중요한 의미가 있고, 실제로 적지 않은 심리학자와 사회학자가 이러한 재정의에 동참하기도 한다. 사실 긍정심리학을 비롯한 심리학은 하나의 구성 개념을 두고 수많은 이론이 경합하는 복잡한 분야이지만, 사회적 행복관처럼 쉽게 자기 계발 비책으로 변형하기 어려운 이론이나 관점들은 인기나 인지도를 얻기 어려워 대중화되기 어렵다는 문제가 있다.

그러나 이러한 논의와는 별개로, 우리는 근본적 차원에서 행복을 절대적 가치로 떠받드는 문화 자체에 질문을 던질 필요가 있다. 행복을 충만한 삶의 필연적 부산물이 아니라 그 자체로 목적으로 삼는 문화는 필연적으로 인간을 비롯해 다양한 가치를 도구화하는 문화로 이어질 수밖에 없기 때문이다. 예를 들어 지배당하는 상태, 심지어는 노예 상태에서도 나름대로 '행복하게' 살아가는 사람들도 있다. 모든 지배에는 폭력과 강제만이 아니라 그것을 견딜 만하게 하고, 심지어는 아름답게 만드는 나름의 서사가 존재한다. 그러나 지배를 받아도 '행복할' 수 있다는 이유로 억압과 불평등을 방치해도 된다고 주장할 수는 없는 노릇이다. "가난하지만 행복하다"라고 말하는 사람도 있을 수 있지만 그렇다고 빈곤이 부정의가 아닌 것은 아니다.

타인에게 호의를 베풀면 행복해진다고들 하지만 도움을 주고도 도리어 악의와 맞닥뜨리는 경우도 있다. 이처럼 행복에 도움이 되지 못하면 타인에게 호의를 베풀 이유가 없는 것일까? 반대로 우리를 행복하게 하는 것이 타인을 불행하게 한다면 우리는 어떻게 행동해야 할까?

존엄할 권리 대신 행복해질 권리만을 지나치게 강조하는 사회는 이런 질문에 답할 수 있는 능력, 타인과 사회를 염려하는 인간의 능력을 심각하게 손상한다. 철학과 예술의 기능마저 우리를 위로해 주는 것으로 축소되는 사회이지만, 사실 이러한 능력을 해방하기 위해 진실로 필요한 것은 위로가 아니라 상처인지도 모른다.

우리의 삶에는 소위 행복만이 아니라 의미와 방향성이 필요하고, 의미와 방향성은 상처를 통해 비로소 우리에게 활짝 열리기도 한다. 우리의 삶을 의미 있게 만드는 것, 가장 충만하고 강렬한 삶의 형태를 만들어내는 것은 행복 추구로만은 설명할 수 없는 행동들이다. 가령 존재가 발가벗겨지고 새로 태어나는 듯한 괴로움을 겪게 하는 열렬한 사랑에 빠진 이들이나 총부리와 군홧발의 두려움 속에서도 저항의 목소리를 멈추지 않는 이들의 삶은 행복보다는 고통에 더 가까워 보이기도 한다. 그러나 무위와 무기력, 나의 존재가 사라져도 아무런 문제가 없을 것 같다는 무상감이 지배하는 현대인의 삶과 정반대되는 충만한 삶의 형태는 자기 계발이나 자기 돌봄 충동이 아니라 이처럼 강렬한 열정으로 살아가는 이들에게 발견된다.

투옥당하고 고문당하는 것을 자아실현이라고 하기는 어렵다. 타인을 진실로 사랑하는 것도 마찬가지다. 오히려 자아의 소멸에 대한 두려움 없이 타자에게 자신을 내맡기는 용기가 이런 열정을 만들어낸다. 우울증적 쾌락의 반대말은 행복이 아니라 열정이며, 열정은 필연적으로 타자를 향하고 타자를 위한다.

행복만을 지나치게 강조함으로써, 우리는 우리를 정말로 살게 만드는 것은 항상 나의 외부에서 나온다는 사실을 놓치고 있는 게 아닐까? "당신 자신을 사랑하라" "당신에게는 행복해질 권리가 있다"는 말이 도처에 널린 시대다. 그러나 행복은 오히려 강렬한 삶의 부산물, 고통을 견딘 뒤에야 비로소 찾아오는 예상치 못한 선물 같은 존재인지도 모른다. 치유적 행복관뿐만 아니라 행복의 절대 가치화, 행복의 지배 자체에 도전해야 하는 이유다.

나는 소비한다, 고로 존재한다

행복은 좇을수록 달아나는 역설적 성질이 있는 것만 같다. 행복 비결을 판매해야 하는 전문가들에게는 좋은 일일 것이다. 하지만 우리는 행복을 절대시하는 문화가 단지 몇몇 심리학자들이나 심리학 인플루언서 때문에 만들어진 것이 아니라는 사실에 유의해야 한다.

행복 개념이 정치적인 또 다른 이유는 이 개념이 소비주의와 너무나 긴밀하게 연관된다는 데 있다. 진정성이나 자아실현 등의 개념과 마찬가지로, 행복이라는 개념이 지금처럼 문화적 중요성을 획득하게 된 것은 이 개념이 현재의 경제적 필요에 잘 부합하기 때문이다.

2부에서 우리는 진정성과 자아실현이 주로 현 체제에 적합한 생산자를 만들어내는 데 어떤 역할을 하는지를 살펴보았다. 그리고 진정성과 자아실현이라는 개념과 밀접하게 연관된 개념이기도 한 행복은 특히 신자유주의 체제에 적합한 <u>소비자</u>를 길러내는 데 유용한 기능을 수행한다. "여자라서 행복해요"라는 냉장고 광고 문구나 "행복을 여세요 코카콜라Open Happiness!"라는 코카콜라사의 캐치프레이즈가 보여주듯, 행복을 강조하는 또 다른 주체가 바로 광고라는 사실은 우연이 아니다.

개인을 철저한 소비자로 만들어내는 것은 사회의 모든 영역을 시장 논리로 포섭하는 신자유주의의 주된 특징 중 하나다. 사회학자 지그문트 바우만은 '소비자 사회'라는 개념을 통해 이 같은 현대 사회의 특징을 설명한다. 바우만에 따르면 소비자 사회는 "구성원을 주로 소비자의 능력 속에서 호명하는 사회",[37] 즉 (생산자 역할보다도) 소비자 역할이 정체성과 시민권에서 핵심 역할을 하는 사회를 말한다.

소비주의적 생활 방식을 장려하고 강요하는 소비자 사회에서 소비는 권리일 뿐만 아니라 의무이기도 하다. 욜로YOLO(You Only Live Once의 약자)하는 청년들을 비난조로 보도하는 기사가 나왔다가도, 요노YONO(You Only Need One의 약자)하며 지갑을 닫는 청년들이 등장하자 소비 심리의 위축을 우려하는 기사가 곧이어 등장하는 것도 그런 이유다.

모든 것을 경제화하는 현대 사회에서, 소비자 지출 수준을 유지하는 것은 정부 경제 정책의 주된 목적이 된다.[38] 신자유주의화로 인한 임금과 임금 안정성의 추락이 신용카드 시장에 대한 극적 규제 완화 및 가계 부채 상승과 함께 진행되었다는 사실은, 현대 사회에서 소비가 어쩌면 생산보다도 중요한 의무가 되었음을 보여준다. 충분한 임금을 받지 못하면 빚을 져서라도 소비하는 것이 일반적인 현상이 될 만큼 소비가 중요한 의무가 된 것이다. 1970년대까지만 하더라도 주택담보대출을 제외하면 빚을 지는 것을 터부시했지만, 현대 사회에서는 신용카드를 갖지 않은 사람을 찾기가 더 어

렵다.[39]

고작 몇 달간 유행하는 음식들, 1년도 안 되어 유행에 뒤처지는 옷과 화장품, 2년이면 수명이 다하도록 설계한 전자 제품, 고작 몇 년 만에 '퇴물'이 되는 아이돌과 캐릭터 상품들 틈바구니에서 우리는 끊임없이 새로운 트렌드에 부응하기 위해 반강제로, 돈을 빌려서라도 소비해야 한다. 이미 생산력이 정점에 도달한 현대 사회에서는 근대적 생산자 사회에서 생산이 하던 역할을 소비가 대체해 경제를 견인한다는 신성한 의미를 부여받기 때문이다. 유료 독서 모임과 취미 모임에서 볼 수 있듯이 우리 삶의 더 많은 영역, 모든 관계와 공동체 경험들이 상품화되어 소비 대상으로 탈바꿈하는 이유이기도 하다. 사람들이 자발적으로 모일 때는 아무 경제적 효과도 없지만, 돈을 내고 모여 돈이 손바꿈하게 되면 갑자기 경제적 효과가 창출되고 GNP가 상승한다고 보기 때문이다.

모든 어린이가 갈 수 있는 장소인 놀이터는 줄어들고, 키즈 카페나 드러그스토어처럼 상업화된 장소가 그 자리를 대체하는 현상은 소비주의 문화의 영토 확장을 보여주는 대표적 예시다. 2020년부터 4년간 한국의 공공 놀이터 면적은 축구장 188개만큼 줄어들었다.[40] 저출생 시대라 아이들이 없어서일까? 그렇다기에는 키즈 카페 시장은 성장세에 있다.[41]

소비는 성인들만의 의무가 아니다. 요즈음에는 열 살 남짓 되는 어린이들이 올리브영에 삼삼오오 모여 화장품을 쇼핑하는 모습을 흔하게 볼 수 있다. 특히 서구권에서는 한국의 올리브영이라고 할 수 있는 세포라에 아주 어린 아이들이 모이는 현상을 일컫는 '세포라의 10살10-year-old kids in Sephora' '세포라 키즈'가 화제가 되었고, 〈뉴욕타임스〉 〈가디언〉 등 각국 매체가 어린이들이 화장품 가게에 모이는 현상에 주목하기도 했다.[42·43·44·45] 생산 능력이 없는 어린이들에게조차 소비는 사회생활을 위한 의무처럼 변해 가는 것이다.

하지만 소비가 노골적인 의무로만 제시된다면 우리가 지금처럼 열과 성을 다해 소비하지는 않을 것이다. 치유문화는 소비를 의무가 아닌 자유이자 권리로 이해하게 하는 데 핵심 역할을 한다. 긍정적 감정, 정서적 즐거움을 중시하는 문화는 필연적으로 소비를 촉진하기 때문이다. 이는 오늘날의 문화가 성숙한 시민이 되기보다 행복한 아이 되기, '키덜트kidult' 되기를 강조하는 이유이기도 하다. 인플루언서들의 자기 돌봄이나 행복 추구에 거의 항상 뭔가를 소비하는 일이 꼭 포함되어 있다는 것은 행복과 자기 돌봄이 우리 시대의 중요한 가치가 되어버린 이유를 정확히 보여주는 셈이다.

비단 자기 돌봄이나 힐링과 관련되는 상품이 아니어도, 당신에게는 행복할 자격이 있다는 말은 거의 모든 소비를 정당화하는 마법의 말처럼 기능한다. 사회학자 질 리포베츠키가 지적하듯이 오늘날의 소비에서 가장 중요한 역할을 하는 욕망은 지위재를 차지하려는 욕망보다도 정서적 차원의 욕망, 감성적이고 감각적인 체험을 얻고자 하는 욕망이다.[46]

물론 우리는 여전히 잘 사는 모습을 보이고 뒤처지지 않기 위해서, 단지 어울리기 위해서 명품을 사고 해외여행을 가기도 한다. 그러나 현대 사회에서는 명품이나 해외여행처럼 사치재로 취급되는 물건조차 과시보다는 단순히 대접받는다는 느낌, 응당 누려야 할 행복을 누린다는 느낌을 위해 소비되는 경우가 적지 않다. 셀프케어라는 단어의 현대적 용례에 내·외면을 가꾼다는 이중적 의미가 있는 것이 우연은 아닌 셈이다.

그러나 소비주의 문화에서 중요한 역할을 하는 것이 쾌락주의 행복관만은 아니다. 바우만이 지적하듯이 정체성을 구성하고, 보여주고, 인정받고자 하는 욕망은 현대 소비자 사회를 견인하는 정서적 욕망 중에서도 핵심적 역할을 한다.[47] 2부에서 보았듯이 오늘날의 사회에서 정체성은 진정성과 밀접한 개념이 되었으며, 진정한 나를 찾고 자아를 표현하는 것은 감정적 쾌감만큼이나 중요한 소비 동기를 구성한다.

어떠한 외적 가치나 타인에게도 영향받지 않는 진정한 나에 대한 탐색을 적절한 정체성 구축의 방식으로 여기는 사회에서는, 가장 개인적인 행동인 소비가 정체성 구축을 위한 주된 수단의 하나가 될 수밖에 없다. 진정성에 대한 집착은 우리를 충성스러운 노동자이자 소비자로 만들어냄으로써 이중으로 착취하는 셈이다.

특히 정체성을 구축하고 진정한 나를 찾고자 하는 여정을 개인의 개성 찾기, 끝없는 개별화와 동일시하는 문화는 상품의 다변화를 통해 침체를 극복하려던 자본주의의 필요와도 관련이 있다. 침체에 빠진 1970년대의 자본주의는 상품의 다변화, 이른바 소품종 대량생산에서 다품종 소량생산 체제로의 전환을 통해 돌파구를 마련했다.[48] 그리고 이른바 진정한 모습을 찾고 표현해야 한다는 문화적 명령은 이러한 전환을 뒷받침하는 강력한 촉매이기도 했다.

그 어느 때보다도 다변화된 상품을 제공하는 현대 사회에서는 옷, 인테리어 소품, 전자 제품 브랜드, 심지어는 전자 제품에 붙인 스티커마저도 단순히 기호를 표시하는 데 그치지 않고 내밀한 자아와 정체성을 구축하고 표현하는 자원이 된다. 그 누구보다 열심히 운동하는 사람이라는 정체성을 구축하기 위해 값비싼 룰루레몬 레깅스를 사고, 이른바 '댓 걸That Girl'이 되기 위해 핑크색 텀블러를 구매한다. 록 음악 애호가라는 정체성을 표현하기 위해 록 음악가들이 즐겨 신는 닥터마틴 부츠를 신고, 예술가 같은 정체성을 표현하기 위해 최신 맥북을 구입한다. 노트북에 페미니스트 스티커를 붙이고, 에코백을 사면서 환경주의자 정체성도 함께 산다. 정치적 의견조차도 (말하기, 글쓰기, 정치 캠페인, 정당 활동 같은) 생산 행위가 아닌 (불매와 구매 같은) 소비 행위를 통해 표현하는 것이 현대 사회의 모습이다. 소비 행위를 통해 우리는 자신이 하나의 상품이 된 것처럼 스스로를 경영하고, 정체성을 큐레이팅한다.

어떤 것이 완벽하게 진정한 나의 모습이고 자아실현을 이룬 자아의 모습인지는 명확하지 않지만, 개인이 생각하는 어떤 이상적 모습에 부합하지 않는 것은 무엇이라도 자아의 비실현 혹은 진정하지 못한 모습으로 취급받을 수 있기에 진정성 개념은 특히 유용하다.

아이러니하게도 광고야말로 이런 이상적 자아와 현실의 간극을 만들어내는 가장 중요한 요소 중 하나다. 하지만 어쨌거나 다양한 광고와 소비재가 진정성이라는 수사를 빌려온다. 여성에게 비현실적 미의 기준을 강요하는 사회적 관습을 비판한 바디케어 브랜드 도브의 "진정한 아름다움Real Beauty" 캠페인은 광고 역사의 기념비적 작품으로 꼽힌다. 여성에게 자신을 믿고 나아가라는 메시지를 주는 나이키의 "너라는 위대함을 믿어" 한국판 캠페인도 이와 유사하게 "내면의 위대한 나를 일깨우라"는 일종의 여성주의적 메시지를 던진다.

이런 광고들이 전통적 여성성을 강요하는 광고보다는 얼마간 진일보한 메시지를 내세우는 것은 사실이지만, 결국 이 광고들의 암시적 메시지는 자사의 제품을 구매해야 더 진정한 내가 된다는 것이다. 말하자면 인위적 미를 가꾸기보다는 도브사의 바디케어 제품으로 스킨케어에 집중하고, 나이키의 스포츠 용품으로 운동하는 건강한 여성이 되어야 더 진정해진다는 뜻이다.

진정성을 내세우기 위해 여성성의 관습 같은 억압적인 사회적 관습에 굳이 반할 필요조차 없다. 도브나 나이키가 판매하는 물건과는 전혀 다른 이미지나 용도를 지닌 것처럼 보이는 소비재들도 진정성의 수사를 내세우는 건 매한가지다. 이를테면 Z 세대에 가장 인기 있는 브랜드 중 하나인[49,50] 명품 브랜드 코치가 젊은 세대를 겨냥해 내놓은 최신 광고 캠페인의 슬로건은 "진정한 나 자신이 될 용기Courage to Be Real"다. 한국의 한 성형외과는 뷰티 인플루언서의 얼굴을 빌려 이런 광고 멘트를 내세운다. "나다움이란? 내 안에 감춰진 또 다른 나. 진짜 나를 마주하는 순간."[51]

상품은 이렇게 희미해져 가는 타자를 대신해 우리가 누구인지 알게 해줄 외부를 제시하고, 동일시와 정체화의 매개를 제공한다. 1970년대의 상품 다변화가 신자유주의화 및 공동체의 해체와 함께 이루어진 것은 우연이 아닌 셈이다. 그러나 상품을 통한 정체화란 브이 라인 얼굴의 유행 또는 근육질 몸매의 유행만큼이나 한시적이고 불안정할 수밖에 없다.

외로움은 돈이 된다

감정적 즐거움과 가장 개인적인 형태의 진정성을 강조하는 현대적 행복의 윤리는 욕망의 출처와 결과, 욕망의 정치적 성격을 질문하기보다는 욕망을 무비판적으로 긍정하는 태도를 일반화함으로써 소비주의의 엔진에 무한한 동력을 공급한다.

진정성과 행복 같은 가치가 좀 더 다양하고 자유로운 삶의 형태가 인정받는 사회를 만드는 데 도움이 된 측면이 있음은 분명하다. 하지만 현대 사회에서는 이러한 가치가 자본축적의 엔진에 철저히 종속되었다는 것도 부정할 수 없는 사실이다. 개인의 행복을 중시해야 한다는 윤리가 지배할 때 소비주의 문화에 대한 비판적 탐구는 어려워지는 측면이 있다. 소비와 소비주의 문화에 대한 비판을 곧 개인의 행복, 진정성, 자유 등의 지고한 가치에 대한 부정으로 여기기 쉽기 때문이다.

한편 안정된 직장과 주거 환경, 의미 있는 유대와 공동체 등 기본적인 인간적 존엄마저 극단적 노력 없이는 달성할 수 없게 된 현대 사회에서, 지금 이곳에서의 구원을 약속하는 행복 윤리의 강령처럼 매력적이고 설득력 있게 다가오는 것도 드물다. 시장과 경제의 잔인한 변덕은 통제할 수 없어도, 내 감정만큼은 내가 통제할 수 있는 것처럼 보이기 때문이다.

집을 사기는커녕 전세금 구할 돈조차 없을지라도 온라인 플랫폼 오늘의집과 가구 브랜드 이케아의 상품으로 무장한 예쁜 집에서 '행복할' 수는 있다. 예술로 먹고살 수는 없어도 예술가처럼 '힙한' 옷과 전자 제품을 사며 '행복할' 수는 있다. 의미 있는 유대감과 소속감을 느끼지는 못해도 자신을 돌보며 '행복할' 수는 있다. 행복은 언제나 존엄보다는 훨씬 가깝고, 무엇보다도 소비할 수 있다. 소비에는 돈이 들지만, 존엄보다는 훨씬 저렴하다.

우리는 어쩌면 오늘의 스트레스와 번아웃만이 아니라 부정의에 대한 감각과 외로움마저 소비를 통해 마비시키는지도 모른다. 넷플릭스, 비디오게임, 음식 배달에서 편의점 배달을 아우르는 다양한 배달 앱, 정교화된 뷰티 루틴 등 팬데믹 이후 급성장한 온갖 '집콕(홈바디) 경제homebody economy' 상품들[52]을 즐기다 보면 외로움을 느낄 새도 없게 마련이다.

행복 윤리가 지배하는 사회에서 우리는 무엇보다 우리 자신의 행복을 위해 소비한다고 생각한다. 그러나 우리의 소비에는 행복이라는 의식적 동기만으로는 설명할 수 없는 복잡한 의식적·무의식적 동기가 있다. 욕망은 복잡한 층위로 얽혀 있기 때문이다. "욕망을 해방하라"고들 한다. 그러나 욕망은 언제나 그 자리에 있었고, 그저 해방되기를 기다리기만 하는 것일까? "욕망한다"고 말할 때 우리가 정말 욕망하는 것은 무엇이며, 우리는 왜 그것을 욕망하는가?

가령 폭식은 음식이 주는 즐거움과 행복 때문이라고 생각하기 쉽다. 물론 이런 주장에도 일말의 진실이 있지만, 심리학 연구들은 폭식증이 외로움 같은 감정적 결핍과 밀접한 관련이 있다는 사실을 보여주기도 한다.[53,54] 그리고 마케터들은 이런 욕망의 동학을 누구보다 잘 안다. 안정의 결핍에서 인정과 존중의 결핍, 인간적 유대의 결핍까지 소비주의 문화는 결핍에 철저하게 의존하고, 그렇기에 결핍을 채워주는 척하며 결핍을 유지하기도 하며, 결핍을 적극적으로 생산하기도 한다.

신체 상태건 심리 상태건 사회적 상태건 간에 자신의 상태에 만족하는 소비자 혹은 개선하거나 보상받아야 할 결핍이 없는 소비자에게는 소비하려는 동기가 훨씬 적을 수밖에 없다. 이상적 나와 현실의 나 사이의 간극을 시사하는 진정성과 자아실현에 관한 수사가 광고의 단골 멘트인 이유이다.

결핍은 돈이 된다. 그렇기에 굳이 집에 혼자 있는 소비자를 겨냥한 상품이 아니더라도, 외로움은 돈이 될 수밖에 없다. 외로움은 더 많이 가질수록 행복하다는 물질주의적 사고방식에도 강한 영향을 미친다.[55] 특히 외로운 소비자에 관한 심리학 연구들은 현대 사회에서 소비가 외로움 해소의 대리 창구로 쓰인다는 사실을 잘 보여준다. 외로울수록 레트로 제품이나 Y2K* 상품처럼 향수를 자극하는 물건을 소비하는 경향이 높다는 것은 이를 보여주는 한 예시이다.[56] 향수를 자극하는 좋은 시절이란 결국 사랑하는 사람들과 함께했던 그 시절이기 때문이다. 밈으로 가득 찬 의미 없는 문자 소통, 날이 선 처세술, 당사자들도 정확히 뭔지 모르는 관계들로 가득한 현대사회에서 단순했기에 더 끈끈했던(정확히는 그렇게 기억되고 상상된) 과거에 대한 향수는 매력적인 외로움 퇴치 전략이다.

그러나 외로운 사람은 단지 외로움을 직접 상쇄하는 감정들을 불러일으키는 상품을 사는 데 그치지 않고, 물건[57]이나 브랜드[58]에 더 큰 애착을 갖기도 한다. 특히 상품이나 상품의 브랜드에 대한 의인화는 인간적 유대와 애착에 대한 사회적 욕구를 보상하는 역할을 한다.

이는 우리가 반드시 샤머니즘적이거나 애니미즘적 의미에서 상품이나 브랜드가 정말 살아 있다고 생각한다는 의미가 아니다. 우리는 어떤 브랜드나 상품을 친근하다거나 윤리적이라고 여기다가, 그런 기대에 어긋나는 모습을 보면 배신당했다고 느끼기도 한다. 상품이나 브랜드가 일종의 마음이나 인격을 지니기라도 한 것처럼 행동하는 것이다. 현대 사회에서 상품과 브랜드의 이미지는 거의 항상 이를 만들거나 광고하는 인물들을 통해 전달되기에 상품과 브랜

---

* Year 2000의 줄임말로 1990년대 후반에서 2000년대 초반까지 유행한 패션과 문화를 뜻한다.

드는 한층 더 인간적으로 다가온다.

우리는 마치 가까운 사람이 나의 자아나 정체성의 일부가 되는 것처럼 어떤 상품이나 브랜드가 내 정체성의 일부 혹은 전부가 되었다고 느끼기도 한다. 특정 상품을 소비한다는 것이 타인과의 관계 형성에 중요한 매개체가 될 정도다. 현대 사회에서 특정한 상품을 소비하는 '취향'만큼 타인과 관계를 맺는 데 중요한 것은 없다. 상품이나 브랜드에 애착을 느끼는 것을 넘어 친구에게 하듯이 헌신적 모습을 보이고, 마치 그 상품이 나인 양 상품이나 상품 소비에 대한 비판을 못 견디기도 한다. 나를 알아주고 돌봐주고 기쁘게 만들어주는 것이 어떤 상품밖에는 없다고 믿을 때 특히 그러하다.

패션 상품 등의 전통 소비재부터 서비스 회원권이나 약물, 건강식품, 심지어는 특정한 인격체까지 비호의 대상이 되는 상품은 실로 다양하다. 그러나 상품의 종류를 막론하고 현대 사회에서 어떤 기업이나 상품을 소비하는 행위를 비판하는 것은, 상품을 소비하는 사람 자체에 대한 비판 혹은 그 소비자의 정체성 자체를 뒤흔드는 행위로 여겨져 비난받기 쉽다.

이렇게 시장은 점점 더 희미해지는 인간적 유대와 연대 대신 비어버린 우리의 정체성을 새로 쓴다. 사람이 아니라 물건과 관계를 맺고, 물건을 통해 관계를 맺고, 물건을 통해 정체화하는 것이 점점 더 흔해지는 시대다. 물건은 타자의 빈자리를 대신해 내가 누구인지 알 수 있게 하는 외부의 기능을 수행하고, 심지어는 인간적 유대감과 연대감을 제공하기도 한다.

"당신이 누구인지를 발견하려면 당신 자신의 내면만 들여다보면 된다" "타인은 당신의 내적 삶에 도움이 되기는커녕 건강에 대한 잠재적 위협일 뿐이다"라고 말하는 사회지만 관계와 유대에 대한 갈망은 여전히 인간의 본능이나 다름없다. 그렇기에 우리는 인간이 아닌 물건이나 브랜드를 통해 이런 갈망을 대리 충족하기도 한다. 외로움을 잊고자 하는 것은 인간에게는 너무나 본질적 욕망이기에, 인간은 물건에 대해서도 인간성과 일종의 관계를 맺는 듯한 환상을 투사하며, 그런 행위를 통해서 애정과 만족감을 느끼고, 심지어는 자신의 정체성을 수립하기까지 한다. 그리고 점점 더 외로워지는 현대 사회에서는 바로 이런 인간의 본능을 더욱 노골적으로 겨냥하는 상품과 서비스들이 끊임없이 출시된다. 인간의 영혼과 인간적 유대 자체를 상품화하는 상품이 등장하기 시작한 것이다.

이런 상품들은 우리에게 유대감과 행복을 약속한다. 그러나 이러한 상품을 기획하고 만드는 이들은 우리가 행복하기를 바라는 것이 아니라 계속해서 외롭기를, 그리하여 계속해서 이 상품을 소비하기를 바랄 따름이다.

7장

상품이 되어버린
인간

우리가 연애 프로그램과 남사친 유튜브에 열광하는 이유

이른바 '짝짓기 예능'이라고도 불리는 연애 리얼리티 프로그램은 꾸준히 제작되어 온 포맷이지만, 특히 2010년대 후반을 기점으로 폭발적으로 유행했다. 무속인 버전에서 동성애자 버전, 연애 프로그램을 빙자한 빌런 찾기 프로그램까지 연애 리얼리티 프로그램이 인기를 구가하면서 수없이 다양한 포맷의 쇼가 방영되었다.

그런데 〈러브 아일랜드〉〈투 핫!〉〈솔로지옥〉처럼 글로벌한 흥행을 거둔 프로그램들의 형식에는 상당한 유사성이 있다. 이러한 프로그램들의 이념형을 만들면 다음과 같을 것이다. 아름답고 낭만적인 장소에 외적 매력을 뽐내는 (반쯤 헐벗은) 남녀가 등장한다. 매력적인 출연자들이 '썸'을 타는 장면들이 이어진다. 한 사람이 여러 출연자들과 썸을 타는 경우도 적지 않다. 출연자들이 한창 썸을 타고 애정 전선이 안정화되는 듯한 찰나에 속칭 '메기'로 불리는 새로운 출연자가 등장해 신선한 자극을 준다. 계속해서 상대가 바뀌고, 새로운 상대가 공급되면서 설렘과 흥분은 끊임없이 이어진다. 그야말로 '도파민'이 끊이지 않는 것이다.

서로를 알아가는 과정에 있는 예비 연인들의 이야기는 동서고금을 막론하고 독자의 관심을 사로잡는 유서 깊은 서사 형식이다. 가령《닥터 지바고》의 주인공 유리 지바고는 500쪽에 달하는 1권 내내 히로인 라라와 기껏해야 한두 번밖에 대화하지 않으며, 두 사람이 연인이 되는 것은 한참 나중의 일이다. 그럼에도, 아니 오히려 그렇기 때문에 이 이야기는 오늘날까지도 불멸의 로맨스로 남아 있다.

그런데 흥미로운 점은 이러한 프로그램들이 제공하는 것은 어떤 서사라기보다는 설렘과 흥분 그 자체라는 것이다. 연애 예능은 말 그대로 예능이지 드라마나 소설처럼 기승전결과 굴곡을 갖춘 서사가 아니다. 이런 점에서 연애 리얼리티 쇼의 유행은 남사친(또는 여사친)을 소재로 한 유튜브와 틱톡 영상의 유행과 비슷한 점이 있다.

'남사친'이라는 아리송한 관계를 통해 설렘과 흥분은 극대화된다. 오히려 고백을 받거나 썸을 타던 두 사람이 '갑자기 절친에게 키스Kiss Your Best Friend'함으로써 연인이 되어버리면 조회 수가 감소하는 일마저 생긴다. 시츄에이션십처럼 헌신과 의무 없는 애매한 관계에 시달리는 괴로움을 언젠가 보상받기 바라는 청년들의 환상이 이런 영상의 인기를 견인하는 요인 중 하나라는 점을 떠올리면 아이러니한 일이다.

이 같은 영상과 예능 프로그램을 볼 때 우리는, 소설이나 장편 드라마를 볼 때처럼 집중하여 서사의 굴곡을 천천히 따라가면서 '감정을 소모'하는 일 없이 설렘과 흥분만을 선택적으로 대리 체험할 수 있다. 그러나 사랑에서 서사를 빼고 쉽게 소비할 수 있는 형식으로 가공한 콘텐츠들이 인기를 끄는 이유가 일상을 파고드는 소비의 에토스에 우리가 너무 익숙해져 있기 때문만은 아닐 것이다. 인간과 관계를 서사에서 떼어내 **실제로** 소비할 수 있게 만들고, 열정마저 소비하는 상품으로 만드는 기술과 시장들에 우리가 점점 더 익숙해지고 있기 때문이다.

서사가 아니라 계속되는 설렘과 흥분 자체를 소비하는 우리의 모습에는 이미 하나의 유행이 되어버린 데이팅 앱을 통한 관계 맺기를 연상시키는 측면이 있다. 틴더 같은 데이팅 앱이 인간과 관계를 쇼핑의 대상처럼 만들어버린다는 데는 이론의 여지가 없다. 데이팅 앱을 사용하면서 사람들은 마치 매대에 진열된 상품들을 지나칠 때처럼 고작 몇 가지 정보, 특히 외모를 보고 타인을 빠르게 판단한다. 마음에 안 드는 사람은 왼쪽으로 쓸어서swipe 지나쳐버리고, 마음에 드는 사람은 오른쪽으로 쓸어 장바구니에 넣는다.

개인의 자아와 정체성이 하나의 서사라는 관점은 우리가 타인을 대할 때도 적용해야 마땅할 관점이다. 그러나 데이팅 앱은 인간을 감정은 물론 내면의 깊이와 서사란 찾아볼 수 없는 노골적 상품으로 만든다. 그리하여 영원한 데이트 파트너 목록 속에 신상품이 주는 설렘과 흥분은 끊임없이 지속되고, 우리는 관계에 따르는 책임을 비롯해 아무런 책임도 지지 않으면서 쇼핑을 계속할 수 있다. 상대와 마찬가지로 성적 매력이 전부인 상품이 되어버린 나 자신의 존엄성, 앱의 기능을 온전히 쓰기 위해 필요한 약간의 사용료가 유일한 책임일 뿐이다. 인간이 아닌 상품에 온전히 책임을 다할 사람은 많지 않을 것이다.

가상 세계에서의 관계 맺기

데이팅 앱이 인간을 상품화한다는 것은 모르는 사람이 없을 정도로 공공연한 사실이다. 상품화된 데이팅이 만들어내는 고스팅과 시츄에이션십 같은 무책임한 행동과 과한 요금에 질린 사람들이 늘어나면서, 데이팅 앱은 세계적으로 인기를 잃고 있는 추세다.[59] 그러나 사실 인간을 상품화하는 기술과 시장은 다양한 형태로 존재하며 우리 모두의 삶에 이미 깊숙이 침투해 있다. 데이팅 앱은 하나의 대표적인 예시일 뿐이다.

꼭 돈을 낼 때만 인간과 관계를 소비하게 되는 것은 아니며, 판매되는 것이 꼭 성애일 필요도 없다. 치료요법적인 행복론이 전반적인 소비주의 문화와 밀접한 관계를 맺고 있는 것과 마찬가지로, 치료요법적인 인간관계론은 특히 인간을 상품화하는 기술 및 시장과 밀접한 관계를 맺는다.

무해함과 감정적 즐거움을 중시하는 문화는 끊임없이 등장하는 새로운 기술과 상품들이 모든 경험을 마찰 없는 경험, 즉 편안하고, 즉각적이며, 위험하지 않은 경험으로 만들어주는 시대에 대한 반응에 지나지 않는지도 모른다. 삶 속에서, 자연 속에서 뛰고 움직이는 대신 정해진 시간에 청결하고 잘 정돈된 헬스장에 가서 노래를 듣고 유튜브를 보며 러닝머신을 탄다. 레시피를 알아보고 장을 봐서 귀찮게 요리를 하는 대신 배달 어플로 간단히 음식을 주문한다. 청소나 세탁 같은 집안일은 물론 각종 잡일마저도 어플을 통해 외주한다. 여행도 유튜브를 보거나 VR 게임을 하는 것으로 대체할 수 있다. 아이들마저도 흙바닥 깔린 놀이터가 아니라 볼풀로 가득한 키즈 카페에 가서 놀거나, 혹은 그마저도 하지 않고 로블록스의 가상 세계에서 논다. 이런 삶에는 예측할 수 없는 만남을 비롯해 예측하지 못한 불편이나 마찰이 들어설 여지가 전혀 없다.

현대문화의 치유적 에토스를 완성하는 것은 어쩌면 심리학자와 정신과 의사들이 아니라 '무해한' 삶을 강조하는 문화와 대단히 잘 어울리는 기술과 상품들의 등장인지도 모른다. 그러나 모든 경험이 즉각적이고 아무런 마찰 없이 이루어지는 세상에서 우리는 무엇인가를 놓치고 있는 것은 아닐까?

가령 볼풀과 부모들로 가득한 키즈 카페와 로블록스 속 가상 세계는 다칠 일이란 전혀 없는 안전한 공간이다. 그리고 물론 모든 스트레스와 위험을 피하는 것이 교육적으로 좋다고 주장하는 치료요법 문화는 이러한 변화를 정당화하는 효과적인 도구이다. 그러나 다칠 수도 있다는 점 때문에 아이는 몸을 통제하고 한계를 시험하는 법을 알게 되고, 부모의 감시와 게임사가 만든 규칙이 없다는 바로 그 점 때문에 규칙을 만들고 공동체를 만드는 법을 배우게 되는지도 모른다.

마찬가지로 모든 고통이 제거된 '안전한' 관계를 권장하는 치유문화의 인간관계론은 소셜 미디어에서 유사 연애에 이르기까지 인간을 상품화하는 서비스들의 매력을 한층 높이고, 반대로 이러한 서비스는 치유문화의 인간관계론을 현실에서 실현하게 해준다. 그러나 이렇듯 서로 공생관계에 있는 철학, 기술, 시장은 우리의 인간관계 능력, 우리가 인간관계를 맺는 방식뿐만 아니라 관계를 맺는 경험의 본질적인 의미 자체를 바꾸어버린다.

특히 거의 모든 현대인에게 익숙한 기술인 소셜 미디어는 관계를 맺는 편리하고 스트레스 없는 길을 제공함으로써 우리의 인간관계에 그야말로 패러다임 전환을 가져온 대표적인 서비스라고 할 수 있다. 흔히 소셜 미디어를 포함해 기술이란 그저 중립적인 도구일 뿐이라고들 한다. 그러나 미디어는 전달되는 내용 자체를 규정하고, 나아가 기본적 사고방식마저 바꾸어버린다. 미디어 학자 닐 포스트먼의 선구적인 연구《죽도록 즐기기 *Amusing Ourselves to Death*》는 즉각성과 즐거움을 중시하는 방향으로 설계된 기술을 사용하며 우리가 무엇을 잃어버리고 있는지에 대한 통찰을 제공한다.

문자 매체가 주류인 시대를 벗어나 단속적斷續的 주의를 유발하는 이미지 중심의 매체인 TV 시대로 넘어가게 되면서, 정치나 교육 같은 공공 분야의 담론에 관한 인식도 중대한 변화를 겪었다는 것이 그의 지적이다. 링컨이 대통령이 될 당시까지만 해도 종일 이어지던 심도 있는 정치 토론은 깊이 있는 고찰과 논박이 불가능한, '망언'이 난무하는 몇 분짜리 자극적인 토론으로 축소되고, 정치인의 사상적 깊이보다 이미지가 더 중요해졌다. 전쟁의 원인과 경과에 대한 고찰을 날아다니는 헬리콥터와 시원하게 터지는 폭탄의 스펙터클한 이미지가 대체했다. 교육의 가치와 내용보다 얼마나 재미있느냐, 어떤 영상과 이미지로 흥미를 끌 것이냐가 중요해졌다. 이런 형식으로 인해 우리가 잃어버린 것은 단순한 주의력만이 아니다. 끊임없이 주제와 화제가 전환되는 TV의 형식에 익숙해지면서 공공 담론은 무게감과 중요성을 상실하고, 담론에 대한 평가 기준은 (이미지가 주는) 재미와 흥미 위주로 재편된다는 것이 그의 지적이다.

그렇다면 의사소통이 온갖 밈이 지배하는 즉각적이고 편리한 메시지로 축소되고, 이미지의 중요성이 모든 것을 압도하는 소셜 미디어는 인간관계의 내용과 우리의 사고방식을 어떻게 바꿀까? 소셜 미디어 기술의 가장 근본적인 특징은 인간을 소비의 대상으로 대상화한다는 것이다. 인간이 소비의 대상이 되기 위해 필수적인 조건은 장바구니도, 이용료도 아니라 대상화, 즉 시선의 일방향성이다.

영화 〈타오르는 여인의 초상〉은 수평적인 관계의 수립에서 시선이 차지하는 중요성을 보여주는 우화이기도 하다. 영화에서 초상화가인 주인공 마리안느는 원치 않는 결혼을 하게 된 귀족 여성인

엘로이즈의 선 자리를 위한 초상화를 그리고자 섬에 도착한다. 섬에 도착했을 당시의 마리안느에게 엘로이즈는 일을 위해 그려야 하는 하나의 피사체, 대상에 불과했다. 그러나 엘로이즈가 자신의 시선 속으로 마리안느를 끌어들이며 자신 또한 타인을 응시할 수 있는 하나의 인간임을 상기하게 하자, 타자의 시선 속에서 마리안느는 비로소 자신을 돌아본다. 그리하여 그는 엘로이즈라고 생각했던 무언가가 단지 자신의 마음이 비추어낸 거울 이미지임을 깨닫고, 진실로 엘로이즈가 누구인지를 '응시할' 수 있게 된다.

타자의 시선은 나를 발견하기 위한 통로일 뿐만 아니라, 수평적인 관계의 전제 조건이기도 하다. 우리가 타인과 의미 있는 유대를 맺을 수 있는 것은 이처럼 나 또한 타인의 시선과 평가의 대상이 될 수 있을 때뿐이다. 시선은 가장 원시적인 의사소통의 형태이다. 타인이 나를 바라볼 수조차 없다는 것은 타인이 완전한 대상, 상품으로 추락함을 뜻한다. 모든 것이 엔터테인먼트가 되는 이미지의 시대, 소셜 미디어가 제공하는 엔터테인먼트란 바로 다른 사람, 특히 다른 사람의 프로필이다.

소셜 미디어에서 우리는 타인을 장바구니에 넣지는 않아도 타인의 삶을 쇼핑몰 상품 페이지를 넘기듯이 가볍게 스크롤하고, 타인의 삶을 축약한 프로필과 이미지들을 꼼꼼히 들여다보며 일방적으로 이런저런 평가를 내리곤 한다. 타인의 인간성을 상기하게 하는 상호작용이 전혀 없는 심리적 안전지대에서 일방적으로 타자를 소비할 수 있는 것이다.

소셜 미디어가 제공하는 상품이란 바로 인간이라는 사실을 너무나 잘 알고 있는 우리는 자기 자신을 타인의 시선에서 대상화하는 데에도 익숙하다. 성애적 맥락이 없는 소셜 미디어 계정에서도 우리는 이미 언제나 자신을 대상화하고 있다. 자기 대상화와 자기 상품화 압박은 누구에게나 있으나 특히 여성들에게 심해, 소셜 미디어 친구들에게 완벽한 모습을 보여야 한다는 압박감은 여성들을 끊임없이 따라다닌다.[60] 점점 더 소셜 미디어 사용이 늘어나는 시대에 여성들은 아주 어린 나이부터 각종 필터와 메이크업, 대상화된 옷을 통해 자기 자신을 눈길을 끄는 상품처럼 만들어야 한다는 압박에 직면한다. 이제 막 소셜 미디어를 사용할 법한 나이인 10살이나 11살 정도의 아이들조차 소셜 미디어를 항상 다른 사람이 나를 평가하고 있는 공간으로 생각한다.[61]

우리의 소셜 미디어 프로필을 가꾸기 위해 우리가 하는 일은 마치 노동이 아니라 우리의 즐거움을 위한 일인 것처럼 제시된다. 그러나 이는 또 하나의 고역스러운 인적 자본 계발 행위이자 플랫폼의 배를 불리는 플랫폼 노동의 일종이기도 하다.

잃어버리거나 잊어버린 친구를 찾고, 이미 있는 친구와 더 가까워지고, 새로운 친구를 찾을 수 있다며 인간적인 모습을 가장하는 이런 서비스들은 아이러니하게도 인간의 비인간화와 상품화에 기반을 둔 셈이다. 인간을 스크롤할 수 있는 상품으로 만드는 이런 서비스들은 치료요법의 꿈이라고 할 만하다. 일방향성이 제공하는 심리적 안전지대는 나를 불편하게 하는 관계를 손쉽게 차단하고, 우리의 자아와 정신적 복지에 복무할 것처럼 보이는 관계와 소통 형태를 추구하며, 명확한 바운더리를 긋고, 소위 진정한 나의 모습만을 보여줄 수 있게 하기 때문이다. 인간 대 인간의 만남이 아닌 프로필과 프로필의 만남이 이루어지는 장인 소셜 미디어는, 타인을 나의 감정적 삶을 위한 도구나 일련의 정보 목록으로 보게 유도하는 치료요법 문화와 놀랍도록 잘 어울린다.

심리학과 정신의학보다는 경영학과 경제학에 기반하는 듯 보이는 (그러나 종종 양자 모두를 차용하는) 좀 더 노골적인 자기 계발 매체들은 타인을 당신의 심리적 자본은 물론 경제적 자본을 증진하는 데에도 도움이 되는 '인맥'으로 볼 것을 제안하기도 한다. 흔히 이러한 자기 계발 매체는 관계를 맺는 행위를 인맥 쌓기 혹은 '네트워킹'이라고 지칭하곤 한다. 그리고 소셜 미디어에서 인간과 관계는 말 그대로 네트워크의 한 지점에 불과해진다. 소셜 미디어에서 우리는 갈등을 정면으로 돌파하거나 갈등에 관해 숙고할 시간을 가져보는 대신, 차단 버튼을 눌러 전기를 차단하듯 아무 말 없이 일순 관계를 손절해 버릴 수 있다. 소셜 미디어 세계에서 관계를 협상하는 행위는 마치 장바구니에서 필요 없는 상품을 삭제하는 일처럼 간편하다.

우리와 꼭 맞아 우리의 감정적 항상성을 해칠 일이 없을 것처럼 보이는 관계와 관계 방식만을 취사 선택할 수 있다는 점에서도, 가상을 통한 인간관계는 쇼핑과 비슷하다. 점점 더 많은 상호작용이 인간 대 인간의 만남이 아니라 가상을 통한 프로필 대 프로필의 만남에 기반한다는 것은, 우리가 일상에서도 인간과 인간의 만남을 프로필 대 프로필의 만남처럼 여기게 된 중요한 이유이기도 하다.

내가 원하는 시간에 내가 원하는 사람과 내가 원하는 방식으로 소통하는 행위에 익숙해지면 타인을 위해 인내심을 발휘하는 것이 힘들어질 수밖에 없다. 소셜 미디어는 우리에게 무한한 쇼핑이 가능한 듯한 환상을 제공하곤 한다. 트위터나 인스타그램 같은 전통적인 소셜 미디어는 물론 취향과 관심사에 기반한 서비스를 제공하는 각종 '소셜링' 플랫폼에서 온라인 데이팅 서비스까지, 온라인 미디어의 매개를 통하면 어떤 취향이나 배경을 가진 사람도 쉽게 찾을 수 있을 것처럼 보인다. 이런 사회에서 우리는 굳이 시간을 들여 나와 다른 취향이나 배경을 가진 사람과 관계를 맺기 위해 애쓸 필요가 없다는 인상을 받는다.

특히 우리는 소셜 미디어를 통해서 간접적이고 일방향적이기는 하지만 완벽하게 무해하고 내 마음에 쏙 드는 '관계'를 얼마든지 찾을 수 있다(이에 대해서는 다음 부에서 살펴보기로 하자). 매력적이고 편리한 다른 대안이 넘쳐나는 것처럼 보이는 사회에서, 내 마음에 쏙 들지 않는 인간은 고스팅하고 차단하면 그만인 것만 같다.

소셜 미디어에서 인간관계는 인간 대 인간이 아니라 완전히 프로필 대 프로필의 만남이 되기에, 소셜 미디어는 우리의 자의적인 분류에 따라 우리가 원하는 우리의 면모들을 선택적으로 보여줄 수 있는 장소이기도 하다. 우리는 운동 계정, 패션 계정, 요리 계정, 스터디 계정, 덕질 계정, '정말 친한' 사람을 위한 계정 등 우리가 지정한 범주에 따라 우리의 자아를 쪼개어 보여주며, 특정한 바운더리 안에서만 상호작용하기를 선호하기도 한다. 진정성이 중시되는 시대인 것을 생각하면 아이러니하기 그지없는 일이다.

그리고 이렇게 계정 자체를 분리하지 않아도, 소셜 미디어를 사용하는 많은 사람이 현실의 친구나 지인에게 드러낼 수 있는 모습과 소셜 미디어상의 친구들에게 보여줄 수 있는 모습들을 구분하곤 한다. 예를 들어 카카오톡 멀티프로필 기능을 통해 친한 사람에게만 보여주고 싶은 나의 면모와 그렇지 않은 사람에게 보여줄 면모를 구분하는 것은 흔한 일이다.

소셜 미디어는 내 삶의 가장 이상적인 순간, 내가 보여주고 싶은 모습, 혹은 스스로 진정한 나의 모습이라고 생각하는 모습만을 보여줄 수 있는 공간이기도 하다. 소셜 미디어는 때로 내가 현실에서 보여줄 수 없는 어떤 진정한 나의 모습을 보여줄 수 있는 분출구로 생각되기도 하며, 소셜 미디어에서 우리가 보여주고자 하는 나의 모습은 때로 현실의 정체성과는 동떨어져 있을 때도 있다. 자기 자신에 대한 불안, 평가와 상처의 두려움, 어떤 진정한 나의 모습을 꺼내야 한다는 강박에 시달리는 현대인들에게 이렇게 내가 통제할 수 있는 모습만을 보여줄 수 있다는 것은 상당히 매력적인 선택지로 다가올 수밖에 없다.

오히려 소셜 미디어 시대에는 프로필이 곧 우리의 자아이자 정체성이 되기도 한다. 우리가 정체성을 몇 가지 명칭으로 쉽게 요약할 수 있는 무언가, 내지는 상품 소비를 통해 간단히 표현할 수 있는 무언가로 여기게 된 것이 단지 이런 이해 방식이 계속해서 우리와 우리의 이력서를 어필해야 하는 시대에 적합해서만은 아니다. 소셜 미디어 시대에는 삶 자체가 프로필이 되며 매 순간이 이러한 프로필을 어필하는 과정이기 때문이다.

철학자 게오르크 뮐러와 폴 담브로시오가 지적하듯이, 다른 사람에게 보이는 나의 모습을 보는 이차 질서 관찰이 지배적인 오늘날의 사회에서는 프로필성이 정체성을 형성하는 지배적인 방식이 된다.[62] 우리가 소셜 미디어 프로필에 성격 프로필, 라이프스타일, 정치 성향을 요약하는 명칭들을 쓰는 데 집착하는 이유일 것이다. 소셜 미디어 시대에 정체성과 프로필의 경계는 흐려지고, 정체성이란 그 무엇보다 우리의 프로필을 장식할 수 있는 무언가가 된다.

소셜 미디어에서 타인과 관계를 맺는 행위는 우리의 프로필과 마찬가지로 우리가 완벽히 통제할 수 있는 것, 우리의 자아와 욕구에 완전히 복무하는 무언가로 탈바꿈한다. 서구권에서 자주 쓰이는 메신저 겸 소셜 미디어인 스냅챗은 프리미엄 서비스를 결제한 사람들에게 스냅챗 상호작용 횟수를 기준으로 나와 가장 친한 친구의 '순위'를 보여주면서, 내가 태양이 되고 나머지 사람들이 수성에서 해왕성에 이르기까지 태양을 공전하는 일련의 행성이 되는 그림으로 이 순위를 제시한다. 인스타그램을 비롯한 다수의 소셜 미디어는 내가 가장 좋아한다고 (혹은 좋아할 예정이라고) 생각되는 사람을 가장 먼저 보여주는 알고리즘을 내장하고 있다.

한편으로 대부분의 소셜 미디어에서 친구를 사귄다는 것은 내

프로필의 브랜드 가치를 향상할 팔로워 숫자를 늘리는 일일 때가 많다. 이때 중요한 것은 단지 팔로워의 존재 자체만이 아니라, 그 팔로워에게 나의 프로필 가치를 높여줄 수 있는 어떤 가치가 있는지 여부이기도 하다. 소셜 미디어는 철저히 내가 중심이 되는 세계의 그림, 우리의 메아리로서만 존재하는 타자와 관계의 그림을 보여주는 것이다.

우리가 원하는 때에 원하는 사람과 우리에게 편리한 방식으로 상호작용할 수 있게 될 때, 그 결과는 우리 자신의 인간적 성장뿐만 아니라 민주주의의 발전에도 치명적일 수 있다. 소셜 미디어 환경은 동질적인 사람들끼리 모였을 때 집단 구성원들이 더욱 극단적인 의견을 갖게 되는 현상인 집단 극화 현상을 심화하며,[63] 이는 오늘날 정치적 양극화 위기가 점점 심화되는 이유이기도 하다.

'나락'이라는 말이 유행하는 시대이다. 서구권, 특히 미국에서는 부적절한 언행을 한 개인을 무자비하게 비난하거나 보이콧하고 심지어는 협박하거나 공격하는 현상을 뜻하는 '캔슬 컬처cancel culture'가 화두에 오르기도 한다. 누군가 나락에 가거나 '캔슬'되는 이유는 다양하지만, 범죄를 저지른 것도 아닌데 단지 논란이 될 만한 정치적 견해나 이념을 표명했다는 이유만으로 일자리를 잃고 사회적으로 매장당하는 일도 적지 않다. 단순히 다른 생각을 가졌다는 이유만으로도 도 넘은 '정의 구현'의 대상이 되기 쉬운 것이다.

이처럼 타인에 대한 관용이 사라지고 민주적인 설득과 토의의 장이 없어져가는 현상은, 인간을 '유해'와 '무해'의 이분법으로 구분하고 유해한 개인에게 두 번째 기회를 주어서는 안 된다고 주장하는 치유적 에토스와도 무관하지 않다. 그러나 이러한 현상이 벌어지는 가장 근본적인 이유는 알고리즘으로 매개된 선택적 상호작용 속에서 나와 다른 생각을 가진 사람을 접하는 것은 더욱 어려워진 반면, 잘 알지도 못하는 타인에게 도 넘은 공격을 퍼붓는 행위는 너무나 쉬워졌기 때문이다. 스크린 너머의 사람에게 인간적이고 민주적인 관용과 인내심을 보여줄 사람은 거의 없다. 관계를 맺고 끊는 행위가 완전히 우리의 손아귀에 놓인 무언가가 되고 우리가 통제 가능한 것이 될 때, 사회적 삶이 부가하는 고통을 견뎌낼 인내심이 약화되는 것은 당연한 일이다.

소셜 미디어 시대에는 민주적인 토의가 아니라 즉각적으로 떠오르는 원색적인 비난을 타이핑하는 것이 정의의 의미가 된다. 이와 마찬가지로 소셜 미디어는 우리가 친구를 찾는 방식뿐만 아니라, 관계와 친밀성의 정의 자체를 광고 시청에 가까운 것으로 바꾸기도 한다.

소셜 미디어에서는 관계를 맺고 끊는 행위뿐만 아니라 유지하는 행위 또한 상품 소비의 형식을 닮아간다. 육체가 존재하는 실제 공간에서 이루어지는 상호작용은 상대의 눈빛과 표정과 행동에 반응하는, 상대와 동기화되어 일어나는 상호작용이다. 반면 가상 공간에서의 상호작용은 기본적으로 비동기화되어 있다. 상대방의 반응은 즉각 나타나지 않으며, 아예 알 수 없는 경우도 많다. 타인의 행동에 반응하는 형식은 짧은 텍스트나 '좋아요' 정도로 제한되어 있다.

소셜 미디어의 세계에서 우리는 손쉽게 누를 수 있는 '좋아요' 혹은 상대의 반응이 있으면 좋지만 없어도 무방한 댓글이나 메시지만으로도 충분한 인간적 관심을 표현한 것처럼 생각하곤 한다. 그리고 사실 소셜 미디어에는 인간이 통상 사귀어온 친구의 수보다 훨씬 많은 '친구'가 있어서 기나긴 친구 목록을 감당하려면 이런 식의 상호 작용이 불가피하기도 하다.

소셜 미디어로 매일같이 일상을 보고 있는 친구들과는 자주 이야기할 필요가 없고, 소셜 미디어 활동을 하는 것이 친구들과 직접 대화하는 것과 다를 바 없다고 흔히들 생각한다. 관계를 맺고 있다는 것의 의미 자체가 바뀌는 것이다. 이런 변화 속에서 우리는 단순히 관계의 깊이만이 아니라 우리 삶의 이야기와 이야기할 수 있는 우리의 능력마저 잃어가는지도 모른다.

우리는 친구들과 만나서 했던 이야기는 잊어버리지 않아도, 방금 우리가 인스타그램에서 몇 시간이고 스크롤한 내용은 거의 기억하지 못할 때가 많다. 인간의 마음은 이야기를 찾고 만들어내는 성향이 있을 뿐만 아니라, 단순한 정보보다는 '이야기'를 더 잘 기억하도록 만들어져 있다.

그리고 소셜 미디어에 존재하지 않는 것은 친구가 직접 들려주는 이야기만은 아니다. 그 이야기를 들었던 장소와 그 장소의 분위기, 이야기를 듣기까지의 전후 과정을 포함하는 새로운 이야기가 만들어질 여지도 없다. 하지만 사실 친구의 이야기를 듣기까지의 과정이야말로 그 이야기를 정말로 소중하고 기억할 만한 것이 되게 하는 또 다른 이야기일 수도 있다. 반면 소셜 미디어에서 친구의 삶이란 그 자체로 소중한 이야기도, 내 삶의 이야기 속 한 장면도 아니다. 그저 인플루언서들의 광고 정보와 최신 맛집 정보 사이에 섞여 있는 하나의 정보일 뿐이다.

타인의 삶을 알기 위해서는 그를 만나고 그와 공간과 삶을 공유해야 하지만, 소셜 미디어에서는 '관계' 유지를 위한 어떤 전제 조건이나 노력도 필요치 않다. 소셜 미디어에서 우리는 일상 대화에서조차 드러나지 않는 타인의 가장 내밀한 일상, 마음속 가장 깊은 곳에 숨겨둔 생각과 비밀까지도 아무 대가 없이 들을 수 있다. 타인의 삶과 생각과 비밀을 알게 된다는 것은 친밀성의 표지이지만, 소셜 미디어의 세계에서는 친밀성의 표지가 때로 실제 친밀성에 선행하기도 한다. 그리고 때로는 아무런 관계나 서사가 없이 오로지 친밀성의 표지만으로도 친밀성이라는 착각을 만들어내는 데 충분하다.

관계에 선행하는 친밀성

실제 관계에 기반하지 않은, 일방향성이 특징인 새로운 친밀성이 처음 부각된 시기는 매스미디어의 등장 시기와 맞물린다. 컬러 TV의 시대가 막을 올린 1950년대 중반, 사회학자 호튼과 울은 미디어 수용자가 미디어에 등장하는 인물들과 맺는 일방향적 관계를 뜻하는 '준사회적parasocial 관계'라는 개념을 고안했다.[64] 준사회적 관계에서 사람들은 한 번도 만나 본 적 없고, 아마 앞으로도 만날 일이 없는 이들과 일방적 친밀감을 형성한다. 연결되고자 하는 인간의 욕구는 한 번도 만나 본 적이 없는 이들의 내면을 상상해 내고, 이들과의 상상적 관계를 실제 관계만큼이나 생생하게 경험하게 한다.

소셜 미디어가 등장하기 한참 전부터도 사람들은 스크린에 등장하는 유명인들, 특히 가수나 배우 같은 스타들에게 친밀감을 느꼈다. 우리는 이런 친밀감이 일방적이라는 것을 뻔히 알면서도, 미디어 속 인물이 둘도 없이 가까운 사람이라고 여긴다.

우리가 스타들에게 일방적 친밀감을 형성하는 것이 단지 자주 보는 대상을 좋아하게 되는 노출 효과 때문만은 아니다. 스타는 오늘날의 엔터테인먼트 산업이 제공하는 하나의 상품이고, 의도적으로 친밀감을 형성하는 것은 이 상품의 가치를 높이는 중요한 전략이기 때문이다.

엔터테인먼트 산업이 판매하는 것은 겉보기에는 스타들의 재능이지만, 사실 오늘날의 소비문화에서 상품이 되는 것은 스타 그 자체다. 그리고 상품으로서 스타의 브랜드 가치는 단지 노래나 연기만으로 결정되지 않는다. 스타의 브랜드 가치는 외적 매력과 더불어 그가 한 인간으로서 우리에게 얼마나 개인적 호감과 친밀감을 주는가에 크게 좌우되기 때문이다.

TV의 시대부터 스타들은 자신의 개인사와 사생활, 개인적 취향이나 견해를 소탈하게 밝히며 우리가 그들과 한층 친밀해진 듯한 착각을 불러일으켰다. TV 프로그램에 출연한 스타들은 카메라를 보며 "그렇죠, 여러분?" 하고 말을 건다. 생방송 중 방청석의 관객에게 다가가 말을 거는 등 우리 같은 평범한 사람에게도 그들과 대면하는 행운이 찾아올지 모른다는 환상을 불러일으킨다. 프로그램 출연진들을 친근하게 대하는 스타들을 보며 시청자들이 친구들의 대화에 참여한 듯한 느낌을 받도록 연출하기도 한다.

TV 프로그램을 통해 집과 사생활을 공유하고, 때로는 잡지 기사나 책 등의 매체를 통해 그들의 지인조차 알기 어려울 법한 비밀들을 소상히 털어놓기도 한다. 마약 중독이나 산후 우울증을 극복한 체험담 등 스타의 가장 내밀한 모습을 보여주는 고백 형식의 글들은 인기 있는 장르의 하나로 자리 잡았다. 특히 고해성사나 정신분석학 치료에서의 고백적 형식 등 다양한 고백 서사에 익숙한 서구권에서 스타의 고백은 대단히 인기 있는 장르이기도 하다. 수많은 팬들이 이러한 글을 읽고 힘든 시기에 자신을 도와준 친구에게 고마움을 표현하는 것처럼 열렬한 감사의 인사를 보낸다.

이같이 매체를 통해 스타들의 내면과 사생활을 속속들이 접하고 미디어 속 스타에게 친밀성을 느끼는 것이 어제오늘 일은 아니지만, 소셜 미디어가 출현하자 우리가 느끼는 일방적 친밀성의 강도는 유례없이 높은 수준이 되었다. 소셜 미디어의 등장 이전에도 스타의 사생활과 개인사, 은밀한 비밀들을 접할 방법은 많았지만, 이런 정보들은 방송사나 출판사, 잡지사, 신문사가 가공한 정보들이라고 여겨지기도 했다. 반면 소셜 미디어는 아무런 중개자 없이 스타들의 가공되지 않은 모습, '날것'의 모습을 볼 수 있을 만큼 그들과 가깝다는 착각을 일으키고, 심지어는 그들과 일종의 관계를 맺고 있는 것 같은 환상을 불러일으킨다.

오늘날의 스타들은 앞다투어 자신의 사생활과 이런저런 내밀한 생각들을 소셜 미디어에 공유하며 우리가 그들과 친밀하다는 환상을 판매한다. 특히 서구권에서는 진정성 있고 친근한relatable 모습을 보여주는 것을 스타들의 새로운 의무처럼 여기기도 한다. 트레이닝복을 입은 채 감자칩을 먹는 모습, 꾸미지 않은 민낯, 어질러진 방과 서툰 육아로 허둥지둥하는 광경 등 스타들이 '꾸밈없는' 사생활의 다양한 면모를 보여주면, 팬들과 언론은 그런 행동들이 얼마나 공감이 가고 친근한지 평가하고, 덕분에 그들을 더 사랑하게 되었다고 고백하기도 한다.

사실 스타들의 천문학적 수입을 생각하면 그들이 진정 친근한 인물일지 의구심이 들지만, 어찌 되었건 오늘날의 스타들은 우리의 친구가 되어줄 듯한 친근한 이미지를 구축하려 노력하고, 사생활의 온갖 측면을 보여주면서까지 스타라는 지위가 야기하는 심적 거리감을 없애기 위해 애를 쓴다.

특히 아이돌 산업에서는 유사 연애라고 불리는 준사회적 관계가 주된 판매 전략으로 자리를 잡았고,[65] 이들에게 소셜 미디어 활동은 대중 매체 출연보다 중요한 필수 업무가 되었다. '버블Bubble'은 사실상 아이돌이 일방향 메시지를 보내는 소셜 미디어지만 겉보기에는 아이돌에게 개인 메시지를 받는 듯한 형식으로 되어 있다. 이렇듯 친밀성을 연출하는 미디어 형식의 출현은 아이돌이 수행하는 소셜 미디어 활동의 의미를 극적으로 보여준다.

팬들이 구독료 4500원으로 구매하는 것은 아이돌에 대한 더 많은 정보만이 아니라 그들과 내가 어떤 상호적 관계에 있는 듯한 환상이기도 하다. 아이돌이 보내주는 버블 메시지에서 친구에게 찾을 법한 인간적 위로와 즐거움을 구하기도 하는 것이다.

물론 아이돌에게 강렬한 일방적 감정을 품는 이른바 극성팬은 언제나 아이돌 산업이 만들어내는 풍경의 일부였다. 그러나 소셜 미디어의 등장은 단순한 친근감이나 성적 환상을 넘어 진짜 애인이나 친구와도 같은 준사회적 친밀성의 판매와 구매를 아이돌 산업의 당연하고도 노골적인 일부로 만들었다. 스타의 사생활은 물론 스타에게 메시지를 받는다는 환상까지도 제공하는 현대의 미디어 환경은, 한때 우리가 책받침에 인쇄된 스타를 보며 품어온 일방향적 감정의 강도와는 비교도 못 할 강도로 열렬한 감정을 생산해 낸다.

우리가 소셜 미디어 속 스타에게 품는 감정은 너무나 강렬해, 그 사람을 좋아한다는 것만으로도 한 가족의 구성원이 된 듯이 강한 소속감과 책임감을 느끼는 일이 생기기도 한다. 팬들이 자신을 '○○맘'이라고 지칭하는 현상은 나의 '팬심'의 기반이 성애에 기반한 준사회적 감정이 아니라 재능 있는 아티스트의 성장을 응원하는 데 있다는 것을 스스로에게 그리고 타인에게 강조하려는 시도이기도 하다. 그러나 한편으로 이런 명칭은 어떤 아이돌을 좋아한다는 사실만으로 팬들이 일종의 가족에 소속된 듯한 강한 책임감과 소속감을 느낀다는 것을 보여주기도 한다.

소셜 미디어 시대에 우리가 준사회적 관계를 맺는 대상은 연예인에 한정되지 않는다. 많은 사람이 유튜브를 '밥 친구'로 부른다는 사실은 이를 단적으로 보여준다. 1인 가구가 많은 시대에, 유튜버는 '혼밥'의 적적함을 달래는 친구가 되어주기도 한다.

정치나 사회 관련 내용에서 운동 정보까지 유튜브 채널의 종류는 수없이 다양하다. 그런데 최근 청년층에게 인기 있는 것은 이런 정보성 채널을 운영하는 유튜버보다는 일상생활을 끊임없이 보여주는 브이로그나 토크 채널을 운영하는 유튜버인 경우가 많다. 이들은 재미있는 입담을 발휘하며 게임이나 '먹방', 메이크업, 고민 상담, '썰 풀기', 유머 등의 콘텐츠로 채널을 운영한다. 시청자들이 이들에게 찾는 것은 특정 정보나 TV 예능처럼 잘 꾸며진 모습이 아니라 일상을 공유하고 즐겁게 잡담을 나누는 친구와도 같은 모습이다. 팟캐스트를 위시한 이른바 대화형 콘텐츠가 다시금 인기를 끌고,[66] 단순히 메이크업만 하는 영상이 아니라 '메이크업하며 썰을 푸는' 영상이 트렌드가 되는 것도 이런 이유일 것이다.

최근 영미권에서는 아예 '영상 통화하는 중인 것 같은like we are on facetime' 느낌을 주게끔 촬영한 유튜브가 인기를 끌기도 한다. 처음부터 친구와 통화하는 느낌의 콘셉트를 잡아 영상을 찍고 편집하기도 하는 것이다.

이렇게 의도적으로 준사회성을 유도하는 것처럼 보이지 않는다 해도, 상당수 유튜버들에게 준사회성은 제품 판매와 광고 수익을 위한 비결이 된다.[67] 정든 유튜버가 돈을 더 벌기를 바라는 마음에 광고를 끝까지 시청해야 한다는 의무감과 정든 유튜버가 정이 아니라 돈벌이만을 생각하는 것 같아서 광고를 건너뛰고 싶은 거부감 사이에서 양가감정을 느끼는 현상은 이렇게 생겨난다.

많은 팬들이 상담이 주력 분야가 아닌 유튜버에게도 내밀한 비밀을 털어놓고 고민을 상담할 만큼 유튜버를 친근하게 여기기도 한다. 청년층이 좋아하는 유튜버 중에는 고민 상담 콘텐츠를 진행해보지 않은 유튜버를 찾기가 어려울 정도다. 실수하거나 잘못을 저지른 유튜버에게 직접 말을 거는 듯한 댓글을 달아 자신이 얼마나 그를 좋아했고 또 깊이 실망했는지 알리려는 사람도 적지 않다.

'오타쿠' 내지는 '오덕' 같은 단어에 부착된 부정적 낙인이 사라지고 '덕질'이라는 말이 보편화하는 것 또한 우리 사회에서 준사회적 관계가 점점 더 흔해지는 현상과 관련이 있다. 무언가를 열렬히 좋아하는 행위라면 뭐든 덕질이라고 불릴 수 있지만 사실 현실에서 덕질이라는 단어는 아이돌이나 유튜버, 애니메이션이나 게임 캐릭터처럼 '누군가'를 좋아하는 행위를 지칭하는 용도로 가장 많이 사용된다. "연애할 돈으로 차라리 덕질을 한다"는 말이 덕질이라는 행위의 준사회적 성격을 보여주기도 한다.

껍데기는 캐릭터의 모습을 하고 있지만 내용물은 우리가 교류할 수 있는 실제 인간인 버츄얼 유튜버, 통칭 '버튜버'의 등장은, 사실 덕질에서 가장 중요한 것이 때로는 캐릭터의 서사나 배경처럼 어떤 캐릭터가 작품에서 보여주는 모습(혹은 어떤 사람이 삶에서 보여주는 인간적 모습)이 아니라 준사회적 감정임을 알려준다. '히키코모리'는 방에서 나오지 않고도 준사회적 방식으로 거의 모든 사회적 욕구를 충족하는 것이 가능한 시대에만 비로소 흔해질 수 있는 라이프스타일이기도 하다.

준사회적 관계가 지배적인 현대 사회에서 우리는 단짝의 과거사는 몰라도 블랙핑크 멤버들의 성장 배경은 잘 알고 있으며, 지인의 결혼 소식에는 무관심해도 커플 유튜버의 결혼 소식에는 내 일처럼 기뻐하기도 한다. 가족은 물론 스스로 선택한 회사나 학교, 심지어는 친구 집단보다도 특정 아이돌이나 캐릭터의 온라인 팬덤에 더 강렬한 소속감을 느낄 때도 많다. 화면 속 유튜버와 밥을 먹고, 좋아하는 캐릭터와 인생네컷 사진을 찍고, 아이돌에게 생일 선물을 보낸다.

우리가 팔로우하는 사람들 목록에 유명인들과 친구들이 뒤섞여 있다는 사실이 준사회적 관계와 실제 관계의 경계가 흐려져간다는 사실을 보여주기도 한다.

살기에는 너무나 죽어 있고 죽기에는 너무나 살아 있는

소셜 미디어를 통해 친구와 상호작용하고, 때로는 만난 적도 없는 사람에게 준사회적 감정을 느끼는 것은 큰 문제가 없어 보이기도 한다. 소셜 미디어에서 본 서로의 근황이 이야깃거리가 되고, 오래도록 보지 못한 친구를 찾는 방법으로 활용하는 등 소셜 미디어가 인간관계를 돕는 수단이 되기도 한다.

우리는 소셜 미디어를 통해 연예인이나 유튜버의 근황뿐만 아니라 지구촌 각지에서 일어나는 소식을 접하고, 한 번도 간 적 없는 머나먼 곳에 사는 사람들에게 연대의식을 느끼기도 한다. 소셜 미디어가 제공하는 가상 세계는 때로 현실의 삶을 보조하는 것을 넘어 그 삶을 더욱 풍요롭게 만들어주는 듯 보이기도 한다. 소셜 미디어를 통한 간접 상호작용은 그 자체로 즐거운 엔터테인먼트이기도 하다.

소셜 미디어에는 타인을 나의 감정적 복지 향상을 위한 도구 취급하는 치료요법적 감수성을 강화하는 비인간적인 측면이 있다는 것을 부정할 수는 없다. 그러나 비록 이런 비인간적인 측면이 있다고 할지라도, 이는 이 기술의 장점을 누리기 위해서는 감수해야만 하는 단점인지도 모른다. 그리고 소셜 미디어 세계에서 이루어지는 상호작용에 인간을 상품화하는 측면이 있다고는 해도, 반드시 현실의 친구를 대하는 방식에 영향을 주는 것은 아닐 수도 있다. 어쨌든 가상은 가상일 뿐이니까.

그러나 소셜 미디어는 단순히 현실을 보조하는, 현실과 대비되는 가상이 아니며, 현실을 파고들고 압도하며 심지어는 대체하는 제2의 현실이기도 하다는 점에 유의해야 한다. 소셜 미디어는 갑작스레 허공에서 나타난 중립적 기술이 아니라 인간의 의도에 따라 만들어졌고 지금도 만들어지는 하나의 상품이다. 그리고 인스타그램이나 트위터, 페이스북 계정 만들기처럼 겉보기에는 무료라 할지라도 모든 상품의 소비에는 대가가 따른다.

소셜 미디어가 제공하는 이점과 불이익 모두를 취하기 위해, 우리는 때로 인간성과 프로필 가꾸기 노동뿐만 아니라 현실 그 자체를 대가로 지불해야 한다. 언급했듯이 인스타그램, 유튜브, 틱톡을 위시한 대다수 소셜 미디어 앱들은 무료 가입이 가능한 대신 사용자의 주의, 그러니까 우리의 삶을 최대한 많이 빼앗음으로써 수익을 창출하는 구조로 설계되어 있음에 유의해야 한다. 인간의 심리를 잘 아는 세계 최고의 엘리트들이 우리의 삶을 최대한 빼앗도록 설계한 기술에 대적해 현실 속 관계와 삶을 온전히 지켜내기란 녹록지 않다.

우리가 준사회적 인간관계에 강렬한 끌림을 느끼는 데는 여러 가지 이유가 있다. 준사회성을 판매하는 시장의 성장은 부분적으로는 점점 더 외로워지는 사회 현실이 낳은 결과이다. 하지만 준사회성이 우리에게 매력적으로 다가오는 이유는 그것이 전부가 아니다. 가상의 사회관계가 현실을 잠식함에 따라, 실제 인간관계 또한 이미 상당히 준사회적인 성격을 띠게 되었기 때문이다. 오늘날 많은 사람에게 소셜 미디어를 통한 상호작용은 현실의 인간관계를 보조하고 개선하는 가상에 머무르지 않고 적어도 얼마간 실제 인간관계의 대체품으로 기능한다.

다수의 심리학 연구가 사회 불안이 높은 사람일수록 소셜 미디어를 더 많이, 더 자주, 더 중독적으로 사용한다는 것을 보여준다.[68] 불안이 강한 사람일수록 현실의 인간관계보다 불안 요소의 통제가 가능한 것처럼 보이는 가상의 인간관계를 선호하기 쉽다.[69] 사회 불안이 높은 사람들은 유튜버에게 더 강한 준사회적 감정을 느끼고, 그

결과 유튜브에 중독될 가능성도 더 크다.[70]

사회적 상황에 불안을 느끼는 사람들이 소셜 미디어를 많이 사용하며 심지어 현실의 인간관계보다 가상의 관계를 선호한다는 사실은, 소셜 미디어가 현실에서의 유대감 부족을 해소하기 위한 일종의 대체재가 된다는 사실을 알려준다.

인간관계의 위험을 두려워하는 이들에게 가상 세계가 때로는 중독될 만큼 매력적 대안이 되는 것은 소셜 미디어를 통한 간접적 상호작용에는 어느 정도 외로움 완화 효과가 있기 때문이다. 한 연구에 따르면 페이스북 친구들과 더 많이 상호작용하고 더 빨리 반응을 얻을수록 사회적으로 지지받는다는 느낌은 커지고, 결과적으로 외롭다는 감정이 줄어든다.[71] 먹방을 보면 외로운 느낌이 감소한다는 연구 결과도 있다.[72] 실험실 환경에서 진행한 어느 연구는 스트레스 상황일 때 친구나 모르는 사람에게서 자신을 응원하는 메시지를 받으면 즐겁고 만족스러운 감정이 커지는 것을 보여주었다.[73]

이런 사실에도 불구하고, 이러한 간접적 상호작용이 장기적 차원에서 삶의 질을 향상한다는 증거는 없다. 연구 결과들은 오히려 정반대 결과를 시사한다. 다수의 심리학 연구가 소셜 미디어를 더 많이, 더 활발히, 더 열심히, 더 중독적으로 사용하는 사람일수록 우울과 불안, 심리적 고통을 더 많이 보고한다는 것을 보여준다.[74] 이처럼 소셜 미디어를 더 자주, 더 많이 사용하는 사람들이 오히려 더 강한 사회적 고립감을 느끼기도 한다.[75] 아이러니한 것은 단순히 재미보다 관계 유지를 목적으로 소셜 미디어를 이용하는 사람일수록 소

셜 미디어 사용과 외로움 간의 높은 상관관계를 보인다는 것이다.[76]

한 연구에서는 참가자들에게 소셜 미디어 사용에 대한 설문 조사를 시행하고 6개월 뒤 같은 참가자들에게 다시 조사를 실시했다. 첫 번째 조사에서 소셜 미디어 사용이 많았다고 답변한 사람일수록 두 번째 조사에서 더 높은 우울감을 느끼는 결과가 나타났다.[77] 반대로 3주간 소셜 미디어 사용을 제한한 연구에서는 이러한 제한을 둔 덕에 우울감과 외로움이 유의미하게 감소했다는 연구 결과가 나타나기도 했다.[78]

소셜 미디어를 통한 간접적 상호작용이 외로움을 즉각 감소시킨다는 사실을 보여주는 연구 결과들에도 불구하고, 이런 상호작용이 덜 외롭고 더 충만한 삶을 만들어내지 못하는 데는 여러 가지 이유가 있다. 그중 가장 자주 거론되는 것은 소셜 미디어에서의 사회 비교이다. 나보다 나은 사람들과의 사회 비교가 우울감과 외로운 느낌을 촉발한다는 것은 여러 번 입증된 사실이다. 모든 사람이 나보다 더 아름다워 보이고, 나보다 더 좋은 삶을 사는 것처럼 보이는 세상에서, 외롭고 우울해지는 것은 어쩌면 당연한지도 모른다.

2024년 기준 청년층 평균 소득은 2625만원이지만,[79] 소셜 미디어에서는 모든 사람이 고소득자에 매일 새로운 소셜 미디어 '핫플'을 방문하고 틈만 나면 해외여행을 가는 것처럼 보인다. 모두가 내 삶과 내 모습의 가장 잘 편집된 부분만을 보여주는 소셜 미디어에서 충족해야 하는 평균의 기준은 턱없이 높아진다. 소셜 미디어는 '정상적' 인간관계를 맺으려면 더 많은 소비를 해야 한다고 느끼는 주된 원인이기도 하다.

우리는 경제적 문제뿐만 아니라 외적 차원에서도 턱없이 높아진 평균에 부응해야 한다. 저마다 자신의 사진을 게시하는 이미지 중심의 SNS가 보편화된 시대에, SNS에서의 사회 비교는 특히 여성의 정신 건강에 치명적이다.[80·81] 여성스럽게 꾸민 외적 모습을 보여주는 것이 특히 젊은 여성들의 소셜 미디어 상호작용에서 중심 역할을 하기 때문이다.[82]

나의 외모를 보여주는 이미지를 올리지 않는다 해도 소셜 미디어를 사용하는 여성이 외모 강박에서 자유롭기란 어려운 일이다. 어차피 내가 보는 다른 모든 여성이 가장 잘 편집된 외적 모습을 보여주려고 노력하기 때문이다. 연예인, 인플루언서, 친구들의 모습부터 자기 자신의 모습까지 여성들의 얼굴과 몸을 확대해서 들여다보는 것이 소셜 미디어의 핵심 콘텐츠인 시대에 중안부, 꼬막눈, 귀밑각, 힙딥, 퍼스널 체형에 이르기까지, 외모를 아주 자세히 들여다보지 않으면 의식하지 못했을 부분들에까지 새로운 미의 기준이 확대되는 현실은 조금도 놀랍지 않다.

그렇다면 "나의 몸을 긍정하자"라는 구호가 대표하는 '바디 포지티비티Body Positivity' 운동에 동참하는 식으로 우리 모두 나의 외모나 삶이 더 좋아 보이도록 분석하고 가공하는 것을 그만두고 자신의 진정한 모습을 보여주면 어떨까? 자신감과 진정성이 소셜 미디어 문화의 부작용에 대한 해독제가 될 수 있지 않을까?

그러나 콘텐츠의 내용을 바꾸는 정도로 해결되기 어려운 소셜 미디어의 근본 문제는 그것이 실제 상호작용과 유사하게 어느 정도는 외로움을 해소할 수 있고, 그렇기에 얼마간 실제 상호작용을 잠식하고 대체한다는 점이다. 소셜 미디어는 현실의 인간관계와 유사한 기능을 하는 데다 더 편리하기까지 하다. 인간은 어떤 행동의 장기적 함의를 따지기보다는 쉽고 빠른 길을 택하는 경향이 강하며 이러한 행동 경향이 없었다면 소비주의 문화는 존재할 수 없었을 것이다.

소셜 미디어가 제공하는 쉽고 빠르고 '안전한' 외로움 해소는 때로 현실 속 잡음 많은 관계의 매력적이고 중독성 높은 대체품이 된다. 소셜 미디어는 일시적으로나마 외로움을 해소하고 마비시켜 실제 현실 속 관계 맺기가 절실히 필요하다는 사실을 종종 잊게 만드는 것이다.

2010년 카카오톡이 스마트폰 전용 앱으로 출시되고, 2012년 인구 67.6%가 스마트폰을 소유하게 된 대한민국을 필두로 세계 각지의 스마트폰 보급률이 50%를 넘기 시작했다.[83] 같은 해에는 인스타그램이 페이스북에 인수되면서 사용자가 급증했다. 그리고 정신 건강 지표에 관한 연구들은 이처럼 스마트폰과 스마트폰 기반 소셜 미디어들이 보급되기 시작한 2010년대 초반을 기점으로 면 대 면 상호작용이 감소하고 외로움도 함께 증가했다는 것을 보여준다.

물론 여기에는 여러 가지 원인이 있겠지만, 정신 건강을 연구하는 학자들은 이 현상이 나타난 시기가 스마트폰의 출현 시기와 겹치는 것이 우연이 아니라고 지적한다. 스마트폰 보급 이후 청소년기를 보낸 첫 세대인 'i세대'의 특성을 연구해 온 사회심리학자 진 트웬지의 연구는, 스마트폰이 보급되고 디지털 미디어의 사용이 증가한 것과 동일한 시기에 면 대 면 상호작용이 기하급수적으로 줄어들고 외로움 또한 증가했음을 보여준다.

1976년 이래 청소년들이 또래 친구와 면 대 면으로 상호작용하는 시간은 천천히 감소해 왔다. 그러다 2010년 들어 면 대 면 상호작용은 급속도로 줄어들어, 1976년 이래 상호작용 감소의 50%가 2010~2017년에 이루어졌다. 이와 함께 2011년을 기점으로 외로움 또한 빠르게 증가해, 2012~2017년에만 "나는 자주 외롭다"라고 답한 12학년* 청소년이 50%나 증가했다. 그리고 이러한 변화는 디지털 미디어 사용의 증가와 동시에 일어났다. 같은 시기 청소년의 시간 사용에서 아르바이트, 숙제, 과외 활동 등의 여타 활동은 오히려 줄어들었고, 증가한 것은 디지털 미디어 사용 시간뿐이었다.[84]

이와 유사하게 사회심리학자 조너선 하이트는 2010년 초부터 세계 각국에서 우울, 자살률 등 젊은 세대의 정신 건강을 나타내는 지표가 급속도로 하락한 것을 설명할 수 있는 공통 요소는 스마트폰의 보편화임을 지적한다.

스마트폰 보급이 정신 건강을 악화시키는 이유는 다양하지만, 여러 중요한 이유 가운데 하나는 스마트폰의 보급과 함께 친구들과 실제 면 대 면으로 상호작용하는 시간이 줄어들었다는 데 있다. 예를

---

* 미국의 고등학교 마지막 학년.

들어 2019년까지 미국인의 하루 시간을 추적한 조사는 15~24세 연령대에서 하루 중 친구들과 보내는 시간이 2011년을 기점으로 급속히 줄어들어, 2011년 약 130분이던 것이 2019년에는 약 40분 으로 감소했음을 보여준다.[85]

물론 우리가 스마트폰으로 보는 것이 소셜 미디어만은 아니다. 오늘날에는 소셜 미디어에서 비디오게임, 뉴스까지 수도 없이 많은 앱이 그러한 것들이 존재하지 않았다면 현실의 관계를 위해 사용 했을 수도 있는 우리의 주의와 시간을 얻기 위해 경쟁한다. 그런데 소셜 미디어가 실제 상호작용과 유사하게 외로움을 줄여주는 역할 을 하며, 현실에서 친구 사귀기에 어려움을 겪는 사람들이 종종 소 셜 미디어를 일종의 대안으로 여긴다는 사실을 감안하면, 면 대 면 상호작용이 급격히 감소하는 현상에서 소셜 미디어가 상당히 중요 한 역할을 했음을 짐작할 수 있다. 특히 소셜 미디어는 넷플릭스, 스 포티파이 같은 각종 구독형 매체나 비디오게임과 달리 과금보다는 끊임없는 알림 등의 장치를 통해 주의를 빼앗는 것 자체에서 수익 을 창출한다는 사실을 고려하면 더욱 그러하다.

이는 소셜 미디어를 많이 사용하는 사람은 면 대 면 상호작용도 적을 것이라는 뜻이 아니다. 외향적인 사람은 실제 친구와 만나는 시간도 길고 소셜 미디어도 더 많이 사용하는 경향이 있다.[86]

이러한 자료들이 시사하는 바는 인류가 친구를 소셜 미디어로 아 예 대체했다는 것이 아니라 친구와 실제로 만나고 놀면서 보냈을 수 도 있는 시간 상당수를 디지털 미디어에 할애한다는 것이다. IT 조사 업체 일렉트로닉스허브에 따르면, 2024년 기준 세계인이 소셜 미디어 사용에 투자하는 시간은 하루 평균 2시간 31분가량이다.[87]

나라를 막론하고 청년 세대는 특히 많은 시간을 소셜 미디어에서 보낸다. 예를 들어 시장 조사 회사 해리스 폴의 2024년 조사 보고서에 따르면 미국의 Z 세대(18~27세) 청년 60%가 소셜 미디어를 하루 4시간 이상 사용한다.[88]

우리가 이렇게 많은 시간을 소셜 미디어에 쓰고 있다면, 이 시간이 단지 인간관계 보조에 쓰이는 것이 아니라 아예 인간관계를 위한 시간을 일부 대체하는 것은 아닌지 의심할 법하다. 교육 현장에서는 오래전부터, 아이들이 쉬는 시간은 물론 현장 체험 학습 시간에도 친구와 노는 대신 스마트폰을 보느라 사회성이 저하된다는 우려의 목소리가 나오곤 했다.[89]

하지만 사실 실제 현실에서의 유대 대신 스크린을 통해 관계 욕구를 대리 충족하는 것은 어린 세대만이 아니라 우리 모두에게 해당하는 문제인지도 모른다.

물론 우리들 대다수는 여가 시간 내내 소셜 미디어 앱을 들여다보는 것이 아니라 짬을 내어 소셜 미디어를 본다. 그러나 바로 그렇기 때문에 소셜 미디어는 함께 보내는 시간을 더욱 효과적으로 잠식한다. 전보에서부터 전화, TV, 인터넷까지 인류 역사에서는 끊임없이 새로운 통신 기술이 등장해 왔으며 그럴 때마다 우려의 목소리는 존재했다. 그러나 이 기술 중 어떤 것도 스마트폰과 소셜 미디어의 조합처럼 언제 어디서나 가지고 다니면서 항상 다른 사람과

'연결된' 상태를 유지하도록 만들어주지는 못했다.

전화 통화를 하려면 일단 집에 가서 전화를 걸고 누군가 받을 때까지 기다려야 했다. 메일을 보내려면 일단 컴퓨터 전원을 켜고 그 앞에 앉아야 했다. 하지만 오늘날에는 언제 어디서나, 다른 사람이 있건 없건 주머니 속 스마트폰을 통해 메시지를 보내고, 소셜 미디어 게시물을 올리고, 남들의 접속 여부를 확인하고, 업데이트된 소셜 미디어 게시물을 확인할 수 있다.

끊임없이 카톡을 주고받고 친구 또는 유명인의 유튜브나 인스타 게시물을 확인하는 것이 오늘날의 삶에서 너무나 중요해진 나머지, 우리는 함께 있을 때조차도 스마트폰에서 울리는 소셜 미디어 알림을 확인하느라 그 시간을 온전히 즐기지 못하는 경우가 많다.

퓨리서치센터가 13~17세 미국 청소년 1391명을 대상으로 시행한 2022년 조사에서는 인터넷을 '거의 항상' 사용한다고 답한 사람이 46%나 되었다.[90] 같은 연구소에서 동일한 연령대의 청소년을 대상으로 시행한 2025년의 조사에서는 청소년 36%가 유튜브, 틱톡, 인스타그램, 스냅챗, 페이스북 중 하나 이상의 플랫폼을 '거의 항상' 사용한다고 답했다.[91] 적지 않은 청소년이 소셜 미디어 화면을 항시 새로고침하고 끊임없이 알림을 확인하면서 일상을 보내는 것이다. 그리고 이처럼 스마트폰 속의 안전하고 즐거운 관계에 너무 많은 시간을 쏟다 보면 현실의 대인관계 기술을 연마하는 데 쏟을 시간은 부족해질 수밖에 없다.

영미권에서는 스마트폰에 정신이 팔려 같이 있는 사람을 무시하는 행위를 뜻하는 '퍼빙phubbing'이라는 신조어가 유행하기도 한다. 퍼빙은 친구나 애인을 만나고 있을 때는 물론, 심지어 아이를 돌보는 중에도 자주 이루어질 만큼 흔한 현상이 되었다. 그리고 이런 행동은 당연하게도 관계에 대한 만족도를 현저히 떨어트리고, 결과적으로는 기분과 삶에 대한 만족도에도 영향을 준다.[92]

예를 들어 2016년에 이루어진 한 연구에 따르면 연구 참가자의 자그마치 70%가 파트너에게 퍼빙을 당해 보았다고 응답했다.[93] 파트너에게 퍼빙을 자주 당한다고 느끼는 이들이 관계에 대한 만족도는 물론 삶에 대한 만족도도 낮은 경향을 보였음은 당연하다. 굳이 스크린을 쳐다보지 않는다 해도 상호작용의 장면에 단지 스마트폰이 존재한다는 것만으로도 사회적 상호작용의 질은 떨어지고, 상호작용하는 상대방에게 덜 공감하게 되며, 관계에 대한 만족도는 저하된다.[94·95]

그런데도 우리는 소셜 미디어를 사용하느라 현실의 우정과 사랑을 놓칠 가능성보다는 현실을 사느라 소셜 미디어에서 벌어지는 일을 놓칠 것을 염려하기도 한다. '포모Fear of Missing out, FOMO'라고 불리는, 무언가를 놓칠지도 모른다는 불안감, 나만 소외될지 모른다는 강박은 강박적 소셜 미디어 사용의 원인이 된다.[96] 원칙적으로 소셜 미디어 가입이 제한된 10살에서 11살 정도 되는 아주 어린 청소년들조차 소셜 미디어를 사용하지 않으면 무언가를 놓칠 수도 있다는 불안감을 느낀다.[97] 인스타그램을 쓰지 않으면 친구 무리에서 뒤처지고 소외되며 심지어는 왕따가 될 수도 있다는 불안감이 존재하는 것이다.

한편 소셜 미디어의 인간관계 양식이 인간성과 인간관계 양상에 미치는 영향은 다양한 현상으로 나타나 소셜 미디어가 현실의 삶을 부분적으로 대체하고 압도할 만한 영향력을 발휘하기도 한다는 것을 보여준다. 틴더 같은 데이팅 앱을 통한 데이트 신청, 더 정확히는 '훅업hookup'이라고 하는 일회성 만남 신청이 매우 활성화되어 있는 서구에서는 '아이알엘In real Life, IRL'에서, 즉 현실에서 새로운 사람에게 호감을 표시하고 데이트 신청하는 법을 모르겠다는 것이 청년들의 새로운 고민거리다.

이런 현상에 주목한 보스턴칼리지 철학과 교수 케리 크로닌Kerry Cronin은 현실에서 데이트하는 법에 관한 대학 강좌를 개설해 화제가 되기도 했다. 크로닌은 현실에서의 데이트에 관한 사회적 각본은 소멸했고, 오늘날 너무나 많은 학생이 거절에 취약하기에 거부당할지도 모른다는 두려움을 쫓기 위한 선택을 한다고 지적했다.[98]

점점 더 많은 사람이 거절과 상처의 두려움을 겪으면서도 낯선 이에게 말을 걸고 친해지기 위해 노력하는 대신 온라인에서 나와 잘 맞아 보이는 사람에게 디엠이나 채팅으로 대화 걸기를 시도하며, 상처받을지도 모르는 진지한 관계 대신 목적이 명확한 장소에서 상대적으로 가벼운 관계에 머무르기를 선호하는 것이다. 실제로 대면하는 상호작용에서의 상처와 예측 불가능성을 통제할 수 있을 것처럼 보이기에, 사람들은 현실 대신 서로의 '좋아요' 여부를 알 수 있는 가상을 통한 관계를 선택하기도 한다. 그러나 이는 오히려 현실에서 관계를 맺을 때의 대처 능력을 떨어트리는 결과를 불러올 수도 있다.

게다가 우리는 때로 소셜 미디어에서 더욱 잘 보이기 위해, 심지어는 소셜 미디어 프로필상의 모습과 현실의 삶을 일치시키기 위해 현실에서 고통을 감수하기까지 한다. 최근에는 점점 더 많은 사람이 소셜 미디어 속 사진에 나온 모습이 불만족스럽다는 이유로 성형을 선택하는 추세다. 예를 들어 미국 안면성형 및 재건외과학회 American Academy of Facial Plastic and Reconstructive Surgery, AAFPRS 소속 성형외과 의사 79%는 사진에 더 잘 나오고 싶어 성형을 선택하는 환자를 본 적이 있다고 보고했다.[99]

스냅챗이나 인스타그램 등 소셜 미디어에 올라간 보정한 얼굴과 실제 얼굴 사이에 괴리를 느끼고 양자가 일치되기를 바라는 현상을 가리키는 '스냅챗 이형증snapchat dysmorphia' '셀카 이형증selfie dysmorphia'이라는 신조어가 등장하기도 했다. 이 신조어를 처음 만든 영국 성형외과 의사 티지온 에쇼Tijion Esho는 소셜 미디어의 등장과 함께 성형외과를 찾는 여성들의 기대 또한 변했다고 지적하며, 점점 더 많은 이들이 소셜 미디어상의 보정한 모습과 실제 모습이 일치하기를 바라면서 성형외과를 찾는다고 주장한다.[100] 현실의 모습이 아닌 소셜 미디어 속 나의 모습을 오히려 "내가 되어야 하는 진정한 나의 모습"이라고 믿는 것이다.

사진을 위해 이 정도의 고통을 감수하지는 않는다 해도 우리는 소셜 미디어에 올릴 사진을 찍고 최적의 사진을 골라 편집하느라 정작 실제로 사랑하는 사람들과 보내는 시간을 온전히 즐기지 못하는 경우가 많다. 가상이 현실을 이토록 깊이 파고든다는 증거가 이렇게 많은데, 인간을 물화하는 소셜 미디어의 인간관계 양식을 인간의 실제 관계나 인간성에는 아무런 영향도 주지 못하는 무해한 놀이라고 볼 수 있을까?

이렇게 현실 자체를 소셜 미디어의 대가로 지불한 결과 우리가 얻는 것은 의미 있는 연결과 애정 어린 관심의 그림자일 뿐이다. 네덜란드 속담에는 이런 말이 있다. "가까운 이웃이 멀리 사는 친구보다 낫다". 우리 말에도 "가까운 이웃이 먼 친척보다 낫다"는 비슷한 속담이 있다. 이러한 속담이 가르쳐주듯이 아무리 좋은 가족이고 친구라도 실제로 볼 수 없다면 무슨 소용일까?

사진과 영상, 문자나 댓글을 통한 상호작용이 실제 상호작용보다 훨씬 못하다는 것은 모두가 아는 너무나 자명한 사실이다. 이러한 상호작용에서는 진지하게 서로의 눈을 바라볼 수 없고, 장난스러운 시선을 교환하거나 당황하는 눈빛에 반응할 수도 없다. 온기 어린 포옹과 스킨십을 나누지 못하고, 손짓과 발짓, 표정과 걸음걸이의 미묘한 변화를 읽어 친구에게 위로가 필요한 순간을 알아차리거나 나의 행동을 돌아볼 순간을 인지할 수도 없다. 그리고 무엇보다 같은 순간에 존재하며 함께 울고 웃을 수 없다.

천체망원경으로 본 별빛이 오로지 과거의 별빛이듯이 스크린을 통해서 우리는 친구의 몇 마이크로초 전 모습, 심지어는 몇 시간이나 몇 년 전 모습만을 들여다볼 수 있을 뿐이다. 유대감을 갈망하는 인간의 마음은 가상을 통한 관계에서도 일말의 만족감을 얻는다. 하지만 가상 세계의 상호작용들이 실제 상호작용을 하는 것처럼 우리를 속이고 외롭다는 느낌을 덜어준다 할지라도, 가상 세계 속 우리는 실제로는 항상 혼자일 뿐이다.

우리는 항상 스크린을 통해 연결된 채로 친구들과의 모든 순간을 간접 경험하고 있다. 물론 이런 경험이라도 없는 것보다는 훨씬 낫다. 그러나 결국 스크린 너머를 통해서 한 경험이 스크린 바깥에서 이루어지는 경험과 같을 수는 없다. 간접 경험이 너무나 넘쳐 직접 경험이 필요 없을 정도라는 사실은 외로움에 시달리는 인간의 마음뿐만 아니라 민주 사회와 예술에 대한 위협이기도 하다.

스크린을 통해 끊임없이 뉴스를 보거나 리트윗하고, 댓글을 다는 식으로 이루어지는 간접 참여는 분명 아무것도 하지 않는 것보다는 훨씬 나을지도 모른다. 그러나 개인이 집에서 혼자 할 수 있는 일에는 명백한 한계가 있다. 이런 간접 참여의 방식은, 지속성과 결속력이 있으며 가시적인 정치 세력화를 바탕으로 더 강한 사회정치적 영향력을 확보하고 정치적 의사 결정의 과정에 실질적으로 참여하는 행위보다는 훨씬 일시적이고 파편화된 변화만을 가져올 수밖에 없다.

무엇보다 이런 간접적인 참여 방식이 혼자가 아니라는 연대감과 용기를 느끼는 데 최적의 방법이라고 하긴 어렵다. 사람들을 눈으로 직접 보면서 함께 공동 목표를 추구하는 과정을 통해 얻는 즐거움이 힘들고 고역스러운 변화의 과정을 견디게 하는 원동력임을 생각하면, 온라인을 통한 간접 참여 방식이 점점 현실 참여를 대체하는 것은 우려할 만한 변화인지도 모른다.

어쩌면 미래에 실제 행동과 더 큰 연대감을 불러왔을지도 모르는 행동 대신 택한 이런 행동은 어쨌든 죄책감과 괴로운 마음을 덜어주고, 세상이 단단히 잘못되었다는 생각에서 오는 외로움과 고독감을 일시적으로 줄여주기도 한다. 프로필에 정치 성향을 늘어놓는 일이 특히 그렇다. 그보다 중요한 것은 밖으로 나가 정치 활동에 참여하는 것이겠지만, 어찌 되었건 이러한 행동은 불편한 마음을 덜 느끼게 하고 적어도 자신이 어떤 정치 성향을 가시화하는 일에 참여한다는 안도감과 소속감을 준다. 그리하여 때로는 어떤 정치 성향임을 소셜 미디어에서 선언하는 일이나 그런 것을 밝혔는지 아닌지 검색하는 것이 실제로 더 큰 소속감과 변화를 느낄 수 있는 행동들보다 중요시되는 경우마저 생긴다.

우리는 관성을 깨게 하는 허기를 느끼기도 전에 간접 경험으로 이미 포화되어, 실제 경험의 순간에서조차 간접 경험으로 형성된 습속과 기대들을 안고 출발한다. 외로움과 고독이 우리를 자신의 껍질 밖에 나오게 하는 촉매가 되는 대신 간접 경험을 통해 해결할 수 있는 것이 될 때, 우리는 경험의 기회를 상실하고, 따라서 새로운 것을 접하고 만들 기회 또한 잃어버린다. 청년들이 점점 더 우리의 기원이자 어쩌면 유일하게 현실에서 매일 소통하는 사람일 부모에게 집착하는 것도, 더는 새로운 것을 만들어내지 못하는 문화가 자신의 부모 격인 레트로에 집착하는 것도 그런 이유일 것이다.

일본의 애니메이션 거장 미야자키 하야오는 실제로 경험하는 것의 중요성을 강조하면서 사람들이 자신의 실제 경험에 기반해 작품을 만들기보다는 애니메이션을 보고 애니메이션을 만드는 것이 애니메이션이 위기에 빠진 이유라고 지적하기도 했다.[101·102]

그러나 사실 위기에 빠진 것은 스크린 위 애니메이션만이 아니라 스크린을 통해 살아가는 인류 전체의 영혼인지도 모른다. 철학자 한병철이 말하듯, 우리는 살기에는 너무나 죽어 있고 죽기에는 너무나 살아 있다.[103]

영혼 시장

친구를 상품화하는 서비스인 SNS가 보여주듯이 신자유주의에서는 인간 자체가 상품이 된다는 말이 점점 더 말 그대로의 의미에 가까워진다. 신자유주의 사회에서 인간은 갈수록 영혼을 가진 하나의 온전한 개체가 아니라, 분절되어 판매될 수도 있는 상품 혹은 자본의 집합으로 대우받는다. 살아 있는 인간의 장기를 상품화하는 대리모의 사례는, 현대 사회에서 인간은 그 구성 요소 하나로 축소될 수도 있는 상품 덩어리라는 사실을 보여주는 대표적 예시다.

오늘날에는 인간의 신체뿐만 아니라 영혼의 가장 내밀한 부분인 친밀성마저 상품화의 대상이 된다. 어찌 되었건 대부분의 준사회적 관계에서 우리는 이 '관계'에 관여된 상대를 실제로 만나지는 않는다. 그러나 돈을 좀 더 지불할 용의만 있다면, 현대 사회는 더 진짜 같은 옵션도 얼마든지 제공한다. 나만을 위한 친밀성, 진짜 인간관계와 비슷한 무언가를 얼마든지 구매할 수도 있는 시대가 된 것이다.

오랫동안 이러한 친밀성의 구매는 소수만 누리는 특권이었으며, 판매되는 것은 주로 사회에서 가장 약자의 위치에 있는 사람들이 제공하는 친밀성이었다. 그 대표적 예시가 바로 성매매라 할 수 있다. 물론 성매매의 핵심은 여성 신체의 거래다. 여성의 성매매 '실력'이 아니라 속된 말로 '사이즈'라고 하는 여성의 신체적·외적 특성이 여성의 '값'에서 가장 중요한 역할을 하며, 연륜이 쌓이고 경력이 늘어날수록 오히려 성매매 가격은 내려간다[104]는 사실은 성매매에서 팔리는 것이 본질적으로는 어떤 서비스가 아니라 여성의 육신임을 드러낸다.

그러나 '진짜 여친 같다'는 것이 성매매의 주된 홍보 요소이고, 성매매를 표현하며 '연애한다'는 은어를 쓰기도 하는 사실은, 성매매에서 거래되는 상품이 섹스만이 아니라 친밀성이기도 하다는 점을 보여준다. 성매매가 판매하는 것은 여성의 몸뿐만 아니라 여성의 영혼까지 포함하는 '여성 그 자체'인 셈이다.

점점 더 외로워지는 현대 사회에서 성매매를 통한 친밀성의 판매는 섹스 판매보다 더욱 중요한 요소로 부상하기도 한다. 여성학자 엘리자베스 번스타인은 탈산업화 시대의 성매매에서 '진정성 있는' 감정적 연결을 제공하는 것의 중요성이 더욱 커졌다고 주장한다.[105] 크리에이터 후원 플랫폼인 온리팬스의 크리에이터들은 대개 포르노를 판매하는 포르노 배우들인데, 많은 경우 이 크리에이터들의 가장 큰 수입원은 포르노 영상 구독권이 아니라 자신과 대화할 수 있는 권리다. 수도 없이 많은 남성이 크리에이터와의 성적 경험을 위해서가 아니라 단지 일상을 공유하고 대화를 나누려고 천문학적 돈을 지불한다.[106] 성매매와 포르노 콘텐츠를 소비하는 남성들은 단지 섹스를 찾는 데 그치지 않고 친구나 연인과도 같은 감정적 친밀성을 경험하기를 바라는 것이다.

특히 남성이 성매매에서 친밀성을 찾는 이유는 무엇일까? 여성을 대상화하고 많은 여성과 '감정 없이' 자는 행위를 남성성과 동일시하는 문화에서는 섹스를 남성이 친밀성을 구하는 가장 적절한 방식으로 여기기 때문이다. 그러나 오늘날의 사회에서 친밀성의 판매는 성매매처럼 극단적 예시에만 국한되지 않고, 한 가지 성에만 국한되지도 않는다. 집사 카페, 영상 통화 팬사인회 등 친밀성을 판매하는 시장은 계속해서 확대되는 추세다. 유튜브에서 유행하는 '렌탈 남친/여친' 콘텐츠의 인기는 친밀성을 사고파는 행위에 대한 거부감이 옅어져가는 사회 현실을 반영한다.

친밀성의 판매는 연인과도 같은 친밀성을 판매하는 각종 유사 연애 시장에서 가장 두드러지지만 애인이 제공할 법한 종류의 친밀성에만 한정되는 현상은 아니다. 임상적 문제의 치료를 위해서가 아니라 단지 괴로운 상황에서 고민을 털어놓고 조언을 구하고자 스승이나 친구 대신 상담사나 정신과 의사를 찾는 일도 점점 더 흔해지기 때문이다.

특히 서구에서는 중대한 임상적 문제가 없는 사람들도 상담을 받는 것이 상당히 보편화되었다. 그래서 글로벌 온라인 상담 플랫폼 '배터헬프BetterHelp'는 주기적으로 상담을 받지 않는 것은 이성 관계의 '적신호'라는 광고를 내보내며 상담의 중요성을 홍보하기도 한다. '누구에게나' 상담은 필요하다는 것이다. 바야흐로 누구든 돈만 내면 애인이나 친구, 현명한 스승이나 멘토를 구매할 수 있는 시대가 도래한 것이다.

이렇듯 돈을 주고 일종의 관계를 구매하는 행위가, 성매매처럼 극단적 형태가 아닐 때는 무해하다고 생각하는 사람도 많을 것이다. 물론 진정으로 심리 상담사나 정신과의 도움이 필요한 사람들이 존재한다는 사실을 부정할 수 없다. 그러나 상품화된 인간관계의 다변화와 보편화는 몇 가지 문제를 가져온다.

첫째, 친밀성의 상품화는 현실의 인간관계에서는 서로 맞춰나가야 하는 것을 쉽게 돈을 주고 살 수 있는 것으로 만들어, 인간과 관계의 기준을 바꾸어버린다는 문제가 있다. 상품화된 인간관계는 고도로 통제되고 멸균된 관계다. 팬사인회의 아이돌, 성매매 여성, 상담 선생님은 고객의 감정적 니즈에 딱 맞는 외적 혹은 성격적 특성을 소유할 뿐만 아니라, 고객에게 아무런 애착을 느끼지 않으면서도 그들의 말을 잠자코 들어준다. 돈을 주고 산 관계는 서로 마음에 들지 않는 점을 개선하는 노력 혹은 깊은 관계를 맺기 위한 노력이 필요하지 않은, 상호성이 결여된 관계다. 상품화된 인간에게서는 결점을 찾기 어려운 법이다.

반면 상품화된 관계와 비교하면 애인은 못생기고 덜 사근사근한 성매매 여성이나 아이돌, 친구는 덜 재미있고 덜 매력적인 유튜버, 가족·친구·애인 모두는 참을성이 없는 데다 별다른 권위도 없는 조언이나 늘어놓는 상담사에 지나지 않을 수도 있다.

여성학자들은 성매매를 이용하는 남성들이 여성을 자신의 쾌락을 위해 응당 이용할 수 있는 성적 대상처럼 보는 경향이 있다고 지적해 왔다.[107·108] 상담은 종종 내담자를 너무 자기중심적으로 만들어 내담자의 가족이나 친구에게 악영향을 끼치기도 한다.[109] 상품화된 관계에는 관계에 대한 인식과 기준을 바꾸어놓는 힘이 있는 것이다.

성매매처럼 극도로 비인간적인 형태는 아닐지라도, 상품화된 친밀성이 제공하는 멸균된 관계는 관계와 타인에 대해 비현실적 기대를 품게 하고 관계를 위해 노력하는 행위를 귀찮은 것으로 전락시키기 쉽다. 우리가 이런 기대를 현실에 그대로 적용할 가능성은 적지만, 결점만 많은 현실의 친구, 애인, 가족과 힘들고 귀찮은 대화를 이어가느니 유튜브나 인스타 라이브 방송을 보면서 밥을 먹고 고민은 상담사에게나 털어놓는 편이 낫다고 느낄 가능성은 적지 않다. 어쩌면 우리는 인간관계에서마저 일종의 '도파민 중독' 같은 상태를 겪는 중인지도 모른다.

특히 상담을 비롯한 경청과 공감의 외주화는 치료요법적 인간관계론의 모순을 심화하는 주된 요인이기도 하다. 1부에서 보았듯이 치료요법 문화는 진정한 친밀성의 증거로 나의 단점과 고통스러운 경험을 비롯해 진정한 나의 모습을 드러내는 것을 중시하면서도, 정작 타인이 이런 행동을 하면 이를 '감정 소모'의 요인이자 유해함의 표지로 의미화한다. 건강에 도움이 되는 사람을 만나라고 조언하면서도 자신이 그런 사람이 되는 것은 피하라는 도구적 인간관의 모순을 해결하려면 듣는 귀만을 가진 인간을 따로 두는 수밖에 없을 것이다.

경청과 공감의 상품화는 친밀한 관계의 일반적 요소를 돈을 주고 얻어내야만 하는 상품으로 바꾸어버리기도 한다. 필자는 서론에서 언급한 우울증 치료 연구를 할 때 예상치 못한 말들을 자주 들었다. 이런 이야기를 '공짜로' 들어주는 사람이 아무도 없었다는 것이다. 학업이나 진로에 대한 고민에서 성범죄나 가정 폭력까지 이 여성들을 우울하게 만든 삶의 고통은 다양했지만, 그 원인과 무관하게 많은 이들이 자신의 고통 서사는 오로지 상담사나 정신과 의사 같은 전문가에게만 털어놓을 수 있다고 여겼다.

그렇다고 이들에게 가까운 사람이 없는 것은 전혀 아니었다. 그럼에도 여성들은 상담사나 정신과 의사를 두고 친구나 가족에게 고통을 늘어놓는 것은 그 사람들을 이른바 감정 쓰레기통으로 쓰면서, 그들을 착취하는 행위라고 생각했다. 그리고 이들의 친구나 가족들 또한 자신이 직접 고통 서사를 들어주기보다는 전문가에게 맡기는 것, 즉 상담사나 정신과 의사를 추천하는 편이 낫다고 생각하는 경우가 적지 않았다.

타인을 감정 쓰레기통으로 쓸까 봐 두려워하는 이들이 결국 상품화된 경청을 찾는다는 사실은 많은 것을 시사한다. 우리는 갈수록 "상담을 받아봐" "병원에 가봐" 하는 조언으로 고통에 관한 대화를 종결하는 것을 타인의 고통에 응답하는 적절한 방법으로 여긴다. 경청과 공감의 상품화가 보편화함에 따라 이를 관계와 친밀성의 기본 요소가 아니라 개인이 스스로 구매하고 책임져야 하는 무언가로, 심지어 구매하는 편이 더 나은 무언가로 인식하는 현상이 벌어지기도 하는 것이다.

〈오은영의 금쪽 상담소〉는 물론 비전문가가 진행하는 〈무엇이든 물어보살〉과 〈진격의 할매〉까지, 지금도 계속되는 '고민 예능'의 유행은 전혀 알지 못하는 타인에게 대가를 지불하고(이 경우 출연자의 사생활을 지불하고) 괴로움을 털어놓는 것이 당연해진 쓸쓸한 시대의 풍경을 반영한다. 경청하고 공감하고 돕는 관계의 기능이 상품화될수록 관계에 대한 문화적 기대와 인식은 점점 더 피상적으로 변할 수밖에 없다.

친밀성의 상품화를 경계해야 하는 두 번째 이유는 돈으로 친밀성과 인간관계를 살 수 있으면 서로를 인간적으로 대해야 할 이유도, 능력도 남지 않기 때문이다. 언급했듯이 높은 사회경제적 지위에 있는 사람들은 그렇지 않은 사람들에 비해 상대적으로 비윤리적인 성향과 낮은 사회성을 보이기 쉽다.

여기에는 여러 가지 이유가 있지만, 중요한 원인 중 하나는 돈과 지위로 필요한 것을 해결할 수 있는 사람은 그렇지 않은 사람에 비해 타인에게 온정적이고 인간적인 모습을 보여야 할 이유가 적다는 것이다.[110] 사회경제적 지위가 높은 이들은 평범한 사람들이 협력이나 인간적 도움을 통해 해결하는 일들을 포함해 모든 일을 돈을 지불함으로써 해결할 수 있기 때문에, 인간관계 능력을 발달시킬 기회나 필요가 훨씬 적어진다.

모든 사회적 욕구를 개인의 상품 소비를 통해 해결할 수 있다는 환상을 부여하는 소비주의의 유혹은 인간이 결국 함께 살아가야만 하는 존재임을 잊게 하고, 함께 살기 위한 능력을 발달시킬 기회 자체를 없애버린다. 이는 간접적 형태이건 직접적 형태이건 간에 친밀성의 상품화를 경계해야 하는 가장 중요한 이유이기도 하다.

정신적 건강과 행복이라는 이데올로기가 지배하는 사회에서, 인간 영혼의 상품화에 대한 윤리적 비판의 힘은 점점 약화된다. 인간의 영혼을 소비하는 행위에 대해서도 "네가 행복하다면야" 하는 태도를 넘어서는 비판적 탐구가 어려운 사회로 변해 가는 것이다.

그런데 수고롭게 친구 관계를 유지하려 애쓰지 않아도 유튜버를 보며 즐거워할 수 있고, 애인이 없어도 유사 연애를 제공하는 인플루언서와 연예인을 소비하며 연애 감정을 느낄 수 있고, 가족과 친구나 스승의 경청과 조언이 아닌 전문가의 경청과 조언이 더 값지게 여겨진다면, 우리가 서로에게 친절하고 인간적인 모습을 보여야 할 이유가 대체 무엇일까? 모든 사회적 욕구를 소비를 통해 자급자족할 수 있다면, 군이 힘들여 남들에게 친절해야 할 이유도 없을 것이다.

AI와 사랑에 빠진 사람들

한편 인간이 아예 없어도 인간적 유대를 제공할 수 있다고 주장하는 기술이 등장하면서 인간에게는 다른 인간이 필요하지 않다는, 인간적 유대마저 자급자족할 수 있다는 인간의 오만은 더욱 심화되어 간다.

AI 시대를 예견한 대표적 작품으로 회자되는 스파이크 존즈 감독의 영화 〈그녀〉는 개인용 AI 서비스 사만다와 사랑에 빠진 남자의 이야기를 그린다. 주인공의 개인용 AI 사만다는 얼굴도 몸도 없지만 사람과 대화하거나 그림을 그리고 작곡을 할 만큼 뛰어난 지성을 지닌 AI다.

2014년 개봉 당시만 해도 AI와 사랑에 빠진다는 것은 상당히 SF적 상상력이 가미된 이야기였다. 그러나 영화의 배경이기도 한 2025년, 사만다 같은 AI와 사랑에 빠지는 것은 더는 소설 속에서만 벌어지는 일이 아니다. 2024년 2월에는 플로리다에 사는 한 소년이 챗봇 서비스 Character.ai의 AI 캐릭터와 사랑에 빠져, 부모가 스마트폰을 빼앗자 자살하는 사건이 벌어졌다.[111] 〈뉴욕타임스〉에는 챗GPT를 남자 친구로 여기는 한 여성의 이야기가 실려 화제가 되기도 했다.[112] 정말로 AI와 사랑에 빠진 사람들이 등장한 것이다.

물론 이 정도로 AI에 깊게 빠진 사례는 드물다. 하지만 이제 AI가 나의 상담사, 조언자, 친구 역할을 해준다고 말하는 사람을 어렵지 않게 보는 시대가 되었다. 특히 젊은 세대들은 AI를 단순한 생산성 보조 도구나 검색 엔진을 넘어 일종의 인간적 유대를 제공하는 대상으로 여기기도 한다. 필자가 이 책을 처음 구상하던 2024년만 해도 AI에게 상담을 부탁하거나 인생 조언을 구한다는 이야기가 지금처럼 흔하지 않았다. 그러나 불과 몇 년 만에 챗GPT를 위시한 생성형 AI는 우리의 삶에 점점 더 깊숙이 침투했다. 이제 AI는 인생의 모든 자잘한 것들을 도와주는 현명한 조언자, 24시간 무료 상담을 제공하는 상담사 겸 친구, 심지어 사주를 봐주는 무당 노릇까지 한다. 소셜 미디어에서는 챗GPT를 더욱 효과적인 상담사로 만드는 '꿀팁'들을 쉽게 찾을 수 있고, 챗GPT에게 상담받을 것을 적극 권하는 글도 자주 볼 수 있다.

처음부터 이용자의 친구로 만들 목적에서 설계한 AI를 사용하는 일도 점점 많아진다. 비영리단체 커먼센스미디어의 조사에 따르면 미국 십 대 가운데 52%가 주기적으로 AI 친구와 대화하며, 이들 가운데 3분의 1은 AI와의 대화가 사람들과의 대화만큼 혹은 그보다 더 만족스럽다고까지 대답했다.[113] 급기야는 생성형 AI에 거의 중독에 가까운 심리적·감정적 의존을 보이는 사람들의 사례도 적지 않게 보고된다. 챗GPT에 묻지 않으면 아무것도 결정하지 못하고, 모든 일을 챗GPT와 상담하는 사람들이 등장한 것이다.

AI 의존은 아주 최근에 등장한 사회 현상이기에 아직은 이 현상이 어느 정도 규모로 벌어지는지 정확히 알기 어렵다. 그러나 각계각층 전문가들은 AI에 대한 과도한 의존이 갈수록 빈번해진다는 사실을 감지하는 중이다.

챗GPT 서비스를 제공하는 미국의 AI 연구소 오픈AI의 CEO 샘 올트먼은 Z세대 청년들이 AI에게 물어보지 않고서는 인생의 중대사를 결정하지 못한다고 언급하기도 했다.[114] 2025년 9월, 미국 상원 법사위원회 산하 범죄·대테러 소위원회는 AI 챗봇의 위험성을 검토하기 위한 청문회를 소집했다.[115] 심리학자들은 AI '상담'에 감정적으로 의존하는 사람들의 등장을 보며 다양한 이유에서 우려의 목소리를 높인다.[116·117]

AI를 연인이나 친구처럼 여기며 '과몰입'하는 것은 별세계에서나 벌어지는 기이하고 놀라운 일인 것만 같기도 하다. 현재 널리 쓰이는 챗GPT 같은 AI들은 문장에서 다음에 올 단어를 예측하는 확률 계산에 기반해 답을 도출하는 기계일 뿐이다. AI는 장치의 온도를 낮출 물 몇천 톤, 저작권을 무시하다 못해 우롱하면서 수집한 데이터, 심신의 타격을 감수해 가며 불건전한 콘텐츠를 걸러주고 헐값에 데이터를 레이블링하는 데이터 노동자들 없이는 굴러가지 못하는 철저히 현실적인 기계에 지나지 않는다.

그러나 연인까지는 아니어도 AI를 친구나 상담사처럼 여기며 몰입하는 사람들이 등장하는 것은 단순히 그들이 이런 사실을 몰라서가 아니다. 이미 살펴보았듯이 인간의 마음은 한 번도 만나 본 적 없는 사람의 마음속이 이러저러하리라 믿고, 브랜드나 상품에도 일종의 마음을 부여하며 애착을 형성한다. 기계인 것을 뻔히 알면서도 신사神社에 가서 로봇 강아지의 건강을 빌고,[118] 로봇 청소기마저 의인화하여 애착을 느끼는 것이[119] 인간의 마음이다.

컴퓨터 프로그램을 의인화하여 인간의 마음과 지성을 가진 것처럼 대하는 현상은 AI가 발전하기 시작한 극초창기부터 관찰된 현상이다. 1966년에 만들어진 일라이자ELIZA*는 '미안'이라는 단어가 들어가는 말에 "미안해하지 않아도 되는 경우도 많아요"라고 대답하는 식으로 사람이 하는 말의 몇몇 키워드에 반응하도록 설계한 아주 단순한 AI에 불과했다. 그런데도 적지 않은 사람이 일라이자와 대화할 때 실제 사람과 대화하는 것처럼 느끼며 깊이 몰입하고, 일라이자에게 사람 같은 애착을 느꼈다고 보고하는 일이 벌어졌다.

이후 '일라이자 효과'는 사람들이 컴퓨터 프로그램에 공감 능력과 지능 등의 인간적 특성을 투사해 의인화하는 현상을 가리키는 말로 쓰이게 되었다. 일라이자의 사례는 아주 기본적인 형태의 AI라도 사람들에게 상당한 몰입과 애착을 유발할 수 있음을 보여준다.

그러니 챗GPT처럼 수준 높은 답변을 내놓는 AI에 사람들이 스스로 인정하는 것보다 훨씬 더 깊이 몰입한다고 해서 놀라운 일은 아니다. 오늘날의 AI는 실제 사람과 비슷하다 못해 어떤 면에서는 더 낫기 때문이다.

AI는 인간과 달리 언제나 원하는 시간에 내 이야기를 지치지 않고 일방적으로 들어준다. 인간의 관계와 달리 AI와의 관계에는 어떤 상호적 책임은커녕 상호성 자체가 존재하지 않는다. 타인은 언

---

* 조셉 바이젠바움이 개발한 대화형 AI. 이 프로그램의 작동 방식에서 비롯된 개념을 '일라이자 효과Eliza effect'라고 한다.

제나 당신을 판단하고 당신의 생각에 도전할 수 있다. 상담사나 여타 상품화된 관계에서조차도 우리는 타인을 완벽히 내 뜻대로 통제할 수 없다.

이와 다르게 AI는 내가 원하는 한 나와 내 생각에 결코 도전하지 않는 완전히 '무해한' 존재다. 당신이 바란다면 언제 어느 시간에나 당신의 말에 무제한 긍정할 수밖에 없는 AI는 상호성이 없다 못해 거의 거울처럼 당신의 생각을 반사하는 존재다. 치료사처럼 당신의 이야기를 인내심 있게 듣고도 절대 판단하지 않는 무해한 사람을 만나라고 강조하면서, 정작 모든 관계의 기본인 상호 책임에는 별다른 관심이 없는 치유적 인간관과 그야말로 완벽하게 들어맞는 기술인 것이다.

게다가 설사 감정적 공감이나 이해는 바라지 않더라도, AI는 감정마저 최적화해야 한다는 최적화 강박에 시달리는 우리에게 어떤 인간도 할 수 없는 최적화된 조언을 하는 듯 보인다. 모든 위험과 실패를 피하고 항상 최적화된 선택을 하라고 강조하는 현대문화에서 AI는 어쩌면 실제 인간보다도 더 매력적인 조언자이자 친구일지 모른다.

물론 AI 친구가 반드시 필요하다고 주장하는 사람은 드물다. 그러나 AI 상담사가 필요하다, 혹은 유용하다고 주장하는 사람은 결코 적지 않다. 모두가 매일 상담사를 찾을 수 없는 현실에서 24시간 우리 곁을 지키는 상담사가 되어주는 AI야말로 인류의 정신 건강 향상에 공헌한다는 주장이다. 치료사와 친구의 경계가 희미한 현대 사회, 친구가 치료사가 되고 치료사가 친구가 되어야 하는 현대 사회에서 AI가 대체하는 역할이 정말 '상담사'에 국한되는지는 의심스럽다.

하지만 어찌 되었건 이런 주장에는 모든 사람이 365일 24시간 상담에 접근할 수 있어야 한다는 전제가 깔려 있다. 건강한 사람들이 주기적으로 건강검진을 받듯이 심각한 임상적 문제가 없는 사람들도 꾸준히 상담을 받아야 한다는 치료요법적 전제가 지배하는 문화에서, 항시 AI와 상담할 수 있는 환경은 의심의 여지 없이 바람직해 보인다. 하지만 그런 환경이 정말로 우리에게 좋은 것일까?

흔히들 심리치료를 약물치료와는 달리 부작용이 없는 안전하고 효과적인 치료로 생각한다. 하지만 사실 상당수의 심리적 문제에 대해 심리치료의 효과는 제한적이며,[120] 부작용도 존재할 수 있다.[121] 심리치료가 별다른 효과를 발휘하지 못하거나 오히려 부작용을 낳는 현상에는 여러 가지 이유가 있겠으나 대표적으로는 크게 두 가지 문제를 꼽는다.

첫째, 감정 상태나 내면 상태에 과하게 집중하는 것 자체가 오히려 심적 고통을 유발하는 경향이 있다. 얼핏 보기에는 누구나 자신의 진단명을 알게 되고 언제든 누군가에게 감정을 털어놓을 수 있다면 그보다 더 좋을 수 없을 것 같다. 하지만 행복 강박의 예시가 보여주듯이 자신의 감정이나 내면 상태에 대한 과한 주의와 몰입은 오히려 불행의 원인이 되기도 한다. 언급한 것처럼 특정한 진단명을 알려주는 행위는 바로 이렇게 과한 몰입을 유발하여 환자의 상태를 악화시키기도 한다.

특히 이용자가 원하지 않으면 이용자에게 도전하지 않는 AI의 특성상, AI와 대화하는 것은 사실상 자기 반추, 자기 몰입이나 다름 없다는 점에 유의해야 한다. 우리에게 노골적으로 아첨하지 않는다 해도, AI는 긍정적 생각이건 부정적 생각이건 우리가 애초에 의식적·무의식적으로 지녔던 생각과 감정을 강화하는 방향으로 작동하는 경향이 있다.

반추와 자기 초점적 주의에 관한 연구들은 자신의 감정적 상태, 또는 이런 상태의 원인이나 의미에 집중하는 것 자체가 부정적 감정의 원인이 된다는 것을 알려준다.[122·123] 트라우마를 겪은 사람들을 모으고 소집단을 꾸려 자신의 경험을 이야기하게 하는 '중대 사건 스트레스 디브리핑Critical Incident Stress Debriefing, CISD' 기법에 관한 연구들은 이를 보여주는 대표적인 예시다. 디브리핑 기법은 불행한 경험과 감정에 집중하게 함으로써 오히려 환자의 상태를 악화시키는 경우도 적지 않다는 보고들이 존재하기 때문이다.[124]

공인된 전문 상담사가 일정한 회기에 진행하는 상담도 신중히 수행되지 않으면 이런 부작용을 유발할 가능성이 있는데, 24시간 곁에 있는 아마추어 상담사와 함께하며 내면에 끊임없이 집중하는 일련의 행위가 도움이 되리라 믿기는 어렵다. 모든 자잘한 부정적인 감정을 계속 확인받고 공감받고 규정하고 분석하고 치료하려는 우리의 모습은, 심심한 상태를 용납하지 못해서 끊임없이 자극을 찾으며 그 무엇에도 인내심을 보여주지 못하는 현대인의 모습을 적나라하게 반영한다.

한병철은 "깊은 심심함"이 창조적 과정에서 중요한 의미를 지니며, "단순한 분주함"은 "단지 이미 존재하는 것을 재생하고 가속화할 따름"이라고 주장한다.[125] 정신적 고통에도 비슷한 이야기를 적용할 수 있다. 문제는 고통을 느낀다는 사실 자체가 아니라, 성찰적이고 창조적인 방식으로 고통과 관계 맺을 시간이 도무지 주어지지 않는다는 것일지도 모른다. 외로움을 억지로 떨쳐내는 대신 고독을 즐기라고 권하는 매체가 넘쳐나는 시대지만, 정작 우리는 고독과 진정으로 함께하는 법조차 알지 못하는 것은 아닐까.

둘째, 치료적 안전지대에 머무르다 보면 독자적으로 결정하고, 경험하고, 책임지는 능력이 손상될 수 있다. 언급했듯이 상품화된 친밀성에 대한 의존은 관계의 기준을 바꾸고 인간적 유대를 쌓는 능력을 훼손할 가능성이 있다. 이에 더해 상담에 대한 과한 의존은 친밀성뿐만이 아니라 아예 스스로 경험할 수 있는 능력 자체를 훼손시킨다는 것이 문제가 된다. 특히 사회적 관계와 유대가 부족한 사람이 상담을 받으면 완벽한 답변을 제공하는 권위자에 과하게 의존하는 결과가 나오기 쉽다.[126] 중요한 결정은 물론 감정까지도 외부에서 허가받아야 한다고 느낄 위험성이 있는 것이다.

그나마 실제 상담 장면에서는 상담사의 시간적 한계나 피상담자의 금전적 한계로 인해 결국에는 어느 시점에 스스로 느끼고 결정하고 책임질 수밖에 없다. 그러나 AI에게는 바로 이런 한계가 없다. 어떤 단점이나 결점도 찾기 힘든 완벽한 결정과 상태, 어디에도 치우치지 않는 완벽하게 중립적이고 객관적인 판단이란 존재하지 않는다. 우리에게 도전하기보다는 우리의 의식적·무의식적 편향을 긍정함으로써 우리의 사용 시간을 최대한 늘리도록 설계된 AI의 답변은 특히나 객관성과 거리가 멀다.

그럼에도 AI는 언제나 완벽하고 객관적인 감정, 상태, 판단이 가능할 듯한 환상을 불러일으킴으로써 오히려 인간을 스스로 경험하지 못하는 존재이자 외부 판단에 얽매이는 노예로 만든다. 한 연구에 의하면 상용화된 AI처럼 유저의 관점을 긍정하도록 설계된 AI 모델과 대화를 할수록 관계에서 발생하는 갈등에 직면하려는 의지가 적어지고, AI에 의존하는 성향은 더욱 높아진다고 한다.[127] 삶을 살아나가는 법, 특히 함께 사는 법은 직접 생각하고 세상과 상호작용하며 무엇보다 이런 과정에서 시행착오를 경험하며 체득되는 것이다. 그러나 AI의 세계에서 직접 겪는 시행착오란 그저 기술로 교정해야 할 비효율의 일종에 지나지 않는다. AI만이 '완벽한' 답변을 줄 수 있다면 AI 대신 타인에게 속내를 털어놓을 이유도, AI에게 고민을 상담받지 않고 스스로 생각하거나 결정할 이유도, 심지어는 AI보다 불편한 현실의 인간과 관계를 맺기 위해 애를 쓸 필요도 없는 것이다. 게다가 AI의 답변은 숏폼이 제공하는 도파민처럼 신속하기까지 하다. 하지만 24시간 내내 함께하며 모든 고민을 상담해 주는 기계의 존재란 우리 자신보다는 우리가 많이 사용할수록 이득을 보는 AI 업계에나 득이 되는 셈이다.

현대인은 점점 더 (상호) 의존을 병리화하고, 열정과 헌신을 의심한다. 다른 사람들을 건강한 삶을 위한 도구로 삼고, 꼬리표를 붙여 분류하며, 합리적으로 통제해야 할 수단으로 대하고, 가혹한 기준을 적용한다. 고통받는 타인에게 상담을 받고 약을 먹으라는 말 이상의 관심을 주지 않는다. 즐거운 경험을 공유하는 것을 곧 우정과 동일시하고, 공동체에 소속되는 일에도 세로토닌을 공유하는 것 이상의 의미를 부여하지 않는다. 더 건강하고 더 진정해지겠다며 남들에게서 자신을 보호할 방벽을 쌓는 일에 집착한다. 그러고는 스마트폰이 그런 방벽이라도 되는 것처럼 타인과 함께 있을 때도 스크린과 스크린 속 완벽한 사람들을 들여다본다.

그러나 외로움을 견뎌야 어른이 된다며 서로의 이야기에는 전혀 관심을 내비치지 않는 우리가 정작 하는 일은… AI에게 이야기하는 것이다. 현실의 사람보다 가상의 인간에게 너그러운 우리는 이제는 급기야 사람보다 로봇이 낫다고 믿기까지 한다. 현실의 인간과 공동체에는 쉽게 손절을 외치고 심리적 안전지대에 머무르길 고집하면서 스크린 너머 인간, 심지어는 로봇과 이야기하는 현대인의 모습은 거의 애처롭기까지 하다. 어쩌면 디스토피아는 그리 먼 일이 아닌지도 모른다.

그러나 우리가 여기까지 오게 된 데에는 아이러니하게도 선의가 중요한 동기가 되기도 했다. 이에 대한 내용은 4부에서 살펴보기로 하자.

운명을 읽기, 운명을 만들기
여성과 치료요법 문화의 위험한 동맹

내 안에 아직은 당신이 믿는 구석이 있으니

병균에 완전히 문드러지는 일은 없으리라

언젠가 햇빛 아래서 당신과 만날 날 있으리라

룽빙콴, 〈사스SARS 시대의 사랑시〉[1]

8장

누가 치료요법 문화를 주도하는가

지금까지 3부에 걸쳐 타자와의 관계를 냉정한 투자의 대상으로 만드는 치료요법 문화와 이러한 문화를 뒷받침하는 사회경제적·문화적 조건에 대해 알아보았다. 정신 건강, 행복, 협소한 의미의 진정성 같은 치유적 가치는 인간과 감정 자체가 상품이 되는 시대의 시대정신이기도 하다. 특히 소비문화는 치료요법 문화의 주된 문화적 동맹이라 할 수 있다.

그런데 치료요법 문화에는 시장 외에도 의외의 아군이 있다. 치료요법 문화를 포함한 모든 문화는 단지 추상적인 사회경제적 구조의 산물이기만 한 것이 아니라 구체적 행위자들이 만들고 유지하는 것이기도 하다. 그렇다면 치료요법적 감수성의 보편화를 주도하는 이들은 과연 누구이며, 특히 이들이 치료요법 문화를 매력적으로 받아들이는 이유는 무엇일까?

서론에서도 언급한 바 있듯이 치료요법 문화가 반드시 특정 세대, 특정 인구 집단에 국한되는 문화 현상이지만은 않다. 그러나 앞서 나온 장에서 본 모든 문화 현상은 특히 젊은 세대에 영향력이 있는 문화일 뿐 아니라, 심오한 방식으로 젠더화된 문화라는 사실을 부정할 수 없다.

이 책에서 다루는 거의 모든 문화 현상은 유독 젊은 여성에게서 두드러지는 것이기도 하다. 외적으로 드러나는 신체적 '건강'을 돌보는 행위인 바디프로필과 마찬가지로, 우리 문화에서 심리적 건강을 관찰하고 돌보는 행위는 특히 여성들의 관심사이다.

치료요법적 교양 매체와 자기 계발 매체를 생산하는 일련의 전문가들은 대개 성별 중립적 언어를 사용하고, 실제로도 이론상으로는 이러한 지식이 누구에게나 유용할 수 있다. 그런데 치료요법 문화 연구자들의 연구는 심리학과 정신의학에 기반한 자기 계발 매체의 주된 소비자가 여성, 특히 젊은 여성이라는 사실을 밝혀왔다.[2] 심리학 및 정신의학에 기반한 자기 계발서들의 표지 또한 치료요법 지식의 주된 소비자층이 여성임을 보여준다. '○○의 심리학' '○○을 위한 심리학 수업' 등의 제목을 단 일군의 심리학 자기 계발서들은 전형적으로 여성 소비자의 취향에 소구한다고 생각되는 밝은 색상의 감성적 표지와 여성 캐릭터를 내세운다.

오늘날의 문화에서 여성들, 그중에서도 젊은 여성들은 치료요법적 지식의 수동적 소비자이기만 한 것이 아니라 오늘날의 치유문화를 만들어나가는 적극적 주체이며, 역으로 치유문화는 오늘날의 여성문화에서 중요한 구성 요소이다. 치료요법적 지식과 가치관이 유통되는 주된 장소가 여성시대 등의 여성 커뮤니티와 틱톡, 인스타그램 등 여성이 많이 이용하는 소셜 미디어 서비스라는 사실에서도 치료요법 문화가 여성문화의 중요한 일부임을 알아차릴 수 있다.

게다가 인터넷 커뮤니티와 소셜 미디어를 통한 다방향 의사소통에 익숙한 젊은 여성들은 어쩌면 전문가보다도 치유문화의 확산에 중요한 역할을 하는지 모른다. MBTI, 애착 유형, 자존감 등의 심리학 개념들은 여성 커뮤니티나 여성 위주의 소셜 미디어에서 매우 활발하게 논의된다. 무해한 사람이나 사랑받고 자란 사람 같은 이미지는 주로 여성들의 '추구미'가 되는 경향이 있다.

현대 사회에서 여성들, 특히 이삼십 대 젊은 여성들은 셀프케어를 논하는 데 그치지 않고 적극적으로 정신의학 지식을 습득하고 공유하는 이른바 '전문가 환자'가 되기도 한다.[3] 의료화에 관한 최근의 연구들은 전문가가 아닌 환자/소비자가 의료화의 적극적 주체로 떠오르는 양상에 주목했는데[4] 그중에서도 젊은 여성들의 적극적 주체화는 최근 들어 ADHD나 우울증 등 정신과적 개념의 폭넓은 확산에 핵심 역할을 해왔다.

현대 사회에서는 전문가들의 조언보다도 정신과를 방문한 경험이 있는 또래 여성들의 경험담이나 "정신과에 편견을 갖지 말라" "우울증은 마음의 감기이다" 같은 적극적 조언이 정신과 상담을 결정하는 데 중요한 역할을 하는 경우도 적지 않다. 질병 경험을 공유하고 병원을 추천하는 등 정신 질환에 관해 이야기하는 행위는 여성 문화, 특히 여성 청년문화의 자연스러운 일부이기도 하다.

젊은 여성들은 이러한 질환에 관한 전문 지식을 적극적으로 찾고 습득할 뿐 아니라 생산하고 유포하는 주체이기도 하다. 전문성과 과학성을 입증하려는 전문가들의 노력보다, 정신 질환과 정신과에 관한 각종 정보를 공유하는 젊은 여성들의 문화가 뇌과학과 정신의학 지식을 의심의 여지가 없는 진리로 인정하는 문화의 형성에 중요한 역할을 하는 것이다. 의사를 만나기도 전에 자가 진단을 하고 의사에게 특정 약물의 처방을 요구하는 등 오히려 의사가 의료화 과정에서 부차적 역할을 하게 되는 일마저 생긴다.

치료요법 문화와 떼려야 뗄 수 없는 오늘날의 여성문화에서 ADHD와 우울증 등의 질병을 진단받고 치료받는 것은 단순히 자연스러운 일을 넘어 적극 권장되는 일, 자기 주도적으로 수행해야 할 일이 되었다.

여성이 사주와 타로를 좋아하는 이유

여성, 특히 젊은 여성들이 치료요법 문화의 주된 생산자이자 소비자가 되는 데에는 복잡한 이유와 동기가 있다. 그중에서도 젊은 세대의 또 다른 유행이자 치유문화만큼이나 젠더화된 유행인 타로와 사주는 청년 여성들이 치료요법 문화에 무엇을 기대하는지 힌트를 제공한다.

최근 몇 년간 타로와 사주는 그야말로 'MZ한' 문화가 되었다. 19~39세 청년들을 대상으로 수행한 2025년의 한 조사에 따르면 응답자 74%가 운세와 사주풀이를 즐긴다. 게다가 젊은 세대가 운세와 사주를 즐기는 방식은 돈을 내고 점집을 방문하는 데 그치지 않는다. 최근 젊은 세대에서는 '포스텔러' '점신' '헬로우봇' 등의 운세 앱이 인기를 끌고 있다. 포스텔러는 유저들 대부분이 이삼십 대로 누적 가입자가 자그마치 900만 명이 넘는다.[5]

챗GPT로 사주를 보는 것은 젊은 세대가 AI를 활용하는 대표적 방법이다. '클래스101' 같은 온라인 클래스 플랫폼에서는 아예 직접 타로를 읽고 사주 보는 법을 알려주는 강의가 인기를 끌고 있다.[6] 철학관이나 사주 카페, 타로 카페 등에 가거나 앱을 사용하는 일 없이 직접 점을 보는 청년들도 있는 것이다.

젊은 세대에게 타로와 사주는 어쩌다 특별한 날만 보는 것이 아닌 일종의 놀이문화이자 일상 속 문화의 일부로 자리 잡았다. 흥미롭게도 이러한 트렌드는 한국에 국한된 것이 아닌 세계적 현상이다. 특히 서양에서는 별자리로 운세를 점치는 점성학astrology이 젊은 세대를 중심으로 초유의 인기를 구가한다. 온라인 교육 플랫폼 '에듀버디Edubirdie'가 미국MZ 세대 청년들을 대상으로 수행한 조사에 따르면, 자그마치 80%의 응답자가 점성술을 믿고, 58%가 최소 주1회씩 별자리 운세를 본다.[7] '코스타Co-star'나 '어스트롤러지 존Astrology Zone' 등의 점성술 앱은 물론, 포스텔러 같은 국산 앱이 인도나 미국

등 해외에서 인기를 끌기도 한다.[8] 2025년 9월 기준으로 틱톡에서 #점성학astrology을 검색하면 550만 건이 넘는 콘텐츠가 존재한다는 사실을 확인할 수 있다.

치유문화와 마찬가지로 점성학, 사주, 타로는 특히 여성들 사이에서 두드러지는 유행이기도 하다. 사주와 타로 상품의 주된 소비자층은 이삼십 대 여성이며, 사주팔자나 타로 앱 또한 전형적으로 젊은 여성을 겨냥하는 모습을 보인다.[9,10,11] 틱톡이나 인스타그램의 점성술 인플루언서 또한 전형적으로 젊은 여성인 경향이 있다.

이처럼 여성이 점성술사를 더 자주 찾고, 스스로 점성술사가 되려고 하는 경우도 더 많은 이유는 무엇일까? 이 질문에 답하려면 먼저 일반적으로 사람들이 점성술에서 무엇을 얻고자 하는지 알아보아야 한다.

타로 마스터나 역술가가 한창 불안한 것이 많을 나이대인 젊은 이들에게 현명하면서도 친근한 멘토 역할을 한다는 점에서 타로와 사주는 일종의 친밀성 산업이기도 하다. 그러나 오늘날의 젊은 세대는 직접 점을 치기 위해 사주나 타로, 점성학을 공부할 정도이므로 상담사나 멘토의 공감과 조언이 이런 운세 산업의 유일한 기능이 아님은 분명하다. 따라서 점성술 산업이 젊은 세대에게 어필하는 이유에는 공감과 조언 이상의 무언가가 있다고 볼 수 있다. 사람들이 점성술을 찾는 데는 여러 이유가 있지만, 점성술의 가장 중요한 기능은 크게 두 가지로 요약할 수 있다.

첫째, 나의 결정과 행동에 대한 정당성과 권위를 확보하는 것이다.

사주나 타로에서 '내담자'들이 일반적으로 묻는 것은 대단히 정형화되어 있다. 크게 보면, 대체로 사람들이 점집에서 알고자 하는 것은 연애 운/결혼 운 그리고 직업 운/재물 운의 두 가지 중 하나인 경우가 많다. 점성술은 인생 전반에 대한 두루뭉술한 조언보다는 중요한 갈림길에 서서 어떤 길로 가야 할지에 대한 판단을 외주하고 정당화할 선택지를 알아내는 데 더 자주 사용되는 것이다. 이런 점에서 사주와 타로, 점성학을 찾는 젊은 세대의 모습은 최적화된 선택지, 권위가 부여된 선택지, 실패 없는 선택지를 찾아 챗GPT에 의존하는 청년들의 모습과 닮아 있다.

좋은 상담사는 답을 주는 사람이 아니라 내담자의 마음을 들여다보고 스스로 답을 찾게 이끌어주는 사람이라고들 한다. 점쟁이, 혹은 점술 앱이 '용하다'는 소리를 들으려면 인생 전반에 대한 추상적 조언보다는 내담자의 마음속 깊이 자리한 생각과 갈등을 빠르게 알아맞히고 왜 특정한 선택지를 골라야 하는지를 정당화해야 한다.

어떤 남성이 자신을 좋아하는지를 묻는 여성은 연인 관계로 나아가기 위한 적극적 행동에 대한 정당화 혹은 거절에 대한 두려움으로 마음을 걸어 잠그는 행동에 대한 정당화를 찾는다. 공무원 시험에 합격할지 묻는 수험생은 불안 속에서도 공부를 지속해 나가는 행동에 대한 정당화 혹은 공무원 시험을 관두고 싶다는 생각에 대한 정당화를 찾는다.

점괘 보기는 나의 선택을 신뢰하지 못하는 상황에서 이른바 전문가의 권위가 부여된, 정당화할 수 있는 선택지를 얻고 싶은 마음의 소산이기도 한 것이다.

둘째, 삶에 대한 통제권을 확보했다는 감각을 획득하는 것이다.

점을 치고 운세를 보는 것은 결국 미래를 알기 위해서고, 미래를 궁금해하는 것은 결국 삶에 대한 통제권을 확보하려는 시도다. 현재 내가 처한 삶의 조건, 특히 불평등하고 억압적이며 혼란스러운 사회경제적·문화적 조건이 삶에 대한 실질적 통제권을 허락하지 않는다 해도, 미래를 안다는 느낌은 삶의 통제권이 나에게 있다는 감각을 부여한다. 점성술은 무엇보다 나 자신의 어떤 타고난 속성을 아는 것만으로 이 모든 것이 가능해진다고 약속한다는 점에서 특히나 매력적이다.

인류학자 브로니슬라브 말리노프스키는 트로브리안드인을 연구하던 중 원주민 주술에 대해 흥미로운 사실을 발견했다. 추구의 대상이 되는 목표가 대체로 달성 가능하고 통제 가능한 영역에서는 주술이 발견되지 않는다는 것이다.[12] 점성술의 유행은 오늘날의 청년들이 추구하는 목표들이 주술의 힘을 빌려야 할 만큼 달성하기 어려워졌음을 시사하는지도 모른다. 임금과 일자리는 물론 관계와 공동체마저 불안정한 세상, 현기증이 날 만큼 빠른 속도로 돌아가는 현실 속에서 어떤 안정적인 것도 갖지 못한 청년 세대에게는 삶의 통제권에 대한 감각이 더더욱 간절할 수밖에 없다.

한편 선택에 대한 외적 참조점을 거의 제공하지 않으면서도 최적화된 선택을 요구하는 세상, 나 자신의 자아만이 선택의 유일한 참조점이 되는 세상에서 살아온 청년들에게 여전히 자아 중심적이면서도 외적 권위와 정당화가 부여된 선택만큼 매력적인 것도 없다.

특히 별자리나 사주처럼 개인의 특별한 속성을 중심으로 인생의 향방을 설명하는 점성술 특유의 설명체계는 우리에게 이미 깊게 내면화된 개인주의적이고 자아 중심적 서사 양식, 즉 성공과 실패가 모두 개인의 속성이나 특성에 달렸을 뿐이라는 서사 형식과 완벽한 조화를 이룬다. 점성술은 개인 외적 요소로 인생을 이해해 보려는 시도 자체를 패배자의 변명처럼 여기는 사회에서 그 누구도 불편해하지 않을 설명체계를 제공한다. 나의 결정과 판단에 대한 외적 정당화, 삶을 통제한다는 감각, 나 자신을 알고 있다는 느낌은 청년이라면 누구나 매력적으로 느낄 수밖에 없는 요소들인 것이다.

그러나 이 요소들이 특히 여성에게 더욱 매력적으로 다가올 수밖에 없는 이유가 있다. 먼저 역사적으로 여성은 오래도록 남성보다 이성적이지 못한 존재로 인식되었으며, 여성의 판단과 결정은 신뢰할 수 없다고 여겨져왔다는 점에 유의할 필요가 있다.

한 실험 연구는 여성은 '감정적'이라는 평가 때문에 신뢰도를 잃곤 하지만 남성은 그런 평가 때문에 신뢰도를 잃는 경우가 없음을 보여주기도 한다.[13] 2023년 유엔이 수행한 조사에 따르면 세계인의 절반은 아직도 남성이 여성보다 더 나은 리더가 될 것이라 믿으며, 43%는 남성이 여성보다 기업체 간부가 되기에 적합하다고 믿는다.[14] 관행처럼 여성의 모든 결정과 행동을 감정적 선택의 결과로 격하하는 사회에서, 설사 자기 자신에 관한 것일지라도 여성이 자신의 앎과 판단을 신뢰하기 어렵다고 느끼는 것은 자연스러운 일이다.

한편 다수의 심리학 연구는 여성이 남성보다 자신의 삶이 외적 요인에 의해 통제된다고 믿는 경향이 크다는 것을 보여준다.[15,16] 외적 통제소재*를 가진 사람일수록 주관적 스트레스를 더 많이 보고하는 경향이 있기 때문에, 여성이 웰니스와 자기 돌봄에 더 관심이 많은 것도 놀라운 일은 아닐 것이다.

점점 봉건적으로 변해 가고 능력주의마저 제대로 작동하지 않는 사회에서 많은 사람들, 그중에서도 청년들이 삶을 통제하기 어렵다고 느끼는 것은 당연하다. 하지만 특히 여성에게는 삶을 통제할 수 있다고 믿기 어렵게 만드는 요인들이 더 많이 산재해 있다. 오랜 진보의 역사가 무색하게도 여성의 사회적·경제적·정치적 지위는 여전히 갈 길이 멀기에, 여성은 삶에 대해 충분한 통제권을 지녔다는 감각을 느끼기가 더욱 힘들다. 여성은 여전히 남성보다 적은 돈을 벌고, 남성보다 불안정 노동에 종사할 확률도 더욱 높다. 여성에 대한 차별은 채용 단계부터 시작되며, 여성은 업무와 별 관련이 없는 성격적 요소 같은 것들로 부당한 평가를 받는 경우가 훨씬 잦다.[17]

무엇보다도 여성의 성공에 필수 불가결한 또 다른 요소처럼 다뤄지는 이른바 매력 자본은 대체로 개인의 통제를 벗어나 있는 데

---

* 통제소재는 개인이 자신의 삶에서 일어나는 일을 자신의 힘으로 통제할 수 있다고 믿는 정도를 가리키는 심리학적 개념이다. 외적 통제소재를 가진 사람은 자신의 삶에서 일어나는 일이 주로 외적인 힘에 좌우된다고 믿는다. 반면 내적 통제소재를 가진 사람은 자신의 힘으로 자신의 삶에서 일어나는 일들을 통제할 수 있다고 믿는다.

다가, 대부분의 여성에게는 별다른 활용도가 없는 자본, 에바 일루즈의 표현을 빌리면 "별 쓸모 없이 생산된 자본"[18]일 뿐이다.

여성은 가정 폭력이나 성폭력을 비롯한 젠더화된 폭력의 희생자가 될 확률도 더욱 높다. 임신, 출산, 양육의 부담은 여전히 주로 여성의 몫이며, 여성에게 경력 단절, 심하게는 빈곤으로 가는 지름길을 열어주기도 한다. 그러니 여성이 자신의 인생이 스스로 통제할 수 없는 요소에 많이 좌우된다고 느끼는 것도 어쩌면 당연하다. 여성이 다니기 좋은 직장, 여성의 감정적 욕구에 부응하는 만족스러운 파트너란 (직업 운과 연애 운을 알려준다는) 주술의 힘을 빌려야 겨우 달성할 수 있는 목표인지도 모른다.

이처럼 판단에 대한 권위와 정당화, 삶을 통제한다는 감각은 누구에게나 매력적이지만, 특히 여성에게 더 매력적 요인일 수밖에 없다.

치료요법 프로그램들의 페미니즘적 아우라

그렇다면 오늘날 치료요법 문화를 주도하는 여성들은 구체적으로 어떤 주장과 판단에 대해 권위를 얻기를 바라며, 어떤 형태로 삶에 통제권을 얻기를 바랄까?

오늘날 치료요법 문화가 행사하는 영향력의 상당 부분은 자율성과 주도성을 원하는 여성의 열망, 특히 좀 더 진보적이고 페미니즘적인 방식으로 살아가기 원하는 젊은 여성의 욕망에 기인한다. 페미니즘 관련 미디어와 저작물에서 여성 혐오적인 남성성을 지칭하는 말이 바로 유해한 남성성이라는 사실은 페미니즘과 치료요법 문화의 놀라운 친연성을 보여준다.

페이스북, 트위터, 인스타그램, 유튜브, 텀블러 같은 소셜 미디어는 치료요법 문화의 대중화를 견인한 요인일 뿐 아니라, 페미니즘의 세계적 재부상을 가능하게 한 조건이기도 했다. 인터넷과 소셜 미디어는 페미니즘 지식에 대한 접근성을 높이고 페미니스트들을 위한 네트워킹 수단을 제공하는 것에 그치지 않고, 여성과 소수자를 위한 일종의 대안적 공론장 기능을 하며 새로운 담론이 창출되는 조건을 만들기도 했다. 기존에 학계나 정부 정책이 적절하게 다루지 못한 일상 영역의 '여성 혐오'에 대해 폭넓게 이야기하고 공론화할 수 있는 장을 마련한 것이다.

2015년을 전후한 한국 사회의 페미니즘 운동이 '메갈리아'*와 '미러링'이 대표하는, 디지털 공간에서의 여성 혐오에 대한 반격으로 재점화되었다는 사실은 상징적이다. 디지털 기술은 페미니즘의 수용자층을 넓히는 데 그치지 않고 일상 영역으로 의제를 확장함으로써 페미니즘의 전례 없는 대중화를 이끌어낸 것이다.

물론 이러한 문화적 흐름이 젊은 여성들 모두가 열렬한 페미니

---

* 메갈리아는 2015년에 개설된 페미니즘 성향의 인터넷 사이트로 2017년까지 운영되었다. 여성 혐오를 반전하여 풍자하는 '미러링' 전략으로 가장 유명하다.

스트라는 것을 의미하지는 않는다. 그러나 치료요법 문화와 마찬가지로 페미니즘이 이제 여성의 문화, 특히 디지털 문화에서 빼놓을 수 없는 중요한 문화적 조건으로 자리 잡았음은 부정할 수 없는 사실이다. 불과 10년 전까지만 해도 낯선 단어였던 '여혐'(여성 혐오)이나 '남혐', 여자는 여자가 돕는다는 뜻인 '여돕여' 같은 단어들이 여성문화의 일상 어휘로 자리를 잡은 것은 재부상한 페미니즘이 여성문화에 미치는 영향력을 보여주는 한 예시다.

한편 젊은 남성의 보수화와 확연한 대비를 이루는 젊은 여성의 진보화는 세계적으로 관찰할 수 있는 트렌드이기도 하다.[19] 이러한 현상에는 복잡한 원인이 있지만, 페미니즘은 진보 정치와 불가분의 관계라는 점에서 여성 의제에 관한 관심은 여성의 진보화를 견인하는 중요한 동력이기도 하다.

페미니즘의 재부상, 이와 맞물린 젊은 여성의 진보화는 디지털 기술이 만들어내는 풍경의 일부이자, 치료요법 문화의 부상과 깊은 관련이 있는 현상이기도 하다. 치료요법 문화는 더 평등하고 진보적인 방향으로 삶을 이끌기 바라는 오늘날의 젊은 여성들이 품은 열망에 권위를 부여할 뿐 아니라, 이러한 열망을 실현할 수단을 제공하겠다고 약속하기 때문이다. 주체성과 자율성이라는 현대적 여성의 이상향이 여전히 머나먼 가능성으로만 존재하는 현실 속에서, 치료요법 문화가 갖는 매력은 다음과 같이 요약할 수 있다.

첫째, 치료요법 문화는 개인의 고통을 인정하고 폭로하며, 특히 사적 관계에서 벌어지는 불평등과 부정의를 폭로할 수단을 제공한다.

둘째, 수평적이고 동등한 관계에 가치를 부여하고, 이러한 관계를 맺을 수 있는 기반으로서 주체성과 자율성을 회복해야 한다고 주장한다.

셋째, 주체성과 자율성 회복을 위해 개인이 실천할 수 있는 수단을 제공한다.

이러한 이유들 때문에 젊은 여성들은 치료요법 문화를 진보적인 것, 심지어 페미니즘적인 것으로 받아들이기도 하며, 이에 따라 치료요법 문화의 확산에 어쩌면 전문가들보다 더 주도적인 역할을 하기도 한다.

심리학과 정신의학은 사적 영역 및 관계에서 벌어지는 문제들에 깊은 관심을 두며, 이러한 문제에 주목해야 할 문화적 계기와 정당성을 마련한다. 그리고 전통적으로는 정치적 문제로 여기지 않던 사적 관계에서의 불평등과 부정의 또한 비판적 탐구의 대상이 되어야 할 정치적 문제라는 것은 페미니즘의 중요한 문제의식이기도 하다. 1960년대에 시작되어 1980년대까지 지속된 제2물결 페미니즘의 "개인적인 것은 정치적이다"라는 슬로건은 이러한 문제의식을 표현한 대표적 경구다.

치료요법 문화는 특히 연인 관계와 가족 관계를 비롯한 사적 영역을 전문가가 개입하는 장으로 만들어냄으로써 사적 영역에서 벌어지는 문제 또한 공적 관심의 대상이 될 만큼 중요한 문제라는 인상을 주며 개인적인 것을 정치화할 수 있는 바탕을 제공하는 듯 보인다.

〈요즘 육아 금쪽같은 내새끼〉〈오은영 리포트: 결혼 지옥〉 같은 프로그램들은, 심리학과 정신의학이 사적 관계를 정치화하는 페미니즘의 문제의식을 일부 공유한다는 사실을 잘 보여준다. 치료요법의 전문가들은 가부장적 사회 원리에서 불평등한 관계를 경험하기 쉬운 여성과 아동의 고통이 실재함을 인정하고, 그들의 고통이 관심과 동정의 대상이 되게 하며, 권위자로서 그들을 대신하여 불평등한 관계의 수혜자들에게 소위 일침을 날리는 역할도 한다. 특히 아동 학대를 포함하는 부모-자녀 관계의 비대칭성 문제, 여성이 일방적으로 짊어지는 돌봄노동의 책무나 가정 폭력 같은 페미니즘의 의제는 치유 미디어의 일반적 주제이기도 하다.

전대미문의 대히트를 기록한 대표적 치료요법 프로그램인 오은영 박사의 〈우리 아이가 달라졌어요〉를 계승한 〈요즘 육아 금쪽같은 내 새끼〉는 육아와 관련해 발생하는 다양한 문제를 다룬다.

그러나 이 프로그램의 주된 소재는 무엇보다 부모-자녀 간의 관계에 존재하는 비대칭성과 그 부당함을 폭로하고 이로 인해 상처받은 아이의 마음을 위로하는 것이다. '금쪽이'가 코끼리 인형에게 본심을 털어놓고 전문가가 그런 아이의 마음을 알아주는 부분을 사람들은 이 프로그램의 주된 감동 포인트로 꼽는다. 이어서 박사는 아이를 대신해 권위 있는 목소리로 부모에게 변화를 촉구한다. 아동 학대 문제의 권위자로 널리 인정받는 오은영 박사는 〈알쓸신잡〉〈100분 토론〉 등에서 관련 주제에 대해 발언하기도 했다.

공교롭게도 〈100분 토론〉에서 '우리 아이들을 지켜주세요'라는 제목하에 오은영 박사와 아동 학대 예방법을 토론한 상대는 범죄심리학자 이수정 교수였는데, 이는 사적 영역의 정치화라는 측면에서 심리학과 여성주의가 상당한 친연성이 있음을 보여준다. 이수정 교수는 국내 가정 폭력 문제의 최고 전문가로 정평이 나 있으며, 다양한 매체에 출연해 가정 폭력 문제를 적극적으로 다룬 바 있다.

심리학과 정신의학은 페미니즘 담론의 트렌드에 민감하게 반응하는 모습도 보인다. 돌봄노동과 감정노동을 비롯해 가족 구성원에 대한 과도한 책무에 시달리는 딸들을 가리키는 말인 'K장녀'는 최근 치료요법 문화가 주목하는 소재다. 〈오은영 리포트: 결혼 지옥〉의 '가족특집 3탄: 위기의 K장녀 가족' 편, 〈요즘 육아 금쪽같은 내 새끼〉의 '엄마 껌딱지 3남매와 항상 뒷전인 첫째' 편 등 K장녀는 오은영 박사가 출연하는 여러 프로그램에서 주기적으로 다루는 주제이기도 하다.

심리학과 정신의학 분야 전문가들을 초빙해 '불안형이 안정형이 되는 방법' '자존감을 올리는 방법' 등 다양한 주제에 관한 강연을 방송으로 내보내는 특강 형식의 교양 프로그램 〈어쩌다 어른〉은 '모녀 관계 전문가' 김지윤 작가를 초빙해 K장녀 특집을 방영하기도 했다. 이처럼 치유 미디어는 때로 사적 영역의 부정의, 특히 여성들이 경험하는 부조리를 폭로하고 위로하는 역할을 한다.

돌보는 성은 누가 돌보나

가정에서의 불평등과 부정의에 초점을 맞추는 치유 미디어들이 여성 시청자층에게 어필하는 이유는 무엇일까? 당연히 이러한 미디어에서 소개하는 불평등을 여성들이 실제로 자주 경험하기 때문이다.

그러나 여성들이 이러한 치유 미디어에 공감하고, 그중에서도 젊은 여성들이 오은영 박사를 하나의 '밈'처럼 받아들이는 것은 단순히 시청자들 모두가 이런 프로그램이 소개하는 불평등을 똑같이 경험했기 때문만은 아니다. 여성의 경우 이런 프로그램에서 다루는 것과 동일하지는 않아도 유사한 상황들, 즉 정형화된 역할에서 부당함을 발견하는 상황, 인간관계 속에서 자신의 의견과 욕구를 내세우기 어려운 상황들을 삶의 다양한 영역에서 더 지속적으로, 더 자주 경험해야 하기 때문이다.

여성을 자기 삶과 욕망의 주체가 아니라 타자의 시선과 욕망에 종속된 존재로 여기는 것은 비단 가정에서만 벌어지는 일이 아니다. 자기 대상화는 여성성의 핵심 요소나 다름없기 때문이다. 미술비평가 존 버거는 여성이 자기 스스로에 대해 갖는 생각은 타인에게 평가받는 자기로 대체되어 있다고 지적한다. 오랫동안 자신을 타인의 시선에서 대상화하도록 사회화된 결과, 여성의 자아는 감시하는 부분과 감시당하는 부분이라는 두 개로 파편화된다.[20]

여성이 타인의 시선에서 자신을 대상화하여 보고, 이러한 시선에 비친 모습에서 자신의 존재 의미를 끌어낸다는 사실은 외모에 대한 압박에서 가장 잘 드러난다. 실제로도 버거의 비판은 여성을 오로지 몸과 그 몸의 외적 매력으로 격하하는 '남성 시선male gaze'에 대한 비판적 탐구로부터 도출된 것이었다. 그는 여성을 대상화하는 남성 시선이 여성 누드화의 양식뿐 아니라 여성의 내면에도 깊이 각인되어 있다고 지적한다.

영화 〈서브스턴스〉의 흥행은 이처럼 두 개로 파편화된 자아 경험이 여성에게 그만큼 보편적이고 공감을 불러일으키는 소재라는 것을 시사한다. 일주일간 젊고 아름다운 버전으로 살 수 있게 해주는 약물 서브스턴스는 말한다. "기억하라. 당신은 하나다." 실제로도 두 명의 주인공은 같은 사람의 서로 다른 모습에 지나지 않는다. 그러나 주인공인 '엘리자베스'는 자신이 마치 자신의 다른 모습인 '수'의 관찰자로 전락한 것 같은 끔찍한 고통을 겪는다.

여성이 자신 안에 또 다른 시선이 있다고 느낄 만큼 자신을 대상화하는 데 능숙하다는 것, 즉 '다른 사람에게 보이는 나의 모습'을 보는 이차 질서 관찰에 능숙하다는 것은 여성이 소셜 미디어의 문법에 정통한 이유이자, 각종 측정 도구를 통한 자아 탐색에 더욱 관심이 많은 이유이기도 하다.

그런데 여성이 타인의 시선에서 본 모습을 통해서만 자신의 가치를 느끼게끔 하는 사회적 관습은 반드시 외적 차원에 한정되지는 않는다. 성녀와 창녀라는 여성에 대한 전통적 이분법은, 이른바 여성의 성 역할에는 타인의 시각적 즐거움뿐 아니라 타인의 욕구와 욕망 전반에 부응하는 것도 포함된다는 사실을 보여준다. 여성은 단지 가정 내에서 주된 돌봄 제공자 역할을 맡는 데 그치지 않고, 직장에서는 물론 친구 관계에서까지 타인의 감정과 욕구를 돌보는 역할을 하리라 기대된다. '나는 어떤 연인, 아내, 딸, 친구, 동료, 부하일까?' '나는 주변 사람들을 그리고 그들의 감정을 세심하게 보살피고 있을까?'

이 같은 끊임없는 자기 대상화의 대표적 결과가 바로 감정의 대상화이다. 여성들이 인터넷에 올리는 인간관계 고민 글의 전형적 주제는 자신의 감정에 허락을 구하는 것이다. 이런 글들은 전형적으로 '남자 친구가 ~해서 서운해. 내가 예민한 걸까?' '~하는 엄마를 미워하는 저는 나쁜 사람인가요?' '친구가 ~하는 바람에 정이 떨어졌어. 누가 맞는지 봐줘' 하는 제목을 붙이면서 자신이 느끼는 감정을 타인의 시선에서 보며 허락을 구한다.

사실 구체적 행동이 아니라 감정을 느끼는 것까지 허락을 받을 이유는 없다. 하지만 여성을 타인의 감정을 보살피는 성으로 여기며 더욱 엄격한 감정적 규율을 준수하라고 요구하는 사회에서, 여성은 자신의 주장을 내세우기는커녕 감정을 느끼는 것에 대해서조차 외적인 허가를 구하게 된다.

여성을 독립된 개체로 인정하지 않고 여성의 자아 경계를 타인의 자아 경계와 완전히 융합해 버리는 사회에서, 여성은 자신의 판단을 신뢰하지 못하는 것을 넘어 자신의 마음이 실재한다는 것 자체를 인정하지 못하게 된다. 여성이 감정적이라는 일반화된 이해는 여성에게 일방적으로 타인에 대한 돌봄 책무를 지우는 것을 정당화하는 논리인 동시에 여성의 감정, 특히 괴로움을 실재하지 않는 것이나 엄살로 격하시킨다. 여성은 마치 미숙한 어린이처럼 나약하고 감성적이고 예민한 존재로 여겨지곤 한다. 여성이 호소하는 고통을 여성 특유의 나약함이나 변덕, 예민함의 결과로만 치부하는 사회에서, 여성은 자신의 고통이 실재한다는 가장 기본적 사실마저 인정받지도, 스스로 인정하지도 못하게 된다.

특히 젊은 여성들의 주장은 가장 정치화된 형태일 때조차도 이 시기 여성 특유의 감정적 변덕이나 예민함, 심지어는 이기심의 발로로 취급받기 쉽다. 여성은 괴로운 상황뿐 아니라 괴로움을 느낀다는 사실 자체에 대한 비난과 의심이라는 이중의 고통을 감수해야 한다. 여성이 고통스러워한다면 그것은 오로지 여성 개인의 나약함이나 예민함 때문이라는 것이다.

여성은 감정적이고 의존적인 성이라는 것이 일반적인 고정관념이다. 하지만 여성의 문제는 오히려 너무 자신을 통제하고 너무 자립하려고 애쓰는 것인지 모른다. 여성이 치료요법 문화를 적극적으로 전파하는 주체가 될 수밖에 없는 이유다.

치료요법 문화는 '예민하다'는 말을 듣기 쉬운 여성과 소수자들에게 고통을 언어화하고, 폭로하고, 인정받을 수 있는 권위 있는 문화적 도구들을 제공한다. 치료요법은 기본적으로 고통을 발화하는 행위에 상당한 중요성을 부여하며, 이러한 폭로가 그 자체로 치유 효과가 있다고 간주한다. 그리고 치료요법 문화의 전문가들은 이렇게 폭로된 개인의 감정에 주목하며 개인이 호소하는 고통에 전문가의 권위를 부여한다. 치료요법은 기본적으로 내담자의 감정을 승인하며, 당신이 처한 상황에서 그런 감정을 느끼는 것은 온당하다는 태도를 견지하기 때문이다. 나아가 고통을 폭로한 사람을 피해자이자, 치유와 돌봄이 필요한 일종의 환자로 의미화함으로써 그 사람이 처한 상황에 대한 그 자신의 책임을 면제한다.

이 같은 전문적 권위는 친구나 연인과의 관계뿐 아니라 부모나 직장 상사와의 관계처럼 여성이 주도권과 권위를 갖기 어려운 관계에 특히 유용하다. 게다가 치료요법이 제공하는 나르시시스트나 회피형 애착 등의 심리적 명칭들은 예민하다는 공격에 맞서고, 부당한 관계를 경험하게 하는 상대방에게 문제의식을 일깨우는 수단이 되기도 한다.

정신과적 명칭은 자기방어의 수단인 동시에 자기 설명을 위한 수단이 되기도 한다. 사실 TV 프로그램은 물론 실제 임상이나 상담에서도 전문가들이 반드시 환자의 상태를 우울증이나 불안 장애 같은 명시적인 심리학적·정신의학적 용어로 진단하고 환자에게 알려주지는 않는다.

하지만 전문가를 찾아가기 어려운 사람들에게는 심리학과 정신의학의 각종 진단적 어휘가 다양한 상황에서 자신의 고통을 구체화하고 설명하는 도구가 된다. 고통이 우울증, 트라우마, 각종 성격 장애 등 심리학과 정신의학의 언어를 경유해 설명될 때 이는 고통이 허상이 아니라 과학이 파악할 수 있는 하나의 실체로서 존재한다는 감각을 불러일으킨다. 진단을 받음으로써 내 고통이 **진짜**임을 인증받았다고 느끼는 것이다.

특히 젊은 여성들이 의사를 만나기도 전에 각종 자기 계발 매체를 통해 심리학적 지식을 적극적으로 습득하고 자가 진단을 내리며, 이렇게 진단된 환자 정체성을 자아 정체성의 중요한 일부로 받아들이는 경우가 많은 이유이다.

치료요법 문화 연구자 정승화는 특히 여성들에게서는 환자 정체성의 수용이 사회적 인정에 대한 욕구와 고통에 대한 호소를 쉽게 가능하게 하는 선택지로 나타난다고 지적한다.[21] 치료요법은 여성들, 특히 나약하다는 대상화의 굴레를 벗기 어려운 젊은 여성들에게 고통을 호소하고 인정받는 기회가 되는 동시에, 감정적 성이자 돌보는 성이라는 굴레를 벗어나 일종의 돌봄을 경험하게 하는 대체 수단을 제공한다.

치료요법 지식을 통한 정치화

역사적으로도 심리학은 여성과 아동의 고통을 폭로하고 공론화하는 데 있어 페미니즘의 강력한 문화적 동맹이 되어왔다. 제2물결 페미니즘에서 두드러지는 전략 중 하나였던 의식 고양 모임은 여성들이 모여 각자의 경험을 발화하고 경청함으로써 정치적 의식을 일깨우는 것을 목표로 하는 정치적 실천 행위였다. 이 의식 고양 모임의 고백적 양식은 치료요법과 상당한 친연성이 있었다. 실제로 의식 고양 운동에 참여한 페미니스트 다수가 심리 전문가이기도 했으며, 심리학과 페미니즘의 이러한 친연성은 여성주의 심리 상담이 발전하는 계기가 되었다.[22]

특히 제2물결 페미니즘의 부흥 이후인 1970~1980년대의 페미니스트 운동가들은 트라우마 개념을 여성과 아이들에 대한 성적·신체적·감정적 학대와 착취를 고발하는 데 대단히 유용한 도구로 삼았다. 그 결과 오늘날까지도 여성주의 심리 상담을 트라우마 상담과 사실상 동일시하는 경우가 상당히 많다.

트라우마 개념을 통해 여성에 대한 학대와 착취를 고발하고자 한 역사는 트라우마 개념이 인간의 통상적인 경험 범위를 넘어서는 경험이라는 본래의 정의를 넘어 계속해서 확장되어 온 이유 중 하나이기도 하다.[23] 예를 들어 PTSD의 하위 유형이라고 할 수 있는 '피학대 여성 증후군Battered Women Syndrome, BWS'은 가정 폭력 희생자들의 고통을 공론화하는 언어이자, 폭력에서 벗어나기 위해 남편을 살해한 여성들을 변호하는 수단이 되기도 했다.

치료요법 문화는 관계, 친밀성, 감정노동, 친밀한 관계에서의 폭력 등 이전에는 사적인 것으로 소외되어 온 페미니즘의 의제에 관심을 두는 것에 그치지 않는다. 치료요법 문화는 정형화된 역할이나 관계에 대한 의무에서 벗어나 개인의 행복을 추구하고 진정한 나를 찾을 것을 주문함으로써, 여성의 자유와 독립성을 옹호하는 페미니즘에 힘을 싣는 것처럼 보인다. 치료요법 문화는 기본적으로 고통스러운 관계를 끊어내고, 다른 누군가의 욕구가 아닌 자기 자신을 돌볼 것을 우선시하는 태도를 정당화한다. 나아가 자신을 우선시함으로써 자존감을 높이고, 부당한 역할에서 벗어나 진정한 자아를 회복함으로써 평등한 관계로 나아갈 것을 권유한다.

심리학에서는 독립적이고 자율적인 자아를 강조하며, 독립적 행위자들끼리의 평등한 의사소통을 바탕으로 수평적 관계를 맺으라고 강조한다. 그리고 이는 의도했건 의도치 않았건 여성의 주권과 독립성을 강조하는 페미니즘 사상을 뒷받침하고, 권위주의적이고 가부장적인 전통적 관계 모델과 성 역할의 해체에 일정 부분 기여하기도 했다.

특히 자존감의 향상은 실제 여성주의 심리 상담가들의 치유 모델에서도 자주 강조되어 왔다.[24] 자존감이 폭력과 차별에 대항하는 여성들의 무기가 된다는 것이다. 미국 제2물결 페미니즘의 대표적 인물인 글로리아 스타이넘의 《셀프 혁명 *Revolution from Within*》은 자존감을 강조한 대표적인 페미니즘 저작이다. 책의 제목처럼 스타이넘은 여성의 낮은 자존감을 증진하는 것이 사적 영역에서 벌어지는 많은 문제뿐만 아니라 직장 내 차별 같은 공적 문제의 해결에도 대단히 중요하다고 주장하면서 여성들에게 '내면의 장애물'을 없애라고 촉구했다.

국내에도 잘 알려진 베스트셀러 《린 인 *Lean In*》은 이러한 전통이 낳은 대표적 결과물이다. 세계적 여성 기업가 셰릴 샌드버그가 집필한 《린 인》은 일과 가정에서 여러 불평등에 시달린 결과 여성이 여전히 공적 영역에서 과소대표되는 현실에 주목하며 명백한 페미니즘 지향을 드러낸다. 나아가 저자는 자신감을 가지고 현실에 도전하라고 여성들을 독려한다.

"네 몸을 사랑하라"고 명하는 최근의 바디 포지티비티 운동은 여성이 경험하는 외적 압박에 문제의식을 가지고, 이에 대한 저항으로 자신의 몸에 자신감과 자부심을 가지며, 자존감을 함양할 것을 요구한다.

여성에게 자신보다 아이, 남편, 가정을 우선시하라고 명령하는 사회에서, 자신의 행복을 먼저 돌보라는 말처럼 매력적인 주장도 드물 것이다. 여성의 목소리를 침묵시키고 여성에게 자기 욕구나 주장을 억누르라고 은근히 강권하는 사회에서, 진정한 나를 회복하라는 요청은 상당한 설득력이 있다. "보이는 모습을 중시하라"를 가장 중요한 메시지로 내면화해 온 여성들에게 자존감을 높이고 나를 사랑하라는 메시지가 가져다주는 해방감은 이루 말할 수 없이 신선한 것일 수밖에 없다.

9장

치료요법 문화의
잔인한 약속

이렇게 보면 치료요법 문화는 평등한 관계를 위한 발판을 마련하여 페미니즘과 진보 정치의 목적에 봉사하는 것처럼 보인다. 그러나 한편으로 이 문화는 고통의 이해와 해결을 개인화하고, 연대에 기반한 사회 운동과 정치를 자기 향상으로 대체하기도 한다. 사회가 아닌 개인을 개선의 대상으로 만듦으로써 모든 정치적 실천에 필수 불가결한 기반이 되는 연대를 해체하는 것이다.

고통의 폭로, 그다음은?

치료요법 문화는 여성을 비롯한 약자가 자신의 고통을 폭로할 수 있는 수단을 제공하지만, 애초에 그런 고통이 생겨나게 한 원인을 깊이 있게 이해하고 해결할 만한 수단은 제시하지 않는다. 치료요법에서 직접적인 분석과 개입, 변화의 대상이 되는 것은 결국 개인이기 때문이다. 나와 타인의 모든 문제를 개인의 정신 병리나 역기능으로 쉽게 이해하고 설명할 수 있다는 치유문화의 도식은 모든 문제의 원인을 통찰한 듯한 느낌을 준다. 그러나 사실 이러한 도식은 단순한 만큼이나 많은 것을 놓치게 만들기도 한다.

우리가 1장과 2장에서 본 것처럼 치료요법, 특히 정신의학과 임상심리학의 치유 도식은 전형적으로 과거에 타인, 특히 가족으로부터 받은 상처와 흉터를 치유하는 일에 관한 것이다. 치료요법은 낮은 자아 존중감이나 불안정한 애착 유형, 우울증 같은 개인의 심리적 문제가 그가 관계에서 경험하는 많은 문제들의 원인이 된다고 본다. 나아가 이런 심리적 문제의 원인이 대체로 개인의 내면에 자리한 어떤 문제, 특히 과거의 상처에 있다고 본다. 그리고 많은 경우 이러한 상처를 주는 타인에게는 병리적 문제가 있다고 추정한다(그리고 이러한 타인을 종종 또 다른 심리적 상처의 피해자로 여기기까지 한다).

되풀이하여 과거의 상처에 대한 기억을 행사하는 것, 특히 자신의 문제를 치료요법적 언어로 다시 이해하는 행위를 통해 이러한 심리적 문제들을 치유하고 진정한 나의 모습을 회복해야 한다는 것이 이 치유 도식의 핵심이다.

그러나 우리는 정말 그렇게 쉽게 자신을 치유하고 이른바 건강한 자아를 성취할 수 있을까? "할 수 없다"는 금지의 명령이 아니라 "할 수 있다"는 긍정의 명령이 우울과 탈진을 낳는다는 한병철의 분석은 이제는 식상하게 들릴 지경이다. 오늘날에는 여성들도 남성과 마찬가지로 끊임없이 "할 수 있다"는, 그래서 해야 한다는 이야기를 들으며 영원한 노력을 경주한다. 노력만 하면 언젠가 치유된다는 것은 이런 잔인한 낙관의 또 다른 버전인지도 모른다. 고통의 호소와 폭로가 주는 사회적 인정은 치유가 이미 일어난 듯한 착각을 주지만, 우리를 고통받게 하는 원인이 그대로 남아 있을 때 온전한 '치유'는 불가능하기 때문이다. 한 개인이 심리적인 고통을 겪고 공적 영역은 물론 사적 영역에서도 불평등한 관계를 경험하는 데에는 상처를 주거나 받는 개개인의 심리적 문제로 환원할 수 없는 복잡한 사회구조적 요인들이 있으며, 이러한 요인들은 권력의 문제와 떼놓고 생각할 수 없다. 그러나 개인과 개인의 과거사에 집중하는 치유의 도식에서 외적이고 구조적인 요인에 대한 설명은 대단히 제한되어 있으며, 특히 많은 사람을 불편하게 하는 권력에 관한 질문은 삭제되어 있다. 임상심리학자 데이비드 스메일이 지적하듯이, 정신분석에서 인본주의 치료, 인지행동 치료에 이르기까지 치료 요법의 분파는 다양하지만, 사회적 수준에서 작동하는 권력과 이해관계의 문제가 개인의 주체성에 어떤 영향을 주는지에 관해서는 거의 할 말이 없다는 점에서만은 공통점이 있다.[25]

치료요법의 도식에 따르면 우리는 개인의 과거와 내면을 돌아봄으로써 우울증과 낮은 자존감 같은 문제를 치료하여 더 평등한 관계를 맺고 더 독립적이고 주체적인 인간으로 거듭날 수 있다. 그러나 독립적이고 주체적인 삶이나 평등한 관계를 제한하는 것은 자존감 부족이나 진정성 부족보다는 철저히 현실적이고 체계적인 조건들이다. 그리고 치료요법 문화의 주체인 여성들에게 이러한 조건은 한층 더 무겁게 내려앉는다. 채용 차별, 유리천장, 임금 격차, 가사노동과 돌봄노동의 불공정한 분배, 경력 단절, 직장 내 성폭력, 권위주의적이고 수직적인 직장문화에 이르기까지, 페미니즘의 재부상 이후에도 여성의 독립적이고 주체적인 삶을 어렵게 만드는 현실은 거의 변화하지 않았다. 치료요법이 해결해 주겠다고 선전하는 문제들, 특히 여성의 문제들은 가부장적 자본주의, 혹은 자본주의적 가부장제의 조건들과 떼놓고 생각할 수 없는 문제들인 경우가 적지 않다. 양극화가 심화하고 구직 시장으로의 진입이 지체될 뿐만 아니라 일자리 자체도 점점 더 불안정해지는 상황에서, 여성은 이러한 재편을 뒷받침하는 인간 완충재의 역할을 한다. 여성은 오늘날 급증하는 저임금 일자리나 비정규직, 프리랜서 같은 불안정한 고용 형태의 일자리에서 일하는 경우가 더 많다.[26·27] 낮은 자존감은 이러한 상황의 원인이 아니라 결과에 지나지 않는지도 모른다.

불안정성과 탈공식화된 노동은 연속성이 있는 탄탄한 경력을 쌓기 어렵게 할 뿐만 아니라, 철저히 인간적인 모습으로 다가오는 자본주의라는 새로운 문제를 낳는다. 사회학자 피터 플레밍이 《슈거 대디 자본주의 *Sugar Daddy Capitalism*》에서 지적하듯이, 고삐 풀린 자본주의의 이면은 철저히 '인간적'이다.[28] 신자유주의의 세계관에서 노동자란 존재하지 않으며, 자신을 경영하는 이들의 '자유로운' 계약만이 존재할 뿐이다. 그러나 모든 것이 철저히 비인간적인 계약의 문제가 되는 사회는 나쁜 쪽으로 철저히 인간적이다. 내일을 알 수 없고, 매일의 성과 평가에 생존이 달린 불안정 속에서는 '슈거 대디'*나 다름없는 추악한 제안도 거절하기가 점점 어려워진다. 고용주의 변덕으로 잘릴 수 있는 일자리에서 일하면서, 당장 내일의 일감을 따내야 하는 상황에서, 얼마 안 되는 정규직 전환의 가능성에 매달려야 하는 상황에서, 우리는 정말 자존감을 높여서 상사의 성희롱 같은 부정의에 항의하고 일하기를 관둘 수 있을까?

공적 영역으로의 진출을 통해 뒷받침되는 권리, 특히 경제권의 부족과 불안정은 여성이 사회와의 관계에서뿐만 아니라 가족과의 관계를 비롯한 다양한 사회적 관계에서 협상력을 갖추고 온전한 선택권을 행사하기 어렵게 만드는 중요한 요인이기도 하다. 예를 들어 가정 폭력이 빈곤과 높은 상관관계가 있다는 것은 잘 알려진 사실이다.[29] 여성은 남성보다 정치인이나 기업의 관리자가 될 확률은 낮지만 빈곤에 빠질 확률은 훨씬 높다. 그리고 경제력의 부족은 가정 폭력 피해자들이 쉽게 학대를 벗어나지 못하는 이유, 어쩌면 자존감보다 훨씬 중요한 이유이기도 하다.[30] 불평등한 현실을 자존감으로 돌파할 수 있다는 주장만큼 잔인한 희망 고문도 없을 것이다.

우리가 간절하게 믿는 것과는 달리, 삶에서 얼마나 주도력을 발휘하고 평등한 관계를 수립하느냐는 심리적 특성과는 별 관련이 없는 경우가 많다. 게다가 그 심리적 특성 자체를 사회가 매개한다

* (성적인) 만남을 대가로 젊은 여성들에게 돈을 주는 중년 남성을 뜻하는 말.

는 것은 ADHD나 우울증 등의 사례에서도 알 수 있다. 사회적으로 인정받고 안정감과 효능감을 느끼기가 어려운 현실에서, 여성이 탈진하고 소진되고 괴로움과 우울감에 빠지며, 자신이 가치 없는 존재라고 느끼는 것은 병적이고 일탈적인 것이 아니라 지극히 당연한 일이다. 이런 사회에서 여성이 꾸밈노동이나 돌봄노동 등의 여성화된 노동을 통해 자신의 가치를 체감해야 한다고 느끼는 것은 어쩌면 자연스러운 현상일지도 모른다.

3장에서 이미 살펴보았듯이, 욕망은 서로 복잡하게 얽혀 있다. 한 심리학 연구는 소득 불평등이 심한 나라일수록 여성이 인터넷에 성적 대상화된 셀카를 올리는 경향이 있다는 것을 보여준다.[31] 거식증은 흔히 자신의 몸을 사랑하지 못하는 여성의 낮은 자존감 문제 때문에 발생한다고 여겨진다. 그러나 여성주의적 관점의 연구들은 거식증이, 여성이 통제감을 얻기 힘든 사회에서 통제감을 얻으려는 여성의 시도 혹은 여성의 성취에 적대적으로 반응하는 사회에서 여성성과 성취 사이의 갈등을 조율하려는 여성의 시도와 연관된다는 것을 보여준다.[32] 돌봄노동이나 꾸밈노동, 감정노동 같은 여성화된 노동에 대한 여성의 자기 파괴적인 집착은 흔히 낮은 자존감 문제로 환원된다. 그러나 사회적으로 인정받는 여성이 될 전망이 거의 없어 보이는 사회에서, 여성화된 노동은 아무리 자기 파괴적일지라도 통제감과 인정을 얻을 수 있는 유일한 길처럼 보이기 마련이다. 적어도 자신의 몸과 감정만은 스스로 통제할 수 있는 무언가이기 때문이다.

무급으로 수행되는 여성화된 노동은 불안정 노동과 마찬가지로 현재의 자본주의가 반드시 필요로 하는 것이기도 하다. 현재의 사회경제적 구조는 돌봄노동과 꾸밈노동으로 대표되는 비가시화되고 여성화된 노동에 상당히 의존하고 있다. 여성들이 정말로 소위 진정한 나를 찾아 돌봄노동을 완전히 그만두고 자신만을 돌보기 시작하면 이 사회가 돌아갈 수 있을까? 의존을 병리화하며 모든 공적인 것을 해체하는 신자유주의는 역설적으로 여성의 무급 돌봄노동에 크게 의존한다. 특히 대한민국 사회는 적절한 노인복지 정책의 부재 같은 복지의 공백을 여성에게 돌봄노동을 일임하는 것으로 해결하는 구조로 되어 있다.[33] 여성은 열심히 치료요법 지식을 공부하며 집중적 육아를 통해 무료로 미래의 인적 자본을 양성하는 노동자이기도 하다.

여성은 행복 마케팅을 위시한 각종 감성 마케팅의 주요 타깃이자, 끊임없이 갱신되는 새로운 소비재 사기라는 현대 자본주의의 신성한 의무를 견인하는 성이기도 하다. 백화점이 사실상 여성의 공간으로 여겨지는 것은 우연이 아닌 셈이다. 특히 서로 공생관계에 있는 산업인 뷰티 산업, 패션 산업, 성형 산업, 엔터테인먼트 산업, 소셜 미디어 산업은 끊임없이 새로운 상품을 팔고 새로운 강박을 창출하며 수익을 낸다. 여성이 자신에게 정말 만족하기 시작한다면, 수도 없이 많은 산업 분야들이 한순간에 무너지고 말 것이다.

각종 뷰티, 패션, 성형 광고는 물론, 메이크업 아티스트에서 성형외과 의사에 이르기까지 온갖 분야의 전문가들이 총동원되어 만들어진 여성 이미지들의 폭격 속에서 여성은 꾸밈노동 없이도 아름답다고 외친들 무엇이 얼마나 달라질까? 게다가 이런 식의 담론에서 면제되는 꾸밈노동은 기껏해야 다이어트나 성형 정도일 뿐이다. 바디 포지티비티를 표방하며 다양한 체형과 생김새의 여성을 내세우는 광고에도 여전히 온갖 관리와 제모, 메이크업, 네일과 속눈썹으로 무장한 여성이 나오는 건 마찬가지이다.

여성이 때로는 자기 파괴적일 만큼 타인의 시선과 타인에 대한 돌봄을 우선시하고, '자존감 문제'로 뭉뚱그려지는 외모 강박이나 돌봄 강박에 시달리곤 하는 것은 그의 병리 때문만이 아니라 그럴 수밖에 없는 맥락들이 있기 때문이다. 여성은 자신을 대상화하는 성이자 부당 대우에 익숙한 성이기에, 끊임없이 자신을 경영하는 유동적이고 불안정한 노동자가 되기에 아주 이상적인 존재이다. 무급 노동을 통해 공공성의 공백을 보완하고, 인적 자본을 양성하며, 소비를 견인하기까지 한다. 여성이 신자유주의화의 충격을 완화하는 인간 완충재가 된 시대에 여성의 주도로 치료요법 문화가 부상하는 것은 우연이 아닌 셈이다.

그러나 치유문화의 도식에서 이러한 맥락들은 중요하지 않거나 '노오력'으로 극복해야 할 대상일 뿐이다. 치료요법 문화는 가부장제와 자본주의로부터의 탈출과 해방을 약속하지만, 교묘한 방식으로 여성을 이러한 구조에 적응시킨다. 어떤 면에서 치료요법 문화는 이 문화가 비판하는 것처럼 보이는 바로 그 구조의 일부이기에, 일종의 '병 주고 약 주고'나 다름없는 셈이다.

치료요법은 자아의 치유를 위한 비법을 제공하는 한편으로, 가까운 타인의 심리를 해부함으로써 삶을 통제할 수 있는 비법을 알려주겠다고 주장하기도 한다. 그러나 가부장적인 아버지, 친밀한 통제와 폭력을 가하는 어머니, 감정적 욕구를 채워주지 못하는 남자친구, 사내 괴롭힘을 일삼는 권위적인 직장 상사에 이르기까지, 여성을 괴롭게 하는 타인들의 문제 또한 마찬가지로 병리적 개개인의 문제이기 이전에 사회적으로 패턴화되어 나타나는 현상들이다. 그리고 어떤 현상이 너무나 반복적으로, 계속해서 일어난다면 그것은 병리, 즉 일탈이 아니라 일종의 정상이다.

쉽게 말해, 현대 사회에서 딸에 대한 통제를 일삼는 부모가 되기 위해 과거에 부모에게 상처를 받을 필요는 없고, 권위적인 직장 상사가 되기 위해 타고난 나르시시스트여야 할 필요는 없으며, 친밀한 관계에서 남성이 여성의 감정적 요구에 부응하지 못하는 것은 단지 그가 회피형 애착이어서가 아니다. 나르시시스트나 회피형 애착 등의 심리적 명칭이 이들에게 일침을 던지거나 변화를 촉구하는 무기처럼 보일지라도, 결국 이런 비난이 문제의 핵심에서 벗어나 있다는 점은 변하지 않는다.

무엇보다 불평등한 관계에서 벗어나지 못하는 여성이 되기 위해 특별히 자존감이 낮은 여성이 될 필요는 없으며, 여성이 정말로 낮은 자존감이나 여타의 다른 심리적 문제를 지녔다 해도 그것이 원가족이나 개인의 기질 탓이기만 한 것은 아니다. 현재의 사회에서는 이런 일들이 '정상', 즉 일반적이고 어쩌면 적응적이기까지 한 행동이기 때문이다.

 권위적인 부모나 상사를 자기애성 성격 장애라고 비난하고, 감정적 욕구에 부응하지 못하는 남자 친구나 썸남을 회피형 성격 장애라고 비난하는 것처럼 통쾌한 일도 없다. 그러나 한 사람의 행동은 단지 개인 내부의 심리적 특성의 산물이 아니라 복잡하게 얽힌 권력관계의 그물에서 개인이 차지하는 위치의 산물이기도 하다. 한국 사회에서 부모가 성적에서 외모에 이르기까지 자식을 과할 정도로 통제하는 것은 부모가 역기능적 가정에서 자라서 그런 것이 아니라 딸을 소유물로 여기는 유교적 윤리와 신자유주의적 성과 강박이 뒤섞인 문화에서는 이런 통제가 문제시되지 않기 때문이다. 직장 상사가 권위적으로 행동하며 폭언을 일삼는 것은 그가 나르시시스트여서가 아니라 수직적 위계에 기반한 가부장적 문화에서 권위가 있는 중년, 특히 중년 남성이란 무엇을 해도 용인받는 존재이기 때문이다. 남성들이 친밀한 관계에서 여성의 감정적 욕구에 부응하지 못하는 것은 그가 회피형 애착이어서가 아니라 우리 사회에서 감정과 관계를 관리하는 것이 전적으로 여성의 역할로 여겨지기 때문이다. 여성이 부조리한 일터나 부조리한 관계에서 괴로움과 우울감에 빠지고 자신을 학대하는 것은 단지 그가 자존감이 낮아서가 아니라 다른 선택지를 알거나 선택할 수 없기 때문일 수 있다. 그러나 사회적 힘의 역학을 등한시하고 모든 것을 개인의 심리적 문제로 환원하는 치유적 틀에서 어떤 고통을 용인하거나 심지어 만들어내는 사회적 패턴은 비가시화되거나 중요성을 잃는 경향이 있다.

개인적인 것이 정치적인 이유는 가장 개인적인 고통과 상처처럼 보이는 것들에도 겉으로 보이는 개인의 병리 이상의 외적 차원이 존재하기 때문이며, 이는 비단 젠더 문제에만 해당하지 않는다. 현대 사회에서 우울증, 소진, 자존감 같은 심리적 문제들이 한층 더 괴롭게 다가오는 것은 우리가 그 모든 고통을 오로지 나만의 문제로 이해하고 경험한다는 사실 때문인지도 모른다. 폭로가 진정으로 치유적 효과를 가지려면 그 폭로가 고통을 개인만의 문제가 아닌 '우리'의 고통으로 경험하게 하는 계기가 되어야 할 것이다. 우리가 서로의 고통 호소를 회피하며 하소연으로만 여기는 것은 나의 고통을 당신의 고통과 연결할 수 있는 보편의 언어, 사적인 것을 공동의 것으로 만들어 낼 수 있는 언어가 부재한다는 사실과도 깊은 관련이 있다.

그러나 치료요법의 개인주의적인 치유 도식에서는 '구원은 셀프'라는 시대정신에 딱 맞는 형태의 개인화된 구원만이 가능할 뿐이다. 세상에는 부당한 관계를 만들어내는 불평등이나 권력, 이해관계의 차이 같은 것들은 존재하지 않으며, 다만 운이 나쁜 개인이나 병든 개인만이 있을 뿐이다. 사회구조적 요인의 중요성이 어느 정도 인정되는 경우에도, 이러한 요인들은 결국 한 사람의 서사에 배경을 깔아주는 정도에 그친다. 결과적으로 외부 혹은 사회는 정신적 문제의 근본적 원인이라기보다는 우리가 적응해야 하는 하나의 대상일 뿐이다. 치료요법 문화가 제공하는 치유가 근본적인 해법이 아니라 단지 우리를 고통의 원인에 둔감하게 만들 뿐인 진통제에 불과한 것은 아닌지 의심해 보아야 하는 이유이다.

자기 돌봄과 자존감은 여성을 구원할 수 있을까

치료요법의 프레임을 통한 개념화와 폭로가 다양한 고통에 주목할 계기를 낳기도 하는 것은 사실이다. 그렇기에 치료요법의 폭로적 양식을 잘 사용하면 결과적으로는 고통의 사회구조적 원인에 대한 성찰 또한 끌어낼 수 있지 않은가 반문할 수도 있다. 고통에 사회구조적 기원이 있다는 사실을 심리학과 정신의학에서 항상 부정하는 것은 아니다. 어떤 문제를 트라우마, 우울, 자존감 등의 치료요법적 틀을 통해 공론화하는 것 자체에 문제가 있는 것이 아니라, 그러한 문제의 핵심 원인을 사회구조적인 것으로 보지 않고 가족사나 개인의 기질 문제 같은 개인적 요인으로 환원하는 것이 문제일 뿐이라고 주장할 수도 있다.

그러나 어떤 사람의 문제를 치료요법적 프레임을 통해 이해할 때의 한계는 원인 설정에만 있는 것이 아니라, 건강과 치유라는 치유적 관점 그 자체에 있다. 치료요법적 틀은 기본적으로 개인의 문제를 건강의 문제로 구성하며, 치료요법적 어휘를 통한 폭로의 과정에서 결국 개인은 치유가 필요한 일종의 환자로 정체화된다는 점에 주목해야 한다.

치료요법 문화는 단순히 개인의 문제를 사회적으로 이해할 방법을 제공하지 않는 것에 더해 그러한 이해가 형성될 수 있는 기반, 즉 사회적 연대와 대화의 가능성 자체를 적극적으로 파괴한다. 치료요법 문화는 단지 개인의 인간관계 차원에서만이 아니라 사회적 차원에서 연대와 연결을 파괴하는 힘으로 작동하기도 하는 것이다.

치유적 문제 설정 자체에 근본적 한계가 있다는 사실은 여성주의 상담마저도 개인적인 것을 정치화하기보다는 정치적인 것을 개인화했다는 평가를 받곤 하는 이유다.[34,35] 특히 여성과 약자가 사회나 타인과의 불평등한 관계에서 경험하는 문제가 건강과 치유라는 치료요법적 프레임을 통해 이해될 때 그 구체적 폐해는 다음과 같이 나타난다.

첫째, 이들은 자신의 개선 혹은 치유에 책임이 있는 일종의 병리적 존재, 비정상적 존재로 이해된다. 둘째, 고통의 세부 사항이 평면화됨으로써 공통의 이해 기반이 파괴된다. 셋째, 치료요법 전문가들이 고통의 유일하거나 가장 중요한 권위자가 된다.

의도가 아무리 좋을지라도, 치료요법 문화를 통한 정치화는 진보 정치학을 효과적으로 파괴함으로써 신자유주의를 강화하는 결과를 낳는 것이다.

앞서 나온 부들에서 살펴보았듯이, 건강을 강조하는 문화는 좋은 삶에 대한 책임을 개인화하는 힘으로 작동한다. 치료요법 문화는 치유와 개선의 대상을 찾는 과정에서 점점 더 많은 개인의 특성, 특히 약자의 특성을 의료화, 병리화한다. 손절을 주저하는 관계 지향적 태도에 대한 병리화에서 볼 수 있듯이 치료요법 문화는 특정한 심리 상태에 대한 치유 혹은 개선이 필요하다고 주장함으로써 교묘하게 이 심리 상태를 일종의 하자나 병리인 것처럼 의미화한다. 그리고 개인에게 어떤 병리, 즉 고쳐야 할 결함이 있다는 것은 결국 그의 치유가 일차적으로 그의 책임이 된다는 뜻이다. 결과적으로 일상의 문제를 건강과 치유라는 틀에서 이해하는 치료요법 문화는 정상성을 더욱 확고히 하고, 치유되어 사회에 적응할 책임을 제대로 이행하지 못하는 타인에게 적대적 태도를 양산한다.

치료요법의 전문가들이 당신에게 어떤 병리적 문제가 있다고 항상 노골적으로 암시하지는 않는다. 3부에서 보았듯이, 긍정심리학은 '약점'에 초점을 맞추는 심리학의 모델로부터 독립을 선언하면서, 인간 경험의 '어두운 부분'에 대한 관심에 기초하는 전통적 심리학과 결별하겠다고 주장한다.[36] 심리학의 목표는 인간의 장점에 집중해 잠재력을 최대화하는 것이어야 한다는 말이다. 자존감이나 자신감은 긍정심리학이 특히 강조하는 부분이다. 그러나 자존감이나 자신감, 자기 돌봄처럼 병리적으로는 보이지 않는 언어를 사용할 때조차도 치료요법 문화는 자아의 개선을 요구함으로써 개인에게, 특히 여성에게 "당신은 결함이 있는 존재"라는 암시를 보낸다. 치료요법의 지식 자체는 겉보기에는 젠더 중립적 언어로 되어 있어 알아차리기 어렵지만, 치료요법은 특히 이 문화의 주된 수용자인 여성의 행동을 일종의 병리처럼 의미화하며 이른바 남성적 행동 양식과 감정 양식을 모방할 것을 요구하기 때문에 더욱 문제가 된다.

엘리 러셀 혹실드는 친밀성을 경제적 언어로 물들게 하는 치유문화가 현대의 여성에게 "아무것도 필요로 하지 않는no-needs" 여자가 되라고 요구한다는 것을 지적한다.[37] 현대 여성에게서 점점 더 보편화되는 상품화된 친밀성이 전통적으로는 남성의 전유물이었던 데서 알 수 있듯이, 오늘날의 치료요법 문화는 사실상 여성에게 남성 중심적 행동 원리를 체득하고 계발할 것을 요구한다.

이 책에서 계속 살펴보았듯이 치료요법 문화에서 타인은 자신의 감정적 삶을 위한 도구이며, 인간관계의 최우선 과제는 자아의 건강을 방어하는 것이다. 그렇기에 인간관계를 도구적으로 대하지 않는 태도, 자아보다 관계를 우선시하는 태도를 의존성이나 자존감의 부족 같은 개인적 결함의 근거로 여기기도 한다. 평등한 관계를 맺으려면 높은 자존감을 바탕으로 타인을 도구적 태도로 대해야 한다는 것이 치료요법의 가정이며, 그러지 못하는 사람들은 자존감에 문제가 있다고 보기도 하는 것이다.

그런데 치료요법 문화가 정상이라고 보는, 관계에 의존하지 않는 '쿨'한 태도나 언제나 (근거 없는) 자신감을 유지하는 태도, 타인을 자신의 목적을 위한 도구처럼 대하는 태도는 신자유주의가 원하는 주체성의 요소일 뿐 아니라 현대적 남성성의 구성 요소이기도 하다. 이렇게 치료요법 문화는 헤게모니적 남성성을 일종의 정상성처럼 의미화함으로써 여성성과 여성 개인을 하자가 있는 것, 병리적인 것으로 여기는 전통적 관념을 재생산한다.

자존감은 결국 사회와의 관계 속에서 만들어진다는 점을 고려하면, 집단으로서 여성이 충분한 정치적·경제적·문화적 권리를 갖지 못한 상황에서도 자신에 대한 무한한 믿음을 지닌 여성이야말로 '비정상'인 것은 아닐까? 사실 우리가 정말로 문제 삼아야 하는 것은 샘솟는 자신감을 바탕으로 끊임없이 자기 계발과 자기 어필에 참여하라고 말하는 문화는 아닐까? 인간의 필연적 상호 의존성을 인정하지 않고, 타자를 관리와 통제의 대상으로 여기며, 자신은 특별한 존재라는 믿음을 고수하는 남성적 태도의 독재야말로 여성과 환경을 비롯한 '타자'에 대한 지배가 정당화되고 여성의 관계 지향성이 착취당하는 원인은 아닐까? 실제로도 자존감이 높은 사람들은 자아에 대한 위협에 더욱 폭력적으로 반응하는 경향이 있다.[38]

어떤 것을 치유가 필요한 것, 건강하지 않은 것, 즉 비정상으로 규정하면 애초에 누군가가 정상성에서 벗어난 이유나 정상성의 기준 자체에 대한 문제 제기보다는 개인의 정상화라는 문제에 가장 주목할 수밖에 없다. 건강이라는 개념은 질문의 여지를 남겨두지 않는 것, 그 자체로 좋은 것, 달성되어야 마땅한 것으로 여겨지기 때문이다. 질병과 치유는 일차적으로 개인에 달린 문제다. 따라서 어떤 문제가 치유의 대상으로 개념화될 때 개개인의 문제의식은 자존감 훈련, 손절, 친밀성의 구매처럼 개인화된 방식을 통해 자기 자신을 돌보지 못하는 개인으로 향할 수밖에 없다.

서로의 감정에 관해 이야기하는 행위는 특히 여성의 우정에서 중요한 요소이며, 고통을 호소하는 것은 전형적으로 여성성의 구성 요소라고 생각되어 왔다. 그러나 한편으로 치료요법적인 현대의 여성문화에서 여성들은 서로에게 자신의 감정을 솔직히 드러내되 '의

존적'이고 '자존감이 낮은' '징징대는' 여성이 되어서는 안 된다는 모순적 돌봄 윤리를 실천하라고 요구받는다. 사회가 이른바 여성스럽지 않은 여성을 병리화한다면, 치료요법 문화는 여성의 '여성스러움'을 이 사회에서 적응하기 위한 노력의 결과가 아니라 각 개인이 개별적으로 개선할 필요성이 있는 병리로 바라본다.

여성문화마저 남미새, 즉 남성의 사랑을 갈구하는 여성 개인에 대한 과도한 희화화에 집착한다는 사실에서도, 구조적 문제에 대한 성찰과 연대보다는 개선되고 치유되지 못하는 개인에 집착하는 현대문화의 치유적 에토스가 드러난다. 남미새를 배척하는 문화는 일견 이성애 규범성을 문제 삼는 일종의 페미니즘처럼 보인다. 그러나 현실에서는 연애 프로그램과 아이돌이 초유의 인기를 구가하는데도 남미새가 징벌의 대상이 될 수 있는 것은, 사실상 징벌의 대상이 되는 것이 이성애 그 자체가 아니라 남성이 전통적으로 그러했듯이 타인에게 전혀 의존하지 않고 타인을 자신감 있게 대상화, 도구화하지 못하는 태도이기 때문이다. 친밀성을 포함해 모든 것을 자급자족하는 것이야말로 독립적 현대 여성의 조건이다. 남미새는 급기야 무책임하거나 폭력적 태도를 보이는 남성을 떠나지 못하고 남성에게 의존하는 여성을 비난하는 말로 쓰이기까지 한다.

물론 치료요법 문화는 단순히 고통의 인정을 통한 위안을 넘어, 적어도 소수에게는 (여전히 불평등한 이 사회에) 더 '적응적'인 방향으로 변화하고 스스로 가치 있는 존재라고 느낄 수 있는 수단을 제공하기도 한다. 예를 들어 충분한 사회적 관계망과 경제적 여유가 있는 사람은 가족을 손절하고 자신은 가치 있는 존재라는 생각을 거듭 상기함으로써 실제로 많은 문제를 해결할 수도 있다. 가장 평등해야 할 연인 관계에서의 평등마저 보장되지 않는 사회에서는, 나 자신을 소중히 해야 한다는 원칙을 지키는 것만이 감정적 위협에서 데이트 폭력, 성병, 불법 촬영까지 수도 없이 많은 위험에 대한 유일한 보호책처럼 보일 수밖에 없다. 내 몸을 긍정하고 자신감을 가지라고 권유하는 매체를 접하려 노력하는 편이 대놓고 외모 강박을 조장하는 매체를 이용하는 것보다는 나을 것이다. 아무리 돈을 주고 산 가짜 친밀성일지라도, 사람들은 단지 누군가 자기 이야기를 들어준다는 사실만으로도 더 나은 방향으로 변화하기도 한다.

우리가 보았듯이, 치료요법은 때로 우리가 원하는 '건강한' 삶의 모습을 더욱 멀어지게 하는 요인이 되기도 한다. 그러나 치료요법이 어떤 사람들에게는 얼마간의 치유적 효과를 준다는 바로 그 사실 때문에, 자기 계발 상품에서 상품화된 관계에 이르기까지 각종 상품을 통해 냉철하고 자신감 있는 주체적 인간으로 자신을 개선해 내지 못하는 사람들을 위한 연민과 공감의 여지는 점점 더 적어진다. 치료요법의 틀은 가장 좋은 의도에서 사용될 때조차, 타자에 대한 연민과 공감의 여지가 없는, 손절이 시대정신인 사회로의 이행을 가속하는 힘으로 작용하는 것이다.

우울증은 정말 마음의 감기일까

치료요법이 부여하는 환자 역할은 양날의 검이다. 어떤 사람이 치유가 필요한 상처나 결함이 있다고 전제될 때, 이 사람은 일종의 환자이자 피해자로서 동정을 받을 수 있다. 그러나 환자라는 말은 결국 그가 비정상적이고 일탈적 존재이며 치유되기 위해 올바른 환자 역할을 수행해야 한다는 의미다.

피학대 여성 증후군 개념을 통해 가정 폭력 피해자들을 구제하려는 시도는 이러한 딜레마를 보여주는 대표적 예시다. 여성이 피학대 여성 증후군을 앓고 있었고, 따라서 심신미약 상태였다고 주장하는 것은 장기간 가정 폭력 피해에 시달리다 남편을 죽인 여성들을 변호하는 효과적 전략으로 사용되어 왔다.

그러나 한편으로 이는 가정 폭력 피해자의 가해자에 대한 공포와 생존을 위한 판단을 여성의 '정신병'으로 타자화하는 여성 혐오적 부작용을 낳는다. 폭력 피해 여성들이 남편에 대한 극심한 공포 속에서 죽여야만 살 수 있다고 판단하는 것은 정신 병리의 결과물이 아니라 그들이 처한 상황에서는 지극히 합리적 반응이기 때문이다.[39] 예를 들어 폭력 피해 여성들이 주관적으로 위험성을 평가하도록 하는 '위험성 사정 척도Danger Assessment, DA'는 남편의 학대로 인해 살인 사건이 발생할 확률을 상당히 정확한 확률로 예측한다.[40]

가정 폭력 피해 여성의 문제가 피학대 여성 증후군이라는 질병의 언어로 타자화될 때, 이들은 일종의 환자로서 동정과 면죄부를 받을 수 있다. 그러나 동시에 이는 남편을 죽이는 방법밖에 없다고 판단하게 만드는 부정의하고 편향된 사법체계, 가정 폭력을 지나치게 가볍게 다루는 문화, 폭력과 깊이 얽혀 있는 빈곤 문제 등의 사회구조적 문제가 아니라 여성 개인을 치료가 필요한 환자로 만들어 버림으로써 이들의 행동을 더 깊이 있게 이해할 기회를 차단한다.

이러한 예시가 보여주듯이 개인이 사회 속에서 겪는 문제가 트라우마나 우울증 등의 언어를 통해 더욱 노골적으로 병리화될 때, 이는 결과적으로 고통받는 사람을 치유해야 할 결함 있는 존재로 보는 관점을 강화하고, 고통받는 사람에 대한 타자화를 심화하는 결과를 낳는다.

최근에는 고통에 대한 정신의학적 관점의 이해가 보편화되고, 많은 사람이 우울증 진단과 치료의 대상이 된 것을 진보적 사회 변화, 심지어 페미니즘적 사회 변화의 일환으로 여기는 분위기도 있다. 고통이 여느 질병과 다를 바 없는 정신의학적·생물학적 질병, 즉 마음의 감기로 개념화되면, 이는 고통받는 사람을 '탈낙인화'하고 이들에게 도움의 손길을 열어주는 진보적 효과를 가져오는 것으로 인식된다. 정신적 고통을 생화학적 문제로 개념화하는 의학적 틀의 영향력이 별다른 저항 없이 계속해서 확대되어 온 것은 무엇보다 이러한 개념화 방식이 고통을 이해하는 더 진보적인 방식으로 받아들여지기 때문이다.

1980년대의 트라우마 개념이 그러했듯이, 현대에는 우울증이라는 치료요법적 개념의 확장과 보편화를 약자의 고통을 인정하고 그들을 돕는 과정이라고 여기기도 한다. 예를 들어 우울증을 겪은 여성들의 회고록은 우울증을 진단받고 치료받는 것을 여성을 구조의 희생자에서 성공자로 만들어주는 '임파워링empowering'한 선택으로 묘사한다.[41] 우울증에 관해 이야기하는 SNS 계정은 많은 경우 페미니즘에 관해 이야기하는 계정과 깊은 관련성이 있다.[42]

2부에서 언급했듯이 우울증 개념은 실제로도 지난 몇십 년에 걸쳐 확장을 거듭했고, 그 결과 치료 대상이 되는 우울증 환자의 수 또한 기하급수적으로 늘어났다. 1960년대와 1970년대까지만 해도 우울증은 극소수에게만 해당하는 질병이자, 별다른 개입이나 치료 없이도 자연적으로 관해되는 질병이라는 것이 지배적인 관점이었다.[43] 그러나 특히 1980년대와 1990년대 들어 우울증의 범위는 크게 확장되어 말 그대로 마음의 감기처럼 누구나 걸릴 수 있는 '정상적인' 질병이라는 인식이 확산되었다. 이전에는 일상적 감정으로 보던 것들까지 우울증의 진단 범위에 포함됨에 따라, 누구나 걸릴 수 있는 질병이 될 만큼 우울증의 범위가 크게 확대된 것이다.

사회학자 앨런 호위츠와 제롬 웨이크필드는 현대의 우울증 진단 체계는 외적 상황으로 인해 발생하는 정상적이고 일상적인 감정적 반응과 진짜 질병이라고 할 만한 것을 구분하지 않으며, 그 결과 현대 사회에서는 우울증 '환자'가 폭증하게 되었다고 지적한다.[44] 본래는 지난 두 달 사이에 배우자를 잃은 사람은 우울증 진단 대상이 아니었으나 《DSM-5》부터는 이들도 우울증으로 진단받을 수 있게 된 것이 대표적 예시라고 할 수 있다.[45]

거시적 차원에서 우울증 개념의 확장은 제약 기업과 자본의 이해관계에 맞아떨어지는 현상이었지만, 미시적 차원에서 이 현상은 우울증 개념이 일종의 진보적 색채를 띠게 된 것과 맞닿아 있다. 우울증 진단과 치료의 확대를 진보적 사회 변화의 일환으로 보는 사람들은 이처럼 더 많은 사람이 우울증 진단을 받게 된 것이 우울증에 대한 낙인이 완화되고 정신 건강에 대한 지식과 이해가 상승한 결과이며, 이는 우울증을 겪는 사람을 정상화하는 긍정적 효과를 발휘한다고 본다. 특히 우울증이 '의지의 문제'가 아니라 생물학적 질병, 즉 '뇌의 질병'이라는 이해는 고통받는 약자를 질병이 있는 환자로 의미화함으로써 고통이 실재함을 인정하고, '나약하다' '의지가 약하다' 등의 낙인을 피하게 하는 진보적 효과가 있다고 여겨진다.

분명, 우울증을 마음의 감기로 의미화하는 생의학적 프레임이 우울증을 '게으름'으로 의미화하는 도덕적 프레임의 영향력을 상쇄하는 효과를 발휘한다는 것을 부정할 수는 없다. 그러나 우울증을 겪는 것이 아무리 '정상'이라고 주장한들, 어떤 것이 질병이면서 동시에 정상일 수는 없다는 점에 유의해야 한다.

어떤 심리 상태가 질병이라는 주장은 결국 비정상성을 함축한다. 우울증으로 설명되는 고통의 범위가 점점 더 광범위해질수록 결국 고통받는 사람들, 특히 여성을 병리적 존재로 개념화하는 전통적 관점은 강화될 수밖에 없다. 대다수 사회에서 우울증을 주로 여성의 질병이라 여기고, 전통적인 정신의학적 관점에서는 이를 생물학적 차이로 인한 문제로 설명하기도 한다. 여성의 성호르몬 메커니즘이 재생산 주기와 관련된 변동을 겪기 때문에 여성이 감정적으로 불안정하다는 잘 알려진 이론, 일명 '주기성-안정성 모델'[46]은 자궁의 힘에서 여성의 정신 질환 혹은 '히스테리아'의 원인을 찾으려 한 19세기 정신의학에서 그 원형을 찾아볼 수 있는 유서 깊은(?) 이론이다.[47] 이런 역사에서도 추측할 수 있듯이 성호르몬의 주기적 변화가 우울증의 성차性差를 만드는 근본 원인이라는 이론의 실질적·과학적 근거는 희박하다.[48]

특히 여성의 질병으로 인식되는 우울증이 뇌의 질병으로 의미화될 때, 이는 결과적으로 여성의 고통은 여성 특유의 생물학적 결함에 뿌리를 둔다는 전통적 관념과 여성에 대한 타자화를 강화하기 쉽다. 일상에서의 미묘한 불평등부터 젠더화된 폭력까지 여성을 우울하게 만드는 수많은 원인에 대한 성찰은 뒷전이 되고, 그저 병에 걸린 여성 개인의 뇌 문제로 모든 것이 일축되기 쉬운 것이다.

개인의 문제가 생물학적 질환으로 개념화될 때, 고통받는 개인이 질적으로 다른 존재로 타자화되는 것은 비단 여성에게만 해당되지 않는다.

2부에서 이미 언급했듯이, 근본적 차원에서 우울증이 호르몬 같은 생물학적 원인에 의해 발생한다는 과학적 근거 또한 논쟁적이다. 우울증이 세로토닌의 감소로 발생한다는 이론은 특히 제약 업계의 공격적 마케팅에 힘입어 높은 대중적 인지도를 구가했지만, 사실 현재의 학계에서 이러한 가설은 과학적 근거가 부족하다는 비판의 대상이 된다.[49·50] 최신 뇌과학 연구들은 오히려 우울증이 세로토닌이라는 신경전달물질 하나의 결핍 때문에 발생한다는 가설을 계속해서 반증해 왔다.[51] 2020년까지의 연구들을 종합한 체계적 문헌 연구는 세로토닌 가설에 관해 수도 없이 많은 연구를 수행했음에도 세로토닌 가설을 지지하는 경험적 증거가 빈약하기 그지없다는 사실을 보여준다.[52]

제약 업계와 정신의학계의 관계가 지나치게 가깝다고 비판해 온 정신의학자 데이비드 힐리는 '세로토닌 신화'가 우리 사회에 널리 퍼진 것은 제약 업계의 공격적 마케팅의 결과일 뿐, 이 가설은 '이빨 요정 설화'만큼이나 근거 없는 신화라고 주장한다.[53] 실제로도 세로토닌의 재흡수를 억제하는 SSRIs계 항우울제의 효과에 관한 연구는 제약사의 후원을 받아 이루어지는 경우가 대단히 많다.

사실 대중 매체에서 일관되게 우울증의 원인이 '세로토닌 결핍'이라고 설파하는 것과는 다르게, 심리학자들과 정신의학자들은 우울증의 명확한 원인이 무엇인지 합의된 이론을 도출하지 못했다. 우울증이 세로토닌 결핍 때문에 발생한다는 것은 이론의 여지가 없는 '사실'이라기보다는 여전히 과학계에서 논쟁의 대상이 되는 하나의 이론에 가깝다. 그럼에도 '우울증이 생의학적 질병'이라는 믿음은 기정사실처럼 받아들여지며, 고통받는 이를 타자화하는 데 상당한 영향력을 행사한다.

어떤 정신 질환이 생물학적 질병이라는 믿음은 그 질환이 만성적이고 낫지 않는 것이라는 믿음으로 이어질 뿐만 아니라,[54] 그 질환에 걸린 것으로 보이는 사람에 대한 연민과 공감의 수준을 낮춘다.[55·56·57] 이는 우울증에 대한 '낙인' 때문에 발생하는 것이 아니라 질병이라는 개념 자체가 개인에게 어떤 문제가 있고, 그가 다른 사람과는 질적으로 다르다는 일종의 낙인과도 같은 의미를 담고 있기에 필연적이다.

우울증 진단을 받는 것은 분명 내가 이상하거나 게으른 사람이 아니라 '아픈 사람'일 뿐이라는 안도감을 느끼고, 자신과 타인에게 나의 행동을 설명해 연민과 동정을 받을 기회가 된다. 그러나 우울증으로 진단받은 사람이 누리게 되는 비난의 감소는 결국 그가 다른 사람과 질적으로 다른 환자여서 어쩔 수 없다는 인식의 결과이기도 하다. 구호 단체의 광고 속에 등장하는 빈곤 포르노의 주인공들처럼, 나와는 아주 다른 사람, 비인격화된 사람이라고 생각하기에 오히려 불쌍하게 여기고 너그러운 태도를 보여줄 수 있는 것이다. 누군가를 환자로 정의한다면 그를 이해하고 치유할 수 있는 것은 타인이나 사회가 아니라 오로지 의사와 약물 그리고 그것을 복용하는 개인일 따름이다. 고통을 질병으로 이해하는 방식이 보편화할수록 사회적 차원의 성찰과 문제 제기는 뒷전이 되고 '환자' 개인이 문제의 중심에 서기 쉽다. 어떤 상태가 비정상이나 질병이라는 것은 그것을 교정하는 개인 수준의 개입이나 치료가 필요하다는 의미다. 개인 차원의 개입을 통해 정상성을 회복하게 만드는 것에 초점이 갈 수밖에 없는 것이다.

2023년, 국민건강보험공단의 '최근 5년간(2018~2022년) 우울증 진료 인원 현황' 자료를 건네받은 국회 보건복지위원회 남인순 의

원은 어떤 문제를 우울증으로 정의할 때 나타나는 일반적 태도가 무엇인지를 보여준다. 해당 보고서는 우울증 환자가 5년간 33%나 급증해 2022년에는 우울증으로 진료를 받은 인원이 100만 744명에 달한다는 내용을 담고 있었다. 남인순 의원은 이에 대해 "우울증도 조기에 치료하면 호전시킬 수 있는 만큼 우울증 치료에 대한 인식 개선 등을 통해 접근성을 높여야 한다"는 반응을 보였다.[58]

이처럼 개인의 고통을 우울증이라는 질병의 프레임에서 이해할 때, 가장 중요한 것은 이 현상이 정말로 의미하는 바가 무엇인지보다는 어떻게 이 질병에 걸린 개인이 빠르게 치료될 수 있는지, 어떤 약이나 치료법이 가장 효과적인지가 될 수밖에 없다.

우울증을 생의학적 질병으로 이해할 때, 진단을 받고 약물을 복용하는 등의 자기 치유 노력을 하지 않는 환자에 대한 타자화는 유독 심화될 수밖에 없다. 사회학자 탤컷 파슨스가 '환자 역할sick role' 개념을 통해 설명하듯이, 환자 역할은 질병에 걸린 책임을 면제해주기는 하지만 이와 동시에 개인에게 치료의 책임, 특히 약을 먹을 책임을 부여한다.[59] 우울증이 질병이 될 때 개인이 치료받을 책임을 부여받는다는 사실은 1980년대와 1990년대에 우울증의 의료화가 본격화된 이유이기도 하다.[60]

항우울제가 정말 우울증을 치료해 준다면 조금이라도 우울증 환자가 감소하는 결과가 나타나야겠지만, 정신과는 해마다 환자가 늘어나는 의학의 유일한 분과다.[61] 《약이 병이 되는 시대Amatomy of an Epidemic》의 저자인 의학 저널리스트 로버트 휘태커가 지적하듯이, 항우울제가 보편화된 나라들에서는 오히려 우울증 환자가 급격히 증가하는 결과가 나타났다.

항우울제와 위약을 비교한 다수의 임상 실험 연구에서 항우울제와 위약의 효과 사이에는 통계적으로 유의미한 차이가 나타나기는 하지만, 이 차이는 아주 미미해서 복용자가 실제 체감할 수 있는 임상적 유의성이 있다고 보기는 어렵다.[62] 잠재적 부작용 또한 상당해, 항우울제는 장기적으로 우울증을 만성화하고 재발 위험을 높이며, 금단 증상을 불러오는 것으로 알려져 있다.[63,64,65] 감정 둔화, 성기능 이상, 머리가 멍해지는 브레인 포그 등의 증상 또한 흔하게 나타나는 부작용으로,[66] 항우울제와 각성제, 항불안제, 수면제 등의 다양한 약물을 함께 처방받아 소위 '약물 칵테일'을 복용하는 환자에게 각종 부작용의 위험성은 특히 크다. 다수의 자연 경과 연구들[67,68]과 임상 연구[69,70]에서는 항우울제를 복용하지 않은 사람들의 장기적 경과가 항우울제를 복용해 온 사람들에 비해 오히려 낮다는 결과가 나타났다. 항우울제가 보편적이지 않던 1960년대와 1970년대의 연구들은 대부분의 우울증 환자가 아무 치료 없이도 자연적으로 회복했다는 연구 결과를 보여준다.[71]

이처럼 항우울제로 대표되는 정신과적 '치료'의 임상적 유용성은 논쟁의 대상이다. 세로토닌 가설부터가 경험적으로 잘 입증된 가설이라고 보기 힘들다는 점을 생각하면 당연한 일이다. 하지만 효과나 부작용이 어떻건 간에, 일단 고통받는 상태는 치료해야 하는 질병이라는 이해가 보편화되고 나면 고통을 질병의 틀을 통해 이해하기를 거부하고 항우울제를 비롯한 치료 상품을 성실히 소비하지 않거나 이런 상품을 소비해도 낫지 않은 사람들은 이해의 대상보다는 타자화의 대상이 될 수밖에 없다.

건강주의 문화에서는 사회의 병리가 아니라 치료되지 못한 개인에 초점을 맞추고, 치료되지 못해 생산성을 회복할 수 없는 성실하지 못한 '환자'를 나을 의지가 없는 사람, 정신과에 대한 '편견'이 있는 사람, 속된 말로 '지 팔자를 지가 꼬는' 사람으로 타자화하기 쉽다. 이렇게 우리의 문제의식은 편리하게도 고통을 낳는 사회의 책임에서 소위 편견에 찼거나 무지한 개개인의 책임으로 이동한다. 실제로도 약물 복용 경험에 관한 연구들은 항우울제 복용 이유로 가장 자주 꼽히는 것이 행복해지는 것이 아니라 다시 '제 기능'을 하게 되는 것[72,73]이라는 사실을 보여준다. 항우울제를 복용하는 이들 상당수가 부작용 때문에 약을 끊고 싶어 하지만, 제 기능을 못할 수도 있다는 부담은 이들의 약물 복용 중단에 가장 큰 장벽이 된다.[74]

이처럼 우울증이라는 치료요법적 틀은 특히 고통받는다는 사실을 인정받기 어려운 여성과 약자가 고통의 실재를 인정받을 기회를 제공하지만, 이와 동시에 치료받기, 즉 생산적 인간으로 정상화되기라는 의무를 부여한다. "우울증과 정신과에 대해 편견을 갖지 말아야 한다" "더 많은 이가 진단을 받아야 한다"라는 말의 숨은 의미는 치유에 돈을 쓰는, 즉 소비하는 인간이 더 많아져야 한다는 것이다.

질병 진단을 통해 타자화된다 해도 이렇게나마 도움받고 결과적으로 '일상을 회복'할 수 있다면 결국 그들에게도 좋은 일 아니냐는 주장도 있다. 휴식과 돌봄이 간절한 사람에게 우울증이라는 의학적 진단이 유용하리란 것은 분명 부정할 수 없는 사실이다. 가혹하리만큼 급박한 속도로 돌아가는 지금 같은 사회에서 우울증을 진단받고 치료받는 것은 돌봄이 절박한 이들이 돌봄을 받는다고 느낄 수 있는 유일한 방법인지도 모른다. 내게 관심을 가지는 타인(특히 의사나 상담사)에게 돌봄을 받고, 남들과 자신에게 이 고통이 진짜라고 설득할 수 있는 하나뿐인 방법인 것이다. 개인 외적인 요소란 존재하지 않는다고 여겨지는 시대에, 나의 문제는 내 탓이 아니라 내 안에서 호문쿨루스처럼 나를 조종하는 신경전달물질이나 호르몬 때문이었다는 생각처럼 위안을 주는 것도 없다. 사실 이들에게 플라세보를 제외한 약의 효과가 정말로 얼마나 되는지는 중요하지 않은 문제인지도 모른다. 정신과 진단과 약물 처방의 확대를 곧 진보와 동일시하는 담론이 등장할 수밖에 없는 이유이다.

요점은, 개개인이 병원에 가야 하는지, 정신과 약을 복용해야 할지 말아야 할지가 아니라, 병원에 가서 약을 먹으라고 권하는 것을 고통받는 이에게 할 수 있는 유일한 말처럼 여기는 사회에 대해 비판적으로 바라보아야 한다는 것이다.

우울증은 의지의 문제가 아니라고들 한다. 실로 맞는 말이다. 우울증은 혼자 해결할 수 있는 것이 아니라 공동체 차원의 사유와 개입이 필요한 문제, 모두의 성찰과 연대가 필요한 문제다. 그런데 우리는 우울증이 의지의 문제가 아니라고 하면서도 정작 고통 해결에 대한 책임은 돈과 시간을 들여 의사를 만나고 약을 먹는 개인의

'노오력'에 떠넘기는 것이 아닐까? '질병'에 걸린 '환자'라는 말로, 즉 의사만이 책임질 문제라는 말로 공동체의 책임, 연대하고 사유할 책임을 외면하고 있지는 않은가? 고통받는 사람을 일괄적으로 진단과 치료라는 치료요법적 방법을 통해 구제하려는 태도가 일반화되면 장기적으로는 고통을 진정으로 이해하기 어려워지고 서로의 고통에 둔감한 사회가 만들어질 수 있다. "편견을 갖지 말라"고들 얘기하지만, 정말로 탈낙인화된 것은 고통받는 사람이 아니라 정신과인지도 모른다. 고통이 아니라 의료화가 탈낙인화된 사회에서 고통은 의료화의 언어를 경유할 때만 비로소 인정받을 수 있다.

그러나 사실 고통받는 이에 대한 편견이 없는 사회는 의학의 권위를 통해 고통의 실재를 애써 인정받지 않아도 고통받는 사람들이 회복해야 한다는 강박 없이 충분한 휴식을 허용받는 너그러운 사회, 이들이 고통받게 된 원인을 성찰하고 해결책을 찾기 위해 애쓰는 사회, 고통을 관계와 연대의 계기로 빚어내는 사회일 것이다. 차이를 조급하게 질병으로 진단하지 않고 포용할 수 있는 사회로 나아가야 하는 것이다. 고통받는 이들이 정말로 원하는 것은 화학물질이 아니라 깊이 있는 이해와 돌봄인지도 모른다. 그럼에도 의학적 권위의 힘을 빌리지 않고서는 고통받는 이들을 도울 방법이 없다는 인식이 이토록 널리 퍼져 있다는 사실 자체가 우리 사회가 고통받는 이들에게 얼마나 잔인한지를 보여준다. 이들이 회복해야 할 '일상'이란 결국, 우울증에 걸리는 것이 정상이라는 모순적 말을 이상하게 느끼지 않을 만큼 잔혹하고 부정의한 방식으로 돌아가는 사회를 뜻하기도 한다. 특히 이들이 돌아가고자 하는 일과 공부는 많은 경우 이들을 고통받게 한 바로 그 원인이다. 그런데 우리 사회는 예를 들어 수능 시험, 취업 준비, 경제적 불안정 같은 문제로 고통받는 이들을 보며 왜 고통과 공허감을 생산하는 무의미한 경쟁과 불평등을 내버려두는지, 왜 고통받는 이들에게 숨 돌릴 틈조차 허용하지 않는지 질문하지 않는다. 다 함께 가속을 멈춰야 한다고, 고통받는 모든 사람에게 너그러운 사회가 되어야 한다고 외치는 대신, 진단을 구매할 수 있는 소수에게만 일시적 유예와 일말의 관심을 허용하고, 진통제를 수혈해 괴로움을 잊게 할 뿐이다.

의학적 진단을 통해 인증받지 않는다 해도 고통은 **원래** 진짜다. 이런 사회에서도 고통을 적게 받는 사람이 있겠지만 그렇다고 고통을 생산해 내는 부정의한 사회가 잘못되지 않은 것은 아니다. 결국은 우리 모두가 고통을 생산해 내는 사회 속에서 살고 있다. 그러나 고통을 질병의 언어로 이해할 때 우리는 필연적으로, 고통을 만들어내는 환경이나 우리가 살아가는 이 사회가 아니라 누가 가장 의학적 증상 목록에 들어맞는 증세를 보이는가 하는 고통의 위계화에 집중할 수밖에 없다. 진단받거나 진단받지 않은 타인에 대해 선을 긋게 되는 것이다. 누군가는 우울증에 걸렸다고 무기력해진다는 말은 우울증에 관한 편견이라고 주장하는가 하면 누군가는 우울증 환자에게 산책이나 운동을 권하는 것조차 폭력이라며 우울증 환자가 무언가를 할 수 있다는 생각 자체가 우울증에 관한 편견이라고 주장하기도 한다. 고통받는 사람은 누구라도 우울증 진단의 대상이 될 수 있을 만큼 우울증 개념이 확장된 사회에서도 '진짜' 우울증 환자가 누구인지를 두고 다투면서 편견에 사로잡혔다며 서로를 비난하는 현상이 벌어지는 것이다. 의사에게 인증받아야만 고통의 실재를 받아들일 수 있는 사회에서 서로의 고통을 깊이 있게 이해하려고 노력하기는 어려울 수밖에 없다.

고통이 질병과 치유의 프레임에서 이해될 때, 역설적으로 타인에 대한 연민을 갖기 어려워지는 또 다른 이유는 질병으로서 우울증의 개념이 지나치게 포괄적이고 소위 중립적이라는 데 있다. 질적으로 다른 다양한 고통을 동일한 질병으로 뭉뚱그림에 따라, 고통의 세부 맥락에 관한 관심은 삭제되고 이해와 연대의 기반은 파괴된다.

오늘날 우울증은 '누구나' 겪는 질병이라는 말을 통해 그 어느 때보다 많은 고통을 포괄하게 되었다. 복잡하기 그지없는 현대 사회에서 이 모든 고통이 다 우울증 때문이었다는 단순하고 명쾌한 설명처럼 매력적인 것도 없다. 그러나 실상 우울증 진단이란 일종의 순환논법처럼 이루어질 따름이다. 어떤 사람이 입맛이 없고 무기력한 이유는 무엇인가? 우울증 때문이다. 어떤 사람이 우울증이라고 할 수 있는 이유는 무엇인가? 그가 입맛이 없고 무기력하기 때문이다. 우울증이라는 질병의 개념이 한없이 확장된 현대 사회에서는 거의 모든 '증상'이 맥락과 분리되어 우울증의 증거가 될 수 있고, 우울증은 다시 거의 모든 증상을 설명하는 마법의 단어가 된다.

이렇듯 다양한 고통이 세부 내용이나 맥락과 무관하게 단 한 가지 언어로 평면화될 수 있다는 사실에는 상당한 정치적 함의가 존재한다. 현대 사회에서는 자기중심적이고 외로운 권력자의 고통부터 역사의 뒤안길로 밀려나고 잊힌 존재론적 고통까지 수도 없이 많은 고통을 우울증이라는 말로 요약할 수 있다. 그리고 에바 일루즈가 "고통의 민주주의"[75]라는 말을 통해 포착하듯, 모든 사람이 다 각자의 개별적 문제로 똑같이 우울증에 걸리고 있는 것뿐이라면 고통을 체계적으로 생산해 내는 사회에 대한 이해와 연대의 기반은 파괴될 수밖에 없다. 억대 연봉의 자본가도, 사회의 변두리에서 힘겹게 살아가는 사람도 치료요법의 세계관에서는 똑같이 우울증으로 고통받는 사람일 뿐이다(그리고 똑같이 돈이 되는 환자이기도 하다). "우울증은 누구나 걸릴 수 있다"라는 말과 "너만 힘든 줄 아느냐"라는 말이 어딘가 비슷해 보이는 것은 단순한 우연의 일치일까?

모든 고통을 한 가지 질환으로 일괄적으로 뭉뚱그리는 사회에서 이 같은 질병명으로는 요약할 수 없는 고통의 세부 사항에 귀 기울이는 사람은 점점 사라질 수밖에 없다. 확장된 우울증 개념이 고통을 정치화하는 수단이 될 때 이는 어떤 면에서는 우리가 평등하다는 착각을 불러일으키고, 그렇기에 실제로는 불평등하고 부조리로 가득 찬 사회에 대한 성찰과 문제 제기를 어렵게 한다.

고통의 세부 사항이 질병의 언어로 평면화되면, 오로지 의사만이 이에 대해 최종 권위자가 될 수 있다. 외로움에서 우울감까지, 고통은 우리가 다른 사람을 찾게 하는 가장 강한 힘이며, 다른 인간이야말로 인간이 발명한 첫 번째 진통제이다. 그러나 고통이 단지 질병일 뿐이라면, 의사가 아닌 사람이 할 수 있는 일은 아무것도 없다.

언급했듯이 인간은 설사 부정적 개념이라 할지라도 이미 형성된 자기 개념과 일치하는 방향으로 믿고 행동한다. 자신의 고통을 만성적인 의학적 질환으로 인지하는 우울증 '환자'에게, 금방 나을 것이라며 위로와 격려를 보내주는 사람이나 비의학적 관점에서 고통에 관해 성찰하고 도움을 주려 하는 사람은 기껏해야 우울증에 무지한 사람으로 취급받기 쉽다. 의료화가 급기야 진보적 색채를 띠기까지 하는 사회에서는 "병원에 가봐" "약을 먹어" "상담을 받아봐"라고 반응하는 것만이 타인(들)의 고통에 대한 적절한, 심지어는 정치적으로 올바른 응답이 된다. 고통의 더 넓은 맥락에 대한 성찰과 연대는 고통을 해결하는 데에는 아무런 도움도 되지 않는 일, 또 다른 고통의 원인, 심지어는 병자들에게 병상에 누워 있는 것 외에 다른 것을 강요하는 폭력적이기까지 한 일이 될 뿐이다.

우리가 단지 '불의와 부정의 속에 깊이 슬퍼하고 분노하는 이들'이 아니라 '병에 걸린 병자들'일 뿐이라면, 우리에게 어떤 힘이 있다고 말하는 것이 폭력적으로 느껴지는 것은 당연한 일인지도 모른다. 고통받는 사람은 이 사회의 균열을 민감하게 포착하고 느끼는 이라기보다는 약을 통해 진정시켜야 할 병자일 뿐이다.

고통이 질병이라면, 고통을 해결하는 최적의 방법은 의사의 도움을 받아 자기 스스로 치료하는 것뿐이다. 의사나 상담사, 심지어는 상담사를 자처하는 로봇을 찾는 것이 친구나 가족에게 고통 서사를 늘어놓는 것보다 훨씬 낫다고 여기는 시대가 된 이유다. 치료요법의 세계관에서는 타인의 부재로 인한 외로움은 물론, 홀로 해결할 수 없는 괴로움과 고통조차도 우리가 다른 사람에게 손을 내밀 이유가 될 수 없다. 우리는 서로의 고통에 아무런 책임이 없으며, 오로지 나 자신만을 책임질 수 있다. 치료요법 문화가 아무리 진보적인 것으로 보인다고 할지라도, 치료요법 문화를 비판적으로 바라보아야만 하는 이유다.

자기 계발이 되어버린 자유와 평등

끊임없는 고통과 계속되는 비판에도 굳건히 자리를 지키는 자본주의의 생명력은 체제에 대한 비판을 흡수하여 체제의 원동력으로 삼는 자본주의의 놀라운 능력에서 나온다. 이미 살펴보았듯이 자본주의가 개인의 진정성, 행복, 자유를 억압한다는 신좌파적 비판은 결과적으로 개인의 이른바 자율적 자기 계발과 소비에 기반한 새로운 자본주의 형태에 진보적인 아우라를 부여하게 되었다.

이와 유사한 역사는 현재에도 계속해서 반복된다. 치료요법의 시대는 신자유주의가 여성의 여성성과 진보에 대한 갈망을 전유한 결과물이기도 하다. 신자유주의는 특히 치료요법을 매개로, 진보를 열망하는 여성들이 요구해 온 자유를 신자유주의가 원하는 그 '자유'와 매끄럽게 봉합해 냄으로써 자신을 강화하는 것이다.

세계 어느 곳에서나 정치적 양극화는 경제적 양극화만큼이나 빠른 속도로 심화하고 진보 정치, 특히 페미니즘은 역풍을 맞는 상황이다. 과거의 유산이라고 생각했던 것들이 부활하고 시곗바늘이 다시금 뒤를 향하는 것처럼 보일 때, 고통과 위기의식은 한층 깊어진다. 앞으로 나아가는 것마저 가속 사회의 전형적 특징인 위기감에 지배되는 현대 사회에서, 지금 이곳에서의 구원을 약속하는 치료요법 문화의 진보적 아우라처럼 매력적인 것도 없다. 테라피스픽과 무해함에 대한 집착이라는 문화적 현상이 이른바 정치적 극우의 부활과 유사한 시기에 두드러지기 시작한 것은 우연이 아닌 셈이다.

그러나 사실 우리가 두려워해야 하는 것은 변화에 대한 역풍보다도, 철저히 개인주의적 방향으로밖에 변화를 상상하지 못하게 되는 문제인지도 모른다. 여성학자들은 페미니즘 이후의 현대문화를 단순히 백래시backlash로만은 정의할 수 없다는 점을 지적하며, 포스트페미니즘이라는 개념을 통해 현대문화를 설명한다.[76·77]

가령 주체적 미학을 강조하는(그러나 여전히 여성에게 몸 통제를 권하는) 바디프로필과 '핏스퍼레이션fitspiration',* 남자가 아니라 나 자신의 즐거움과 임파워링을 위해 화장을 하라고 주장하는 (하지만 화장을 하지 말라고는 안 하는) 뷰티 광고의 변화된 트렌드는 오늘날의 문화에 백래시로만은 설명할 수 없는 복잡성이 있음을 보여준다.

현대 사회에서 치료요법 문화의 위치를 이해하기 위한 중요한 맥락이기도 한 포스트페미니즘은, 페미니즘의 요소를 차용하되 이

＊ fitness와 inspiration의 합성어로, 운동에 관한 동기부여 콘텐츠를 뜻한다. 주로 운동한 자신의 몸을 보여주는 콘텐츠를 담고 있다.

를 탈정치화하고 전유專有하는 현대 사회의 문화적 조건이라고 할 수 있다. 현대문화는 자유롭고 주체적인 '신여성'의 이상을 완전히 부정하지는 않는다. 그러나 이 신여성의 자유와 해방은 정치적이고 집단적인 행동보다는 바람직한 신자유주의적 주체성을 체화하는 것을 통해, 즉 자기 자신의 경영자이자 능동적 소비자가 되려는 노력을 통해 달성되어야 한다고 제시한다. 그리고 이런 이빨 빠진 '페미니즘'은 결과적으로 구조 자체에 대한 비판의식, 공통의 비전에 기반한 집단적 행동을 무력화하는 결과를 낳는다.

시대를 풍미한 작품인 드라마 〈섹스 앤 더 시티〉나 영화 〈악마는 프라다를 입는다〉는 포스트페미니스트 감수성이 무엇인지를 보여주는 미디어의 대표적 예시다. 이러한 텍스트들이 전통적 여성상과는 확연한 대비를 이루는 자유롭고 당당한 여성의 이상을 개척한 것은 분명 사실이다. 그러나 한편으로 이러한 텍스트들은 여성의 자유란 무엇보다 신자유주의적 성공을 통해 획득되는 것이자, 돌체 앤가바나 구두에서 바이브레이터까지 다양한 상품의 소비를 통해 표현되고 행사되는 것이라고 암시하기도 한다. 해방된 현대 남성이 되기 위해 뉴욕에서 성공한 커리어맨이 되거나 성숙한 커리어맨의 섹시미를 보여주는 옷을 살 필요는 없다. 그러나 여성의 해방은 늘 성공적 자기 경영 행위로, 여성의 자유와 주체성은 늘 소비의 자유로 표현된다. 물론 양극화로 특징지어지는 지금의 사회에서는 아무도 글을 써서 성공하는 〈섹스 앤 더 시티〉의 캐릭터 캐리 브래드쇼 이야기 같은 성공 신화를 믿지 않는다. 게다가 지금은 진짜 페미니즘이 다시금 '부활'한 시기가 아니던가?

그러나 경제 호황기에 호황기의 포스트페미니즘이 있다면, 불황과 양극화의 시기에는 이 시기를 위한 포스트페미니즘이 있다. 노력한다고 모두가 뉴욕의 성공한 커리어 우먼이 될 수는 없다. 그러나 우리는 여전히 치유적 자기 계발 시장에서 감정과 대인관계를 통제하게 만들어준다는 지식을 습득하기 위해 노력하고, 뷰티 상품에서 약물까지 다양한 상품을 통해 자신의 몸과 감정만은 통제하려고 애쓴다. 그리고 이런 노력을 통해 더 자유롭고 해방된 삶을 살 수 있을 것이라 믿는다. 시도 때도 없이 꾸밈노동을 강요하는 상업화된 이미지의 폭격에 저항하는 대신, 자존감을 함양하고, 긍정적으로 생각하는 능력을 키우고, '대안적 미美'와 바디 포지티비티를 표방한 상품을 소비한다. 억압적인 사회적 관계를 만들어내는 권력구조, 이를테면 가부장제에 대놓고 저항하는 대신, 통제감을 주는 심리학 지식을 공부하고 자신감 있게 손절할 수 있는 능력을 키운다. 정치적·경제적 권리가 아니라 소비할 수 있는 권리에서, 약물과 상품화된 관계에서 자유와 해방구를 찾는다. 트위터로 뉴스를 보는 것, 인스타그램에 운동한 사진을 올리는 것, 커리어 발전을 위해 자존감 훈련을 받는 것에 이르기까지 우리의 모든 라이프스타일이 소위 정치적인 선택인 시대이지만, 사실 정말로 정치적인 것을 위한 공간은 점점 더 줄어들어 간다. 정치 없이 자유와 해방과 평등을 달성하라. 이것이 신자유주의의 문화적 명령이다.

포스트페미니즘과 그 문화적 동맹인 치료요법 문화는 정치가 좀 더 나은 상품을 제시하고 이 상품을 소비할 개인이나 기업의 역량을 키워주는 과정처럼 변해 버리는 포스트-정치문화의 일부분이기도 하다. 정치적 무관심, 특히 청년들의 정치적 무관심이 문제가 되는 사회라고들 한다. 하지만 '우리'를 가능하게 할 공통의 비전이 아니라 데이터와 통계와 과학에 의존해 가장 '효율적인' 방식으로 문제를 해결하는 것을 정치로 여기는 사회에서 이른바 전문가가 아닌 사람들을 위한 자리는 존재하지 않을 수밖에 없다.

경제 정책은 더 나은 사회가 어떤 것인가라는 비전을 만드는 문제가 아니라 경제성장률을 높이면서 불평등도 조금은 완화할 수 있는 최적의 지점이 어디인지 찾는 기술적 문제가 된다. 식량 문제는 전 지구적 불평등에 저항해서 해결될 문제가 아니라 더 나은 농업 기술이나 종자가 부족해서 생기는 문제가 된다. 지구온난화는 (식민지) 환경을 착취해서 이윤을 얻는 자본에 저항해서 해결될 문제가 아니라, 더 나은 그린에너지나 재활용 상품을 개발하고 소비함으로써 해결해야 할 문제가 된다. 돌봄 공백은 여성의 돌봄에 지나치게 의존하는 문화나 누구도 돌봄 제공자가 되지 못할 정도로 가혹하게 돌아가는 사회구조를 바꾸어서 해결될 문제가 아니라, 필리핀 가사도우미 수입이나 가사 및 육아용품을 빨리 배달해 줄 쿠팡을 통해 해결해야 할 문제이다. 이와 마찬가지로, 우울 또한 부정의하고 불평등한 사회에 저항해서 해결될 문제가 아니라 우울증 치료제를 더 많은 사람이 구매하지 못하기 때문에 벌어지는 문제가 될 따름이다. 사유와 숙의 대신 전문가가 지배하는 사회의 논리적 귀결이다.

사회학자 볼프강 슈트렉이 지적하듯, 우리 사회에서 정치는 점점 더 가장 개인화된 행동인 소비를 닮아간다.[78] 정치에서 개인의 역할이 파편화되고 단기적인 각각의 의제들에 대처하기 위해 전문가들이 생산한 '증거 기반'의 솔루션을 받아들일지 말지를 결정하는 일에 한정되는 사회에서, 정치는 한없이 개인적인 개념으로 전락해 간다. 공통의 비전과 서사는 그게 무엇이건 '이데올로기적'이라거나 심지어는 '정치적'이라는 비난의 폭격을 받는 사회다.

그러나 공통의 이야기가 없다면 우리는 대체 어떻게 연대할 수 있으며, 연대가 없다면 정치는 대체 무엇일까? 문제는 우리가 사회가 나아지기를 원하지 않는다는 것이 아니라, 아무런 사회적 연대와 집단적 행동 없이도 사회가 나아질 수 있다는 주장에 설득당한다는 것이다. 우리의 힘이 이 사회를 공유하는 시민으로서의 우애가 아니라 각자의 개별적 노력 속에 있다고 믿는다는 것이다.

정치는 무엇보다 우리가 함께하는 하나의 방식이기도 하다. 그러나 오늘날 우리가 정치를 상상하는 방식에 '함께'가 들어갈 여지는 점점 더 적어진다. 자유와 평등마저도 더 나은 자기 계발 지식을 습득하고 더 나은 상품을 소비하기 위한 '노오력'에 달린 문제이기 때문이다. 이런 사회에서는 가장 개인적인 형태의 우정과 사랑뿐 아니라 가장 정치적인 형태의 우정과 사랑이 들어설 자리마저 없다. 어쩌면 우리가 손절하는 것은 우리의 가족과 친구만이 아니라, 동료 시민과 사회 그 자체인지도 모른다.

사랑은
나의 권력

타인은 지옥일까

자본주의에 대한 비판이 자본주의의 원동력이 되는 것은 사실 우리 시대의 일반적 증상이기도 하다. 돈을 벌기 위해 목숨을 건 경쟁에 '자발적으로' 뛰어들어 잔인하게 희생당하는 사람들의 모습을 보여주는 드라마 〈오징어 게임〉은 신자유주의의 모순이 극에 달한 시대를 살아가는 많은 이들의 공감대를 건드렸다고들 한다. 〈오징어 게임〉이 폭로하는 신자유주의의 무한경쟁을 보며 우리는 깊이 공감하고, 마치 우리 자신의 모습을 본 듯한 위안을 얻기도 한다.

그러나 체제의 바깥을 제안하지 못하는 〈오징어 게임〉의 비판적 효과란 일시적 위안과 진통제 노릇에 그친다. 결국 〈오징어 게임〉이 우리에게 남긴 것은 넷플릭스 구독권과 또 다른 드라마 굿즈들, 향수와 호기심을 자극하는 온갖 게임들이 아닌가? 이 글을 쓰는 지금도 뉴스는 〈기생충〉과 〈케이팝 데몬 헌터스〉를 엮어 K-라면의 경제적 효과를 이야기하고, 집 앞의 극장에는 〈어쩔수가없다〉 인센스를 구매하라는 포스터가 걸려 있다. 자본주의를 비판한다는 이 작품들이 소비되는 방식은 체제를 비판하지만 체제의 바깥을 상상하지는 못하는 시대, 체제에 대한 비판마저 스펙터클한 소비의 대상으로 변모해 체제의 원동력이 되고야 마는 시대의 증상이다.

우리는 왜 더 이상 연대를 믿지 않는가? 변혁이 아니라 적응과 개선만이 가능하다고 여기는, 신자유주의를 유일하게 가능한 현실로 여기는 신자유주의 리얼리즘이 우리 시대의 지배적 감수성이기 때문이다.

그리고 체제에 대한 자포자기적 원한과 열광이 교차하는 신자유주의 리얼리즘 시대의 증상이라는 점에서 〈오징어 게임〉과 현대 치료요법 문화는 궤를 같이한다.

행복, (정신) 건강, 진정성을 비롯한 치유적 가치는 개인의 건강과 행복을 갉아먹는 무한경쟁에 반하는 가치들처럼 보이기도 하며, 적어도 우리에게 위로와 공감과 인정을 준다. 그러나 역설적으로 이런 치유적 가치들은 사회적인 것을 개인적인 것으로 탈정치화함으로써, 공동체와 정치를 자기 계발과 소비로 대체하고 감정에서 관계까지 삶 전체를 노동으로 탈바꿈시키기도 한다. 고통을 치유하겠다고 주장하는 이 문화는 타인으로 인해 발생하는 고통뿐만 아니라 타인의 고통 자체를 일종의 바이러스처럼 피해야 할 대상으로 만드는 문화, 애초에 고통을 증명해야만 하는 대상으로 만들어내는 바로 그 문화이기도 하다.

오늘날 건강과 행복이라는 이름으로 선전되는 것은 정신 건강이나 인간관계에 대한 철학이기 이전에 무엇보다 고통의 철학이기도 하다. 인간적 갈등으로 인한 고통이건 버거운 사회적 짐을 짊어짐으로써 발생하는 고통이건 간에, 모든 고통은 성찰이나 유대, 연대의 계기가 아니라 치료되어야 할 요소, 즉 홀로 해결해야만 할 무언가라는 것이 현대 치료요법 문화가 선전하는 고통 철학이다. 이 철학에서 타인은 기껏해야 잠재적 고통의 근원이나 통제의 대상일 뿐이다.

이런 면에서, 치료요법 문화가 우리에게 보내는 메시지는 〈오징어 게임〉을 위시한 이른바 데스게임 드라마가 선전하는 메시지와 놀랍도록 유사하다. 〈오징어 게임〉은 신자유주의를 비판하는 드라마로 평가받는다. 그러나 고통 앞에 점점 더 가학적으로 변하는 인간 군상에 집중하는 이 드라마를 보고, 적지 않은 사람들이 인간은 인간에게 늑대 같은 존재일 뿐이며 이런 세상에서 믿을 수 있는 것은 오로지 나 자신뿐이라는 인상을 받는다.

이와 마찬가지로, 삶의 모든 문제를 치료의 대상으로 생각하게 하는 이 문화는 신자유주의적 경쟁에서 한숨 돌리게 하는 진보적 문화처럼 보이기도 한다. 그러나 이러한 문화적 환경에서, 우리는 타인과 공동체가 나의 정신적 삶에 유익하기는커녕 방해물이 되기 일쑤이며, 나의 괴로움은 나 스스로 치유해야 하는 문제라는 인상을 받는다. 고통받는 인간에게 인간적 유대와 공동체적 연대를 찾는 것은 별 도움이 되지 않는 일, 심지어는 인간 본능을 거스르는 일이라는 것이다.

행복과 건강을 외치는 문화와 경쟁과 각자도생을 외치는 문화는 한 바퀴 돌아서 이렇게 만난다. 모든 이데올로기는 이데올로기가 아니라 객관적 사실이나 현실을 가장할 때 가장 큰 효과를 발휘하게 마련이다. 〈오징어 게임〉이 신자유주의의 '현실'을 표현한 것으로 인식되는 것만큼이나, 치료요법 문화는 과학을 가장하기에 객관적이고 현실적으로 보인다.

우리가 우리의 고통을 개인적으로 해결할 문제로 받아들이는 것은 무엇보다도 그것과 다르게 믿는 것이 비현실적이라고 여기기 때문이다. 그러나 다른 인간은 고통의 해결책이 아니라 원인일 뿐이라는 주장은 객관적 현실이 아니라 하나의 이데올로기에 지나지 않는다. 현 상황을 인간 본성에 근거한 것, 그래서 '어쩔 수가 없는' 것으로 만들어내는 이데올로기인 것이다.

치유문화의 전문가들과 자칭 신자유주의에 대한 비판자들이 한마음 한뜻으로 선전하는 초개인주의 철학은 신자유주의의 새로운 표현형에 불과할 뿐이다. 인간적 상호작용의 고통을 비롯한 모든 고통을 피하는 것이 가능하다며 우리를 구슬리는 시장을 통해, 인간적 유대마저 자급자족할 수 있다는 개인주의의 환상은 한층 더 매력적이고 설득력 있게 변모한다.

"인간은 사회적 동물"이라는 말의 어두운 이면은 오래도록 신자유주의 시대를 살아가는 우리의 상상력을 지배해 왔다. 최근 한국 사회에서는 귀스타브 르 봉의 《군중심리*Psychologie des foules*》가 다시금 베스트셀러 반열에 오르기도 했다. 이 책의 한국어판 제목 가운데 하나인 《현명한 존재는 무리에 섞이지 않는다》는 우리 시대의 지배적 감수성을 요약한다. 군중에 섞이면 현명한 사람도 군중의 광기에 물들어 우매하고 잔인한 본능을 드러낼 수 있다는 것이 귀스타브 르 봉의 생각이었다.

무인도에 표류한 뒤 점차 광기에 물들어 여러 무리로 쪼개지고 잔혹하게 변모하는 소년들의 모습을 그린 노벨문학상 수상 작가 윌리엄 골딩의 소설 《파리대왕》은 여전히 많은 교육기관에서 필독서로 선정된다.

2차 세계대전을 계기로 심리학계에서는 인간의 어두운 측면, 그중에서도 인간의 사회성이 유발하는 어두운 측면에 주목하는 연구가 물밀듯이 쏟아져 나왔다. 일명 '스탠퍼드 교도소 실험'으로 알려진 스탠퍼드 대학 심리학과 교수 필립 짐바르도의 실험은 세계에 큰 충격을 주었다. 교도관 역할을 맡은 이들이 단지 자신이 교도관에 배정되었다는 이유만으로 죄수 역할을 맡은 사람들에게 상당한 폭력성을 보였다고 짐바르도 교수가 주장했기 때문이다. 집단에 소속되는 것이 유발하는 탈개인화가 인간의 가장 어두운 본성을 끌어낸다는 것이다.

파시스트 전범국이 저지른 불가해한 전쟁 범죄에 대한 공포는 오래지 않아 서구 사회와는 180도 다른 사회라는 '공산주의' 사회에 대한 문화적 공포로 이어지기도 했다. 인간의 지나친 사회성이 유발하는 악에 대한 문화적 공포는 '자유'와 '개인주의'가 무엇을 의미하는지를 질문할 새도 없이 우리가 승자 독식의 개인주의와 소수를 위한 자유를 받아들이게 만드는 계기가 되었다.

이렇게 보면 인간이 함께 살아가는 존재라는 것은 지독한 저주이고, 고통 앞에 서로에게 한없이 잔인해지는 것이야말로 인간의 본성인 것만 같다. 더불어 사는 삶에서 고통은 피할 수 없는 요소라는 사실을 받아들이기 이전에, 더불어 살아야 하는 이유 자체를 찾기가 어려운 시대다. 그러나 진실은, 고통 앞에 손을 내밀고 연대하는 것이야말로 인간의 본능이라는 것이다.

역사는 거대한 재앙과 고통이 닥쳤을 때 인류가 절망에 빠지고 분열하는 것이 아니라 서로를 찾아나섰다는 것을 보여준다. 타인에게 손을 내밀고자 하는 의지는 때로 죽음의 공포를 초월한다. 타이태닉호나 세월호 침몰 등의 재해, 체르노빌이나 홀로코스트 같은 재앙 앞에서도 자신을 희생하면서 타인을 도운 평범한 사람들의 이야기를 우리는 수도 없이 많이 들어왔다. 그러면서 아마도 이들이 특별히 고결하고 고귀한 사람들이기에 가능했던 일이라고 생각하기도 한다. 물론 이들의 용기와 영웅적 행위는 추앙받아 마땅하다. 그러나 한편으로 거대한 절망과 고통 앞에서 피어오르는 유대감과 연대는 인류의 보편적 특성이다.

2차 세계대전 당시, 공습을 겪은 지역은 절망과 정신 건강 문제에 빠지기는커녕 오히려 활력이 넘치는 모습을 보여주었다. 모든 사람이 일제히 서로를 돕고 공동체를 건설했으며, 그 결과 사람들은 폭격에도 동요하지 않았고 사기를 잃지 않았다. 전쟁이 끝난 뒤 영국인들은 심지어 대공습 시절을 그리워하기까지 했다.[1] 델라웨어 대학 재난연구센터의 자료에 기반한 연구는 재난 상황에서 강력 범죄가 감소하며 사람들은 공짜로 물건을 주고 도움을 제공하는 등 친사회적 행동을 하기 위해 애쓴다는 것을 보여주었다.[2]

인류학자 마거릿 미드는 "인류 문명의 첫 번째 증거는 무엇인가?"라는 질문에 불도, 석기도, 바퀴도 아닌 "부러졌다 붙은 흔적이 있는 다리뼈"를 첫 번째 신호로 제시했다고 알려져 있다. 1965년 통가의 무인도 아타섬에 여섯 명의 소년이 15개월간 표류하는 일이 벌어졌을 때, 이들은 《파리대왕》에서처럼 죽고 죽이기는커녕 서로 돕고 협력한 끝에 건강한 모습으로 구조되었다. 구조된 소년들 중 섬의 절벽에서 떨어져 다리가 부러졌던 소년의 다리는 완벽하게 붙어 있었다. 사실 여부의 불분명함에도 불구하고 이 일화가 이토록 널리 알려진 것은 미드의 주장이라고 알려진 것이 허황되지 않다는 것을 우리가 이미 알고 있기 때문이다.

짐바르도의 실험에는 실험자의 적극적 개입과 조작이 있었던 것으로 밝혀지기도 했다. 영국 BBC 방송 주관으로 심리학자 알렉산더 하슬람과 스티븐 레이처가 같은 실험을 재현했을 때 교도관 역할을 맡은 참가자들은 자신의 역할을 전혀 내키지 않아 했으며, 7일차가 되자 교도관 역할을 맡은 사람과 죄수 역할을 맡은 사람들은 모든 구성원이 동등한 새로운 공동체를 만들어내기도 했다.[3]

단순히 인간이 본래 선량하다는 성선설을 말하려는 것이 아니다. 누군가에게는 선인 것이 다른 누군가에게는 악일 수 있다. 한편 우리가 우리와 관계를 맺는 대상으로 생각할 수 있는 인식의 범위에는 여전히 뚜렷한 한계가 존재한다. 우리는 여전히 잔인한 공장식 축산업의 결과물로 탄생한 고기를 소비하고, 경제적으로 벼랑에 내몰린 여성들이 찍은 포르노를 시청하며, 이 글을 쓰고 있는 필자 역시 비윤리적 경로로 만들었을 게 자명한 싸구려 패스트패션 옷을 입고 있다.

환경과 분리된 개인의 본성에 관해 말할 수 없는 것과 마찬가지로, 인간의 본성을 한 가지로 쉽게 요약할 수는 없다. 그러나 내가 말하고자 하는 것은 고통 앞에 연대하는 것이야말로 인간이라는 종의 본능이라는 점이다. 인간이 만물의 영장이 될 수 있었던 이유는 개별 개체의 강인한 신체적 능력 때문이 아니라 한 개체의 한계를 넘어 서로를 염려할 수 있는 능력 때문이었다. 타인을 뛰어넘어 우월해질 수 있는 능력이 아니라 서로를 믿고 염려하는 능력이야말로 우리의 힘, 인류가 고통을 이겨낸 힘인 것이다.

사랑할 수 있는 능력은 힘들게 갈고닦아야만 하는 능력이기도 하다. 그러나 인류의 사랑할 수 있는 능력 덕분에, 우리는 지금 이렇게 군홧발과 쇠창살의 두려움이 지배하는 어두운 시대를 지나 이곳에서 글을 통해 만난다.

인간적 유대와 연대는 자조 상품이나 상품화된 관계처럼 쉽게 소비할 수 없고, 번거롭거나 고통스럽기까지도 하다. 그러나 연대와 공동체야말로 홀로 다룰 수 없는 문제를 해결하기 위해 인간이 의지할 수 있는 유일한 수단이기도 하다. 인간이 의지하고 연대하며 살아가는 것은 인간이 선량하기 때문이 아니라 그러지 않고서는 자신부터가 살아갈 수 없기 때문이다.

신자유주의가 단지 경제 이론이나 경제체제가 아니라 하나의 문화적 세계관이라면, 저항을 위해서는 무엇보다 이 세계관의 근본 전제에 의문을 제기해야 한다. 모든 회복과 저항이 개인주의적으로 이루어져야 한다는 바로 그 전제를 의문시하지 않고서 우리는 진실로 치유될 수도 저항할 수도 없다. 인간의 필연적 상호 의존성을, 서로를 책임질 수 있는 능력을 믿어야만 우리는 진실로 다른 세계를 상상할 수 있다.

너는 나에게 신

서로를 책임질 수 있는 인간의 능력을 믿는다고 할지라도, 고통을 해결하는 것은 여전히 괴롭고 지난한 과정이다. 경제적 부정의에서 사회문화적 부정의까지 현대인의 고통을 매개하고 초래하는 사회적 원인은 여기에 일일이 나열하지 못할 정도로 수없이 많다. 우리를 괴로움과 우울에 빠트리는 이 모든 부정의와 불평등을 쉽게 시정할 수 있다고 믿기는 어렵다. 고통을 홀로 손쉽게 해결할 수 있다고 선전하는 자조 매체와 상품들이 우리에게 매력적으로 다가올 수밖에 없는 이유이다.

대체 왜 우리는 막막하기 그지없는 전망에도 불구하고 서로를 찾아야만 하는 것일까? 우리가 해결하고자 하는 많은 것들은 어쩌면 우리가 죽을 때까지도 미결의 과제로 남을 것이다. 게다가 함께하기 위한 노력은 죽도록 고통스럽고 우리의 생존을 위협하는 경우도 적지 않다. 이 세상이 바뀔 것을 믿느니 차라리 노력하면 부자가 될 수 있다고 믿는 게 쉽다.

이 책은 우리가 연대하는 것만으로 당신의 모든 문제를 손쉽게 해결할 수 있다고 주장하지 않는다. 어떤 상처들은 영원히 열린 채 남을 수도 있다. 그러나 고통에는 인간을 봉합하는 힘이 있다. 그리고 연결됨으로써 우리는 우리의 고통과 우리 자신을 비로소 초월하게 된다. 우리가 그 모든 어려움에도 불구하고 서로와 연결되어 살아가야만 하는 이유이다.

자아를 낱낱이 분석하고 자아를 그 무엇보다 소중히 여기라는 명령이 도처에 가득한 시대지만, 이 책에서 계속해서 살펴보았듯이 자아에 대한 과한 집중은 그 자체로 우리를 불행과 무상감에 빠뜨리는 원인이기도 하다. 심리학자 마크 리어리는 이런 면에서 자아를 축복이자 '저주'라고 표현한다. 역사상 가장 비종교적인 시대에도 영성, 즉 자아를 벗어나 거대한 전체와의 합일을 희구하는 움직임이 끊이지 않는 이유일 것이다. 영성을 연구하는 심리학자들은 영성에 대한 추구가 인간의 본능적 욕구라고 주장하기도 한다.[4]

신체적 고통은 신체적 상처의 크기에 비례해서 경험된다. 그렇기에 인간은 온 힘을 다해 신체적 경계를 지키기 위해 노력한다. 이제는 같은 원리를 정신에도 적용해, 우리는 이제 자신의 정신적 경계를 지키기 위해 발버둥을 친다. 그러나 정신적 고통은 '상처의 크기'가 아니라 우리가 살아가는 정신적 삶의 깊이와 넓이에 좌우되며, 우리의 정신적 삶을 결정하는 것은 결국 우리가 맺는 관계와 우리가 속한 공동체다. 가령 직장인들의 우울증은 노동의 과중함 자체가 아니라 의미 있는 관계, 즉 상호적 인정 및 존중의 부재와 더 깊은 관련이 있다.[5]

역사는 가장 어두운 광산의 갱도 속에서도 희망을 보는 이들의 의지, 총부리 앞에서도 의지를 굽히지 않는 이들의 결의, 죽음의 그림자 속에서도 활짝 웃을 수 있는 이들의 용기로 가득하다. 고통의 결속력을 통해 고양되고 확장된 인간의 정신은 자아를 위협하는 현실적 공포를 초월하고, 그 결과 고통 앞에서도 인간의 삶은 오히려 활짝 피어나기까지 한다. 인간의 영혼은 자아의 경계를 긋고자 하는 의지가 아니라, 우리의 경계가 서로의 경계와 겹쳐져 있음을 인정하고 '너'와 하나가 되어 '우리'가 되려는 의지를 통해 힘을 얻는 것이다. 어쩌면 희망이란 구체적인 전망이나 가능성이 아니라, 고통과 실패 속에서도 나를 알아줄 사람이 있다는 바로 그 사실 속에 있는지도 모른다.

타자와의 합일을 통해 정신세계가 확장될 때 우리는 비로소 나와 고통받는 나의 자아라는 감옥을 넘어선다. 나의 고통을 우리의 고통으로 경험하지 않고서는 고통의 무게를 덜 길이 없는 이유다. 바깥을 향해 확장된 정신 속에서 우리는 의미를 찾게 되며, 확장된 정신 속에서 비로소 고통과 결핍은 창조성의 원천이 된다.

가장 위대한 예술 작품들 다수가 사회적 격변기에 탄생한 것은 우연이 아니다. 창조성은 단지 한 개인이 소유하는 힘이 아니라 여러 사람의 마음이 서로에게 감응함으로써 탄생하는 힘이기 때문이다.

군중에게서 광기를 보았던 르 봉과 달리, 에밀 뒤르켐은 군중의 열광 속에서 창조적 힘의 원천을 찾았다. 그는 "우리를 붙잡고, 우리 자신 너머로 고양하고, 우리 자신을 변모시키는"[6] 거대한 움직임이 만드는 집합적 열광의 힘에서 《자살론》 이래 그가 탐구해 온 현대성의 병폐를 풀어나갈 실마리를 찾았던 것이다. 인간에게는 종교가 필요하다. 인간은 신도 마법도 없는 세상에서 살아갈 수 없다. 그러나 뒤르켐이 발견한 것은 인간이 숭배하는 신성한 힘이란 결국 사회 자체의 힘이라는 사실이다. 함께 모이고 생각하는 창조적 열광 속에서 우리는 서로에게 신이 된다.

인간은 죽음을 두려워하지 않는다. 인간이 진정으로 두려워하는 것은 죽음이 아니라 살 가치가 없는 삶이다. 그리고 더 많은 자극이 아니라 더 많은 열정과 사랑만이 삶을 두렵게 만드는 권태로부터 우리를 구할 수 있다. 인간적 유대와 연대를 복원하는 것만으로 모든 문제를 마법같이 해결할 수는 없다. 그러나 우리에게는 여전히 서로가 필요하다. "눈앞에 주어진 것 이상의 다른 것을 경험하고 상상할 수 있는 존재"가 인간이라는 존재의 정의라면, 다른 인간은 우리가 인간으로 살기 위한 전제 조건이기 때문이다.

사랑은 나의 권력

그렇다면 우리는 의미 있는 관계, 나아가 사회적 연대를 어떻게 회복해야 할까? 어떻게 하면 우리는 서로를 치유할 수 있을까? 이 책의 서론에서부터 언급했듯이, 현대 사회에서 인간적 유대와 연대가 사라지는 것이 단지 시대적 감수성의 변화 때문만은 아니다. 절대다수의 삶을 취약한 기반 위에 두는 현재의 삶이 관계를 맺고 공동체를 형성하는 데 필요한 현실적 자원들을 갉아먹기 때문이다.

현대 사회의 외로움 위기를 해결하기 위해서 근본적으로 필요한 것은 노동과 시간의 재편이다. 외롭지만 그렇기에 유동적이고, 소비할 만큼은 불행하지만 기능하지 못할 만큼 불행하지는 않은 개인은 바로 이러한 유형의 인간이 이 사회에 가장 잘 적응할 수 있는 인간상이기 때문에 생겨난다. 이런 현실의 무게는 결코 가볍지 않으며, 오랜 시간에 걸친 구조적 재편이 필요한 문제이다. 그러나 그렇다고 해서 우리가 지금 당장 할 수 있는 일이 없는 것은 아니다. 취약함과 고통받음의 경험은 관계와 공동체에 필수적인 능력인 사랑할 수 있는 능력, 다시 말해 귀 기울여 들을 수 있는 능력을 선물하기 때문이다.

이미 살펴보았듯이 고통받을 일이 현저히 적은 삶은 인간성을 무디게 만드는 반면, 낮은 사회적 지위는 타인의 삶의 맥락을 이해하려는 의지와 공감 능력을 날카롭게 다듬기도 한다. 그리고 고통을 인간 사회의 접착제로 만드는 힘은 이처럼 고통이 우리의 귀 기울이는 능력을 강화한다는 데서 온다.

우리는 쉽게 마음의 문을 열지 않는 타인과 사회의 모습에 좌절하곤 하지만, 정작 마음의 문을 열 수 있는 우리 스스로의 능력에 대해서는 놀라울 만큼 무감하다. 마음이 문이라면 누군가는 열쇠가 되어야만 한다. 그리고 고통받음과 취약함의 경험은 열쇠가 될 수 있는 우리의 능력에 힘을 실어준다.

타인의 목소리보다 내면의 목소리를 듣는 것을 중시하고, 정확히 무엇을 고백하는지도 알지 못하는 채 내면의 이야기를 털어놓을 것만을 강조하는 문화에서 듣는 행위의 중요성은 점점 잊히고 있다. 그러나 아이러니하게도, 관계를 완성하고 연대를 만들어내는 힘, 외로운 우리가 그토록 갈망하는 그 힘은 말하기가 아닌 듣기에 있다. 〈사랑은 나의 권력〉이라는 한 시의 제목이 의미하는 바란 그런 것이다.

미하엘 엔데의 《모모》는 사랑의 원형은 바로 경청임을 보여주는 동화이기도 하다. 주인공 모모는 이야기하라며 채근하지도, 질문을 던지지도 않는다. 그저 "가만히 앉아서 따뜻한 관심을 갖고 온 마음으로 상대방 이야기를 들을" 뿐이다. 그러나 모모의 사려 깊은 눈빛 속에서 사람들은 "지금 있는 그대로의 나와 같은 사람은 이 세상에 단 한 사람도 없다. 그렇기 때문에 나는 나만의 독특한 방식으로, 이 세상에서 소중한 존재다"라는 사실을 깨닫는다.[7] 인간을 진정 특별한 존재로 만드는 것은 "나는 특별하다"고 끊임없이 되뇌는 자아와의 대화가 아니라, 나를 고유하고 특별한 존재로 대하는 타인의 경청하는 눈빛이다.

타자를 분석하고 활용하고 정복해야 할 존재, 어떠한 신비도 경이도 없는 도구적 존재로 보는 서구적·남성적 시각의 지배에서 벗어나, 타자를 우리에게 말을 거는 하나의 영혼을 가진 존재로 대우할 때 비로소 유대감은 자라나고 연대는 시작된다.

인간은 상품이 아니기에 우리를 특별하게 만드는 것은 결국 이런저런 꼬리표와 분류가 아니라 우리 고유의 이야기이며, 이야기는 듣는 사람을 통해 비로소 세상에 나오고 완성된다. 같은 이야기를 우리 자신의 이야기에도 적용할 수 있다. 흔히 우리는 나의 이야기는 이미 나의 내면에서 완성되어 있고, 단지 들을 사람이 없어서 세상에 나오지 못하는 것뿐이라고 생각한다. 그러나 모든 이야기는 결국 누군가, 혹은 무언가의 말 걸기에 대한 우리 자신의 응답이기도 하다. 경청의 힘을 잃어버림으로써 우리는 타인뿐만 아니라 우리 자신마저 잃어버렸는지도 모른다.

'내가 누구인가' '나는 왜 고통받고 있는가'라는 질문을 이해하기 위해서라도, 우리는 들어야만 한다. 사주에서 세로토닌까지, 내 인생의 의미를 설명할 단 하나의 서사를 알려주겠다는 유혹이 끊이지 않는 사회지만 의미는 무엇보다 대화를 통해 찾아지는 것이기도 하다. 주의 깊게 듣지 않고서 우리 자신의 이야기를 완성할 길은 없다. 사랑의 원형과도 같은 존재인 경청마저 상품화함으로써, 우리는 이토록 많은 것을 놓치게 되었다.

모든 사람이 가진 것을 아낌없이 베푸는 아가페적이고 신적인 사랑을 할 수는 없다. 그러나 우리는 언제나 듣겠다고 결심할 수는 있다. 우리는 언제나 고통을 털어놓을 수는 없다. 그러나 언제나 들어보겠다고 결심할 수는 있다. 존엄의 증거를 끊임없이 증명하지 않아도, 고통을 증명하지 않아도 너그러운 사회에서 살고 싶다면 우리 자신이 그런 사회의 일부가 되어야만 한다.

가까운 관계 하나를 맺는 것조차 힘겨워진 시대에, 사회적 연대와 고통의 사회적 해결을 말하는 것은 너무나 멀게 느껴지기도 한다. 그러나 모든 거대한 연대의 시작에는 영웅의 탄생이 아니라, 귀 기울여 듣겠다는 한 사람의 결심이 있었다. 귀 기울여 들을 수 있는 능력은 고통이 우리에게 주는 가장 위대한 선물이다. 변화는 당신에게서 시작될 수 있다.

정말로 혼자인 사람은
아무도 없다

나 자신의 사회적 자본을 자랑하며 독자 여러분께 사회적 유대와 연대의 중요성을 상기시킬 수 있다면 좋았겠지만, 사실 독립 연구자로서 이 글을 쓰는 것은 상당히 고독한 경험이기도 했다. 최종 원고를 전송하기 전까지 이 책을 한 페이지라도 읽어본 사람은 한 손에 꼽는다. 그러나 고독이 점점 더 선명해질수록, 오히려 진실로 혼자 살아가는 사람은 아무도 없다는 것을, 혼자만의 결정과 노력으로 이루어지는 것은 아무것도 없다는 것을 더욱 또렷이 깨닫게 된다.

나를 믿고 지지해주는 사람들이 없었다면 나는 어떠한 학술 공동체의 보호도 받지 않고 연구를 하고 글을 쓰는 시간을 이렇게 오래 견딜 수 없었을 것이다. 석사 논문을 가공한 글도, 박사 논문도 아닌 독립 연구로 글을 쓰겠다는 내 결정을 이해하는 사람은 많지 않았다. 그러나 내게 있어 글을 쓰는 것은 나의 의식적인 선택이기보다는 어떤 불가항력과도 같은 일이었다. 다른 것을 포기하고서라도 지금 써야만 한다고 느끼는 순간들이 있다. 그러나 내가 책을 쓰기 시작한 것이 정말 불가항력에 의한 것이라 할지라도, 내가 책을 끝마칠 수 있었던 것은 전적으로 나를 믿고 지지해준 사람들 덕분이다.

순간의 착상을 책으로 옮기도록 격려해준 글쓰기 모임 친구 허예현과 신정민, 아무런 배경도 없는 신인 연구자를 세상 밖으로 꺼내 준 편집자 홍민기 선생님, 언제나 변함없이 내 곁을 지켜온 나의 연인 박성준, 창작의 배고픔을 함께한 나의 친구 장비단에게 가장 먼저 진심 어린 감사의 말을 전한다. 아무런 연고도 없는 후학의 글에 선뜻 너그러운 추천사를 써주신 김수영 선생님과 엄기호 선생님에게도 깊이 감사드린다. 책을 쓰기 전과 후의 내가 얼마나 다른 사람인지를 생각하면 스스로도 놀랍다. 사람은 타인이 자신에게 주는 믿음의 크기만큼 성장한다는 것을 다시금 체감하게 된다. 그런 면에서 내가 조금이라도 성장했다면 이는 크게 내세울 것이 없는 신인 작가인 나를 믿고 이 페이지까지 와준 독자 여러분 덕분이기도 하다.

나의 결정과 성장이 오로지 나의 것이 아닌 만큼이나, 여기에 있는 나의 문장들 또한 나만의 것이 아니다. 어린 시절의 나는 읽고 쓰는 것을 특출나게 좋아하는 사람이 아니었다. 내가 지금처럼 쓰는 사람이 될 수 있었던 것은 무엇보다 〈녹지〉 시절의 동료들 덕분이다. 처음 만나는 피 끓는 동료애, 대자보 쓸 일이 끊이지 않는 시대가 나를 지금의 나로 만들었다. 글을 쓰다 보면 어느 순간 내가 글을 쓰는 것이 아니라 글이 나를 쓴다고들 한다. 내가 쓰는 보잘것 없는 문장이 단 한 명의 심금이라도 울렸다면 그것은 내 영혼을 거쳐 간 수많은 시인과 철학자들과 음악가들이 나를 대신해 말하는 덕이다. 나의 가장 하잘것없는 성과조차 오로지 나만의 것이 아니라는 사실을 생각하면 내 마음은 기이한 희망으로 벅차오른다. 나의 영혼과 의식이 나만의 것이 아니라는 사실 덕에 나는 오늘 더 큰 사람이 되었다.

주

서론 : 가장 외로운 시대, 가장 외로운 세대

1   엠브레인 콘텐츠사업부, "낮아지는 신뢰감, 깊어지는 외로움 이제는 '국가'의 역할이 필요한 때", 엠브레인 트렌드모니터, 2024, https://www.trendmonitor.co.kr/tmweb/trend/allTrend/detail.do?bIdx=2994&code=0404&trendType=CKOREA.

2   최선아, "[기획] 누가, 얼마나 외로운가?-외로움 실태조사", 한국리서치 여론 속의 여론, 2024. 2. 21, https://hrcopinion.co.kr/archives/29126.

3   황보연, "외로움전담관, 고립·고독에 대한 공적 개입 [유레카]", 〈한겨레〉, 2023. 5. 28, https://www.hani.co.kr/arti/opinion/column/1093592.html.

4   한화손해보험, 〈2539 외로움 및 관계맺기 인식 조사보고서〉, https://www.hanwha.co.kr/newsroom/media_center/news/news_view.do?seq=13652.

5   Kaitlin Reily, "19% of U.S. Adults Report Frequently or Always Feeling Lonely, New Yahoo/YouGov Poll Finds. Here's Why—and Which Age Group is Affected Most", *Yahoo News*, 2024. 5. 20, https://www.yahoo.com/lifestyle/19-of-us-adults-report-frequently-or-always-feeling-lonely-new-yahooyougov-poll-finds-heres-why--and-which-age-group-is-affected-most-090036452.html.

6   Luke Mintz, "The Surprising Truth about the Generations that Suffer Loneliness the Most", *BBC News*, 2025. 12. 18.

7   이준목, "멀쩡한 청년들이 '쓰레기집'에서 살아가는 이유", 〈오마이뉴스〉, 2024. 5. 12, https://star.ohmynews.com/NWS_Web/OhmyStar/at_pg.aspx?CNTN_CD=A0003029385.

8   Cornelia Wrzus, Martha Hänel, Jenny Wagner and Franz J. Neyer, "Social Network

Changes and Life Events Across the Life Span:A Meta-Analysis", *Psychological Bulletin*, 2013, 139(1), pp. 53~80.

9 김성아·노현주·안수란·이소영·조성은·고든솔·신영규, 〈사회정책 성과 및 동향 분석 기초연구〉, 한국보건사회연구원, 2022, pp. 183~184.

10 Milan Dinic, "The YouGov Friendship Study", Yougov, 2021. 12. 16, https://yougov.co.uk/society/articles/38491-yougov-friendship-study.

11 Erik H. Erikson, *Identity: Youth and Crisis*, Norton, 1968.

12 사단법인 오늘은, 〈2024 청년 세대 관계실조 보고서〉, 2024. 8. 12.

13 Will Tanner, Fjolla Krasniqi and James Bladgen, *Age of Alienation: The Collapse in Community and Belonging among Young People, and How We Should Respond*, UK Onward, 2021, p. 15.

14 Arlie Russell Hochschild, *The Time Bind: When Work Becomes Home and Home Becomes Work*, Macmillan, 2001, p. 18.

15 이창준, "실질 임금 상승률 '0%대'", 〈경향신문〉, 2024. 2. 27, https://www.khan.co.kr/article/202402272135035.

16 자라 바겐크네히트, 《풍요의 조건》, 장수한 옮김, 제르미날, 2018, p. 29(Sahra Wagenknecht, *Reichtum ohne Gier: Wie wir uns vor dem Kapitalismus retten*, Campus Verlag, 2018).

17 엠브레인 콘텐츠사업부, "혼자는 싫은데, 함께는 또 버겁다. '외로움'의 역설", 엠브레인 트렌드모니터, 2025, https://trendmonitor.co.kr/tmweb/trend/allTrend/detail.do?bIdx=3240&trendType=CKOREA.

18 최선아, "[기획] 누가, 얼마나 외로운가?-외로움 실태조사", 한국리서치 여론 속의 여론, 2024. 2. 21, https://hrcopinion.co.kr/archives/29126.

19 웬디 브라운, 《민주주의 살해하기》, 배충효·방진이 옮김, 내인생의책, 2017, p. 17 (Wendy Brown, *Undoing the Demos*, Zone Books, 2015).

1부 : 내게 유해한 사람

1 William Blake, *The Complete Poetry of Prose of William Blake*, ed. David V. Erdman, Amchor Books, 1988, p. 506.

2 Alaim Badiou, *Im Praise of Love*, trans. Peter R. Bush, Serpent's Tail, 2012, p. 8.

손절／
／사회

3   미셸 푸코, 《생명관리정치의 탄생》, 심세광 외 옮김, 난장, 2012(Michel Foucault, *Naissance de la biopolitique: cours au Collège de France. 1978—1979*, Gallimard, 2004).

4   Prabhakar Raghavan, "Brainstorm Tech 2022: Organizing The World's Information", *Fortune*, 2022. 7. 13, https://fortune.com/videos/watch/Brainstorm-Tech-2022-Organizing-The-Worlds-Information/934585a6-7fb6-41a5-8ef3-e497f8ca2986.

5   "Using TikTok as a Search Engine", *Adobe Express*, 2024. 3. 1, https://www.adobe.com/express/learn/blog/using-tiktok-as-a-search-engine.

6   Eleanor Morgan, "'That's Triggering!' Is Therapy-Speak Changing the Way We Talk about Ourselves?", *The Guardian*, 2023. 8. 20, https://www.theguardian.com/society/2023/aug/20/triggered-toxic-narcissist-are-you-fluent-in-therapy-speak.

7   Katy Waldman, "The Rise of Therapy-Speak", *The New Yorker*, 2021. 3. 26, https://www.newyorker.com/culture/cultural-comment/the-rise-of-therapy-speak.

8   앞의 글.

9   Morgan, "'That's Triggering!' Is Therapy-Speak Changing the Way We Talk about Ourselves?".

10   Rachel Rasker and Grace Jennings-Edguist, "What is Therapy Speak and Why has it Taken over the Internet?", *ABC NEWS*, 2023. 4. 5, https://www.abc.net.au/news/2023-04-05/what-is-therapy-speak-and-why-has-it-taken-over-the-internet/102181316.

11   에바 일루즈, 《근대 영혼 구원하기》, 박형신·정수남 옮김, 한울아카데미, 2023, p. 23(Eva Illouz, *Saving the Modern Soul: Therapy, Emotions, and the Culture of Self-Help*. University of California Press, 2008).

12   Sara Chernikoff, "Gen Z is Less Likely to Have a Driver's License. Here's Why", *USA Today*, 2024. 5. 17, https://www.usatoday.com/story/graphics/2024/05/17/gen-z-less-likely-get-drivers-license/73678202007/.

13   Charles Fain Lehman, "Fewer American High Schoolers Having Sex Than Ever Before", *Imstitute for Family Studies*, 2020. 9. 1, https://ifstudies.org/blog/fewer-american-high-schoolers-having-sex-than-ever-before#:~:text=Just%2027.4%25%20of%20teens%20were,some%20more%20so%20than%20others.

14   Vivienne Walt·김다린, "글로벌 최대 맥주회사 CEO의 고민 '술 안 먹는 청년들'", 〈포춘 코리아〉, 2024. 11. 22, https://www.fortunekorea.co.kr/news/articleView.

html?idxno=44747.

15 조너선 하이트, 《불안 세대》, 이충호 옮김, 웅진지식하우스, 2024, pp. 48~52(Jonathan Haidt, *The Anxious Generation: How the Great Rewiring of Childhood Is Causing an Epidemic of Mental Illness*, Penguin, 2024).

16 사단법인 오늘은, 〈2024 청년 세대 관계실조 보고서〉, 2024. 8. 12.

17 Sean Nolan, "Hinge Releases Report on Gen Z and Rejection", *Global Dating Insights*, 2024. 2. 13, https://www.globaldatinginsights.com/news/hinge-releases-report-on-gen-z-rejection/.

18 Rob McGee, "Does Stress Cause Cancer?: There's No Good Evidence of a Relation between Stressful Events and Cancer", *British Medical Journal*, 319(7216), 1999, pp. 1015~1016.

19 Denis Campbell, "Half of Britons Mistakenly Believe Stress Causes Cancer", *The Guardian*, 2018. 3. 7, https://www.theguardian.com/society/2018/mar/07/half-of-britons-mistakenly-believe-stress-causes-cancer.

20 Firdaus S. Dhabhar, "The Power of Positive Stress-a Complementary Commentary", *Stress*, 22(5), 2019, pp. 526~529.

21 Dana Becker, *One Nation Under Stress: The Trouble with Stress as an Idea*, 2013, pp. 160~161.

22 조너선 하이트·그레그 루키아노프, 《나쁜 교육》, 왕수민 옮김, 프시케의숲, 2019, p. 50(Greg Lukianoff and Jonathan Haidt, *The Coddling of the American Mind: How Good Intentions and Bad Ideas Are Setting Up a Generation for Failure*, Penguin UK, 2018).

23 Becker, *One Nation Under Stress*, pp. 151~153.

24 Mind UK, "Trauma", https://www.mind.org.uk/information-support/types-of-mental-health-problems/trauma/about-trauma/(2025. 4. 1 검색).

25 Nick Haslam, "Looping Effects and the Expanding Concept of Mental Disorder", *Journal of Psychopathology*, 22(1), 2016, pp. 4~9.

26 하이트·루키아노프, 《나쁜 교육》, p. 49(Lukianoff and Haidt, *The Coddling of the American Mind*).

27 Richard J. McNally, Richard A. Bryant and Anke Ehlers. "Does Early Psychological Intervention Promote Recovery from Posttraumatic Stress?", *Psychological Science in the Public Interest*, 4(2), 2003, pp. 45~79.

28 Becker, *One Nation Under Stress*, 2013, p.175.

29 하이트·루키아노프, 《나쁜 교육》, p. 56(Lukianoff and Haidt, *The Coddling of the American Mind*).

30 존 카치오포·윌리엄 패트릭, 《인간은 왜 외로움을 느끼는가》, 이원기 옮김, 민음사, 2013, pp. 11~33(John T. Cacioppo and William Patrick, *Loneliness: Human Nature and The Need for Social Connection*, W. W. Norton and Company, 2008).

31 프랭크 푸레디, 《치료요법 문화》, 박형신·박형진 옮김, 한울아카데미, 2016, p. 273(Frank Furedi, *Therapy Culture: Cultivating Vulnerability in an Uncertain Age*, London: Psychology Press, 2004).

32 이언 해킹, 《영혼 다시 쓰기》, 최보문 옮김, 바다출판사, 2024, p. 48(Ian Hacking, *Rewriting the Soul: Multiple Personality and the Sciences of Memory*, Princeton University Press, 1998).

33 Hans S. Schroder, Jessica M. Duda, Kirsten Christensen, Courtney Beard and Thröstur Björgvinsson, "Stressors and Chemical Imbalances: Beliefs about the Causes of Depression in an Acute Psychiatric Treatment Sample", *Journal of Affective Disorders*, 276, 2020, pp. 537~545.

34 푸레디, 《치료요법 문화》, p. 272(Furedi, *Therapy Culture*).

35 Anushka Asthana, "Jo Cox's Campaign to Tackle Loneliness Lives on with Help of Friends", *The Guardian*, 2006. 12. 28, https://www.theguardian.com/politics/2016/dec/28/jo-coxs-campaign-to-tackle-loneliness-lives-on-with-help-of-friends.

36 Laura Eramian, Peter Mallory and Morgan Herber. "Friendship, Intimacy, and the Contradictions of Therapy Culture", *Cultural Sociology*, 18(4), 2024, pp. 507~527.

37 Peter Mallory and Jesse Carlson, "Rethinking Personal and Political Friendship with Durkheim", *Distinktion: Scandinavian Journal of Social Theory*, 15(3), 2014, pp. 327~342.

38 Kathryn Ecclestone and Dennis Hayes, *The Dangerous Rise of Therapeutic Education*, Routledge, 2019.

39 푸레디, 《치료요법 문화》(Furedi, *Therapy Culture*).

40 Kathryn Ecclestone and Dennis Hayes, *The Dangerous Rise of Therapeutic Education*, 1st edition, Routledge, 2008.

41 하이트·루키아노프, 《나쁜 교육》(Lukianoff and Haidt, *The Coddling of the American Mind*).

42 Haslam, "Concept Creep: Psychology's Expanding Concepts of Harm and Pathology", *Psychological Inquiry*, 27(1), 2016, pp. 1~17.

43 박종민, "[교단법률] 웹툰 작가에서 레드카드까지…정서적 아동학대 판례", 〈한국교육신문〉, 2024. 11. 6, https://www.hangyo.com/news/article.html?no=103034.

44 김기성, "주호민 아들 '정서적 학대' 혐의 특수교사 1심 유죄…벌금형 선고유예", 〈한겨레〉, 2024. 2. 1, https://www.hani.co.kr/arti/area/capital/1126836.html.

45 피터 콘래드, 《어쩌다 우리는 환자가 되었나》, 정준호 옮김, 후마니타스, 2007, p. 22(Peter Conrad, *The Medicalization of Society: On the Transformation of Human Conditions into Treatable Disorders*, Baltimore: Johns Hopkins University Press, 2007).

46 Robert Crawford, "Healthism and the Medicalization of Everyday life", *International Journal of Health Services*, 10(3), 1980, pp. 365~388.

47 앞의 글, p. 381.

48 앞의 글, p. 382.

49 Nikolas S. Rose, *Governing the Soul: The Shaping of the Private Self*, Free Association, 1999, p. 261.

50 Stuart Valins and Richard E. Nisbett, "Attribution Processes in the Development and Treatment of Emotional Disorders", *Attribution: Perceiving the Causes of Behavior*, 1987.

51 마크 R. 리어리, 《나는 왜 내가 힘들까》, 박진영 옮김, 시공사, 2021, 2장 참조(Mark R. Leary, *The Curse of the Self: Self-Awareness, Egotism, and the Quality of Human Life*, Oxford University Press, 2007).

52 Sofia Kvist Lindholm and Anette Wickström, "'Looping Effects' Related to Young People's Mental Health: How Young People Transform the Meaning of Psychiatric Concepts", *Global Studies of Childhood*, 10(1), 2020, pp. 26~38.

53 Timothy D. Wilson, Douglas J. Lisle, Jonathan W. Schooler, Sara D. Hodges, Kristen J. Klaaren and Suzanne J. LaFleur, "Introspecting about Reasons can Reduce Post-Choice Satisfaction", *Personality and Social Psychology Bulletin*, 19(3), 1993, pp. 331~339.

54 Debbie A. Shirley and Janice Langan-Fox, "Intuition: Intuition: A Review of the Literature, *Psychological Report*, 79(2), 1996, pp. 563~584.

55 일루즈, 《근대 영혼 구원하기》, p. 334(Illouz, *Saving the Modern Soul*).

56 김세운, "위험한 철학자 지젝, 힐링열풍 사회에 던진 충고는?", 〈민중의소리〉, 2013.

9. 25, https://vop.co.kr/A00000681246.html.

57 에바 일루즈, 《사랑은 왜 끝나나》, 김희상 옮김, 돌베개, 2020, p. 42(Illouz, *Warum Liebe endet: Eine Soziologie negativer Beziehungen*, Suhrkamp Verlag, 2018).

2부 : 너 자신을 알라

1 Richard Siken, "Birds Hover the Trampled Field", *War of the Foxes*, Copper Canyon Press, 2015, p. 8.

2 엠브레인 콘텐츠사업부, "2023 자아 정체성 및 MBTI 관련 인식 조사", 엠브레인 트렌드모니터, 2023.

3 Adam Grant, "Goodbye to MBTI, the Fad That Won't Die", *Psychology Today*, 2013. 9. 18, https://www.psychologytoday.com/intl/blog/give-and-take/201309/goodbye-to-mbti-the-fad-that-wont-die.

4 이동한, "[별난리서치] MBTI, 얼마나 알고 있을까?", 한국리서치 여론 속의 여론, 2022, https://hrcopinion.co.kr/archives/20518.

5 David J. Pittenger, "Cautionary Comments Regarding the Myers-Briggs Type Indicator", *Consulting Psychology Journal: Practice and Research*, 57(3), 2005, pp. 210~221.

6 Paul K. Piff, Daniel M. Stancato, Stéphane Côté and Dacher Keltner, "Higher Social Class Predicts Increased Unethical Behavior, *Proceedings of the National Academy of Sciences*, 109(11), 2012, pp. 4086~4091.

7 Michael W. Kraus, Stéphane Côté and Dacher Keltner, "Social Class, Contextualism, and Empathic Accuracy", *Psychological Science*, 21(11), 2010, pp. 1716~1723.

8 Pia Dietze and Eric D. Knowles, "Social Class Predicts Emotion Perception and Perspective-Taking Performance in Adults", *Personality and Social Psychology Bulletin*, 47(1), 2020, pp. 42~56.

9 Paul K. Piff, Michael W. Kraus, Stéphane Côté, Bonnie Hayden Cheng and Dacher Keltner, "Having Less, Giving More: the Influence of Social Class on Prosocial Behavior', *Journal of Personality and Social Psychology*, 99(5), 2010, pp. 771~784.

10 Michael W. Kraus, Stéphane Côté and Dacher Keltner, "Social Class, Contextualism, and Empathic Accuracy", *Psychological Science*, 21(11), 2010, pp. 1716~1723.

11 Dacher Keltner, "The Power Paradox", *Greater Good Magazine*, 2007. 12. 1, https://

greatergood.berkeley.edu/article/item/power_paradox.

12 Walter Mischel. "On the Interface of Cognition and Personality: Beyond the Person-Situation Debate", *American Psychologist*, 34(9), 1979, pp. 740~754.

13 김병수, "내 모습이 다양할수록 건강한 것이다", 〈인물과사상〉, 195호, 2014. 7, pp. 174~185.

14 앞의 글.

15 김병수. "자기 자신에 대해 너무 깊게 파고들지 마라", 〈인물과사상〉, 193호, 2014. 5, pp. 163~173.

16 William B. Swann, "The Trouble with Change: Self-Verification and Allegiance to the Self", 8(3), 1997, pp. 177~180.

17 Arran Davis, Jacob Taylor and Emma Cohen, "Social Bonds and Exercise: Evidence for a Reciprocal Relationship", *PloS One*, 10(8), 2015, e0136705.

18 Anthony King, "The Word of Command: Communication and Cohesion in the Military", *Armed Forces & Society*, 32(4), 2006, pp. 493~512.

19 어맨다 몬텔,《컬티시》, 김다봄·이민경 옮김, 아르테, 2023(Amanda Montell, *Cultish: The Language of Fanaticism*, Harper Wave, 2021).

20 디미트리스 지갈라티스,《인간은 의례를 갈망한다》, 김미선 옮김, 민음사, 2024 (Dimitris Xygalatas, *Ritual: How Seemingly Senseless Acts Make Life Worth Living*, Little, Brown Spark, 2022).

21 Ruth A. Wallace and Shirley F. Hartley, "4 Religious Elements in Friendship: Durkheimian Theory in an Empirical Context", *Durkheimian Sociology Cultural Studies*, 1990, pp. 93~106.

22 사단법인 오늘은, 〈2024 청년 세대 관계실조 보고서〉, 2024. 8. 12.

23 Roger Foster, "Therapeutic Culture, Authenticity and Neo-Liberalism", *History of the Human Sciences*, 29(1), 2016, pp. 99~116.

24 Carl Rogers, *On Becoming a Person: A Therapist's View of Psychotherapy*, Houghton Mifflin Harcourt, 2012, p. 119,

25 Erik H. Erikson, *Identity: Youth and Crisis*, Norton, 1968, p. 128.

26 Frank Furedi, *100 Years of Identity Crisis: Culture War Over Socialisation*, De Gruyter, 2021, pp. 12~13.

27 Rachel Acheson and Maria Papadima, "The Search for Identity: Working Therapeutically with Adolescents in Crisis", *Journal of Child Psychotherapy*, 49(1), 2023, pp. 95~119.

손절/
/사회

28 신소영, "MBTI 대신 'HSP 테스트' 뜬다… 나는 얼마나 예민한 사람일까?", 〈헬스조선〉, 2025. 2. 21, https://health.chosun.com/site/data/html_dir/2025/02/21/2025022102212.html.

29 Rhik Samadder, "The 'Missing Personality Type': Could You Be a Highly Sensitive Person?", *The Guardian*, 2023. 9, https://www.theguardian.com/lifeandstyle/2023/apr/02/could-you-have-hsp-and-be-a-highly-sensitive-person-.

30 앞의 글.

31 Marcy Caldwell, "Why Am I So Sensitive? Why ADHD Brains Can't Just Ignore Unfairness", *ADDitude*, 2025. 5. 23, https://www.additudemag.com/why-am-i-so-sensitive-adhd-in-adults/.

32 ADDitude Editors, "We Light Up the Room with Our Sparkles", *ADDitude*, 2025. 5. 7, https://www.additudemag.com/creative-thinking-adhd-traits-artistry.

33 Skeptic Research Center, "Mental Illness, Political Ideology, and Holding False Beliefs", https://research.skeptic.com/mental-illness-political-ideology-and-holding-false-beliefs/.

34 Sam Goldstein, "The Mind's Search for Meaning", 2026. 2. 10, *Psychology Today*, https://www.psychologytoday.com/us/blog/common-sense-science/202602/the-minds-search-for-meaning.

35 데이비드 그레이버, 《불쉿 잡》, 김병화 옮김, 민음사, 2021, p. 10(David Graeber. *Bullshit Jobs*. Simon & Schuster, 2018).

36 김경학, "G20 중 최하위 한국 경제, 내수 활성화 위해 서비스업 규제 개선해야", 〈경향신문〉, 2024. 9. 30, https://www.khan.co.kr/economy/industry-trade/article/202409301500001.

37 메르베 엠레, 《성격을 팝니다》, 이주만 옮김, 비잉, 2020, p. 447(Merve Emre, *The Personality Brokers: The Strange History of Myers-Briggs and the Birth of Personality Testing*, Anchor, 2019).

38 제임스 데이비스, 《정신병을 팝니다》, 이승연 옮김, 사월의책, 2024(James Davies, *Sedated: How Modern Capitalism Created our Mental Health Crisis*, Atlantic Books, 2021).

39 Katharine Sadler, Tamsin Jane Ford, Anna Goodman, Tim Vizard, Sally McManus et al., *Mental Health of Children and Young People in England 2017: Trends and Characteristics*, NHS Digital, 2018.

40 그레이버, 《불쉿 잡》(Graeber, *Bullshit Jobs*).

41 요한 하리, 《도둑맞은 집중력》, 김하현 옮김, 어크로스, 2023, pp. 161~221(Johann Hari, *Stolen Focus: Why You Can't Pay Attention—and How to Think Deeply Again*, Crown, 2023).

42 앨런 프랜시스, 《정신병을 만드는 사람들》, 김명남 옮김, 사이언스북스, 2014(Allen Frances, *Saving Normal: An Insider's Revolt Against Out-of-Control Psychiatric Diagnosis, Dsm-5, Big Pharma, and the Medicalization of Ordinary Life*, Mariner Books, 2013).

43 박혜경, "우울증의 '생의학적 의료화' 형성 과정", 〈과학기술학연구〉, 12권 2호, 2012, pp. 117~157.

44 Nick Haslam, "Looping Effects and the Expanding Concept of Mental Disorder", *Journal of Psychopathology*, 22(1), 2016, pp. 4~9.

45 Allan V. Horwitz and Jerome C. Wakefield, *The Loss of Sadness: How Psychiatry Transformed Normal Sorrow into Depressive Disorder*, Oxford University Press, 2007,

46 피터 콘래드, 《어쩌다 우리는 환자가 되었나》, 정준호 옮김, 후마니타스, 2018, pp. 103~151(Peter Conrad, *The Medicalization of Society: On the Transformation of Human Conditions into Treatable Disorders*, Baltimore: Johns Hopkins University Press, 2007).

47 Tohar Rigler, Iris Manor, Adie Kalansky, Zamir Shorer, Iris Noyman and Yair Sadaka, "New DSM-5 Criteria for ADHD—Does It Matter?", *Comprehensive Psychiatry*, 68, pp. 56~59.

48 Lisa Cosgrove and Sheldon Krimsk, "A Comparison of *DSM*-IV and *DSM*-5 Panel Members' Financial Associations with Industry: A Pernicious Problem Persists", *PLoS Medicine*, 9(3), 2012, e1001190.

49 로버트 휘태커, 《약이 병이 되는 시대》, 장창현 옮김, 건강미디어협동조합, 2023(Robert Whitaker, *Anatomy of an Epidemic: Magic Bullets, Psychiatric Drugs, and the Astonishing Rise of Mental Illness in America*, Crown, 2011).

50 James Davies, *Cracked: Why Psychiatry is Doing More Harm Than Good*, Icon Books, 2013.

51 수잰 오설리번, 《진단의 시대: 진단은 어떻게 우리를 병들게 하는가》, 이한음 옮김, 까치글방, 2025, 5장(Suzanne O'Sullivan, *The Age of Diagnosis: Sickness, Health and Why Medicine Has Gone Too Far*, Hodder Press, 2025).

52 David Healy, *Let Them Eat Prozac: The Unhealthy Relationship between the Pharmaceutical Industry and Depression*, James Lorimer and Company, 2003.

53 Ève Chiapello and Luc Boltanski, *The New Spirit of Capitalism*, Verso Books, 2005, pp. 439~443.

54 Dan P. McAdams, "The Psychology of Life Stories", *Review of General Psychology*, 5(2), 2001, pp. 102~122.

55 Furedi, *100 Years of Identity Crisis*.

56 찰스 테일러, 《불안한 현대사회》, 송영배 옮김, 이학사, 2019(Charles Taylor, *The Malaise of Modernity*, House of Anansi, 1991).

57 Erik H. Erikson, *Identity and the Life Cycle*, International Universities Press, p. 54, 1959.

58 린 시걸, 《서로가 아니라면 우리가 누구에게》, 정소영 옮김, 니케북스, 2025, 서문 참조(Lynne Segal, *Lean on Me: A Politics of Radical Care*, Verso Books, 2023).

59 조안 C. 트론토, 《돌봄 민주주의》, 김희강·나상원 옮김, 박영사, 2021, 3장 참조(Joan C. Tronto, *Caring Democracy: Markets, Equality, and Justice*, New York University Press, 2013).

60 김성윤, "'오은영'이라는 사회적 증상", 〈문화과학〉, 113호, 2023. 3, pp. 216~229.

61 Furedi, *100 Years of Identity Crisis*, pp. 190~191.

62 Anna Salleh, Sana Qadar, James Bullen and Rose Kerr, "Attachment Styles Are all the Rage on TikTok but can They Really Doom Your Relationship?", *ABC NEWS*, 2024. 9. 1, https://www.abc.net.au/news/health/2024-09-01/attachment-styles-relationships-social-media-tik-tok-instagram/104279024.

63 Laura Pitcher, "The TikTokification of Attachment Theory", *Nylon Magazine*, 2024. 2. 21, https://www.nylon.com/life/the-tiktokification-of-attachment-theory.

64 최화진, "애착손상 못 알아채면 '정서적 흙수저' 된다", 〈한겨레〉, 2017. 12. 4, https://www.hani.co.kr/arti/society/schooling/822019.html.

65 로버트 러바인·세라 러바인, 《부모는 중요하지 않다》, 안준희 옮김, 눌민, 2022(Robert A. LeVine and Sarah LeVine, *Do Parents Matter?: Why Japanese Babies Sleep Soundly, Mexican Siblings Don't Fight, and American Families Should Just Relax*, Public Affairs, 2016).

66 주디스 리치 해리스, 《양육 가설》, 최수근 옮김, 이김, 2017, p. 99(Judith Rich Harris, *The Nurture Assumption: Why Children Turn Out the Way They Do, Revised and*

Update, Simon & Schuster, 2009).

67 Lars Dencik, "Growing Up in the Post-Modern Age: On the Child's Situation in the Modern Family, and on the Position of the Family in the Modern Welfare State", *Acta Sociologica*, 32(2), 1989, pp. 155~180.

68 Susan H. Franzblau, "II. Historicizing Attachment Theory: Binding the Ties that Bind", *Feminism & Psychology*, 9(1), 1999, pp. 22~31.

69 수전 팔루디, 《백래시》, 황성원 옮김, 아르테, 2017, pp. 103~109(Susan Faludi, *Backlash: The Undeclared War Against American Women*, Crown, 2009).

70 Sharon Hays, *The Cultural Contradictions of Motherhood*, Yale University Press, 1996.

71 Jennifer G. La Guardia, Richard M. Ryan, Charles E. Couchman and Edward L. Deci, "Within-Person Variation in Security of Attachment: A Self-Determination Theory Perspective on Attachment, Need Fulfillment, and Well-Being", *Journal of Personality and Social Psychology*, 79(3), 2000, pp. 367~384.

72 Knudson-Martin, "Attachment in Adult Relationships: A Feminist Perspective", *Journal of Family Theory & Review*, 4(4), 2012, pp. 299~305.

73 Mark Leary, "Interpersonal Aspects of Optimal Self-Esteem and the Authentic Self", *Psychological Inquiry*, 14(1), 2003, pp. 52~54.

74 Roy F. Baumeister, Jennifer D. Campbell, Joachim I. Krueger and Kathleen D. Vohs, "Does High Self-Esteem Cause Better Performance, Interpersonal Success, Happiness, or Healthier Lifestyles?", *Psychological Science in the Public Interest*, 4(1), 2003, pp. 1~44.

75 제니퍼 M. 실바, 《커밍 업 쇼트》, 문현아·박준규 옮김, 리시올, 2020, p. 48(Jennifer M. Silva, *Coming Up Short: Working-Class Adulthood in an Age of Uncertainty*, Oxford: Oxford University Press, 2013).

76 기억 연구의 선구자 프레데릭 바틀릿에 의하면, 인간은 가용한 스키마에 맞추어 정보를 이해하고 재구성하며, 주어진 사회문화적 체계 속에서 자신이 이해할 수 있는 방식으로 기억을 재구성하려는 경향이 있다(Frederic C. Bartlett, *Remembering: A Study in Experimental and Social Psychology*, Cambridge University Press, 1932 참조).

3부 : 친구보다 좋은?

1 가스파르 코에닉,《지옥》, 박효은 옮김, 시프, 2022, p. 98.

2 이민아, "[단독] K뷰티, 美수입시장서 첫 1위⋯ 강적 프랑스 제쳤다",〈동아일보〉, 2025. 1. 2, https://www.donga.com/news/Economy/article/all/20250101/130769659/2.

3 윤은영, "'한국 화장품만 팝니다' 영국에 등장한 K-뷰티 전문매장,〈리테일톡〉, 2025. 6. 11, https://www.retailtalk.co.kr/Global/?idx=165219792&bmode=view.

4 김세화, "'K뷰티' 글로벌 시장 지속성장 견인전략은?",〈코스인〉, 2025. 6. 5, https://cosinkorea.com/mobile/article.html?no=55367.

5 오형주, "美 아마존서 K뷰티 돌풍⋯기초화장품 판매 122% 쑥",〈한국경제〉, 2025. 1. 21, https://www.hankyung.com/article/2025012109631.

6 Iman Balagam, "Breaking Down the Korean Skincare Routine", *Vogue*, 2025. 3. 25, https://www.vogue.com/article/korean-skin-care-routine.

7 H. Timothy Lovelace Jr. and Patrick T. Smith, "King, Christian Ethics, and the Promise of Positive Fundamental Rights", *Journal of Law and Religion*, 39(3), 2025, pp. 398~416.

8 Alondra Nelson, *Body and Soul: The Black Panther Party and the Fight Against Medical Discrimination*, University of Minnesota Press, 2013.

9 Jennifer Nelson, *More Than Medicine: A History of the Feminist Women's Health Movement*, 2015.

10 Gloria L. Krahn, Ann Robinson, Alexa J. Murray and Susan M. Havercamp, "It's Time to Reconsider How We Define Health: Perspective from Disability and Chronic Condition", *Disability and Health Journal*, 14(4), 2021, pp. 1~5.

11 Halbert L. Dunn, "What High-Level Wellness Means", *Canadian Journal of Public Health*, 50(11), 1959, pp. 447~457.

12 지그문트 바우만,《지그문트 바우만 행복해질 권리》, 김수진 옮김, 21세기북스, 2025, 1장 참조(Zygmunt Bauman, *The Art of Life*, John Wiley and Sons, 2013).

13 에바 일루즈·에드가르 카바나스,《해피크라시: 행복학과 행복 산업은 어떻게 우리의 삶을 지배하는가》, 이세진 옮김, 청미, 2021(Eva Illouz and Edgar Cabanas, *Manufacturing Happy Citizens: How the Science and Industry of Happiness Control our Lives*, Polity, 2019).

14 탁석산,《행복 스트레스》, 창비, 2013.

15 Edgar Cabanas, "Rekindling Individualism, Consuming Emotions: Constructing 'Psytizens' in the Age of Happiness", *Culture & Psychology*, 22(3), 2016, pp. 467~480.

16 Donna Freitas, *The Happiness Effect: How Social Media is Driving a Generation to Appear Perfect at Any Cost*, Oxford University Press, 2017.

17 Tasha Bailey, "'Toxic positivity': Why #GoodVibesOnly can Leave You Feeling Bad", *BBC News*, 2021. 4, https://www.bbc.co.uk/bitesize/articles/z64yn9q.

18 Sam Binkley, "Happiness, Positive Psychology and the Program of Neoliberal Governmentality", *Subjectivity*, 4(4), 2011, pp. 371~394.

19 마틴 셀리그만, 《마틴 셀리그만의 긍정심리학》(개정판), 김인자·우문식 옮김, 물푸레, 2014, 4장 참조(Martin E. P. Seligman, *Authentic Happiness: Using the New Positive Psychology to Realize Your Potential for Lasting Fulfillment*, Simon & Schuster, 2002).

20 정동섭, 《행복의 심리학》, 학지사, 2016, p. 56.

21 Glenn Adams, Sara Estrada-Villalta, Daniel Sullivan and Hazel P. Markus, "The Psychology of Neoliberalism and the Neoliberalism of Psychology", *Journal of Social Issues*, 75(1), 2019, pp. 189~216.

22 김태형, 《가짜 행복 권하는 사회》, 갈매나무, 2021, p. 112.

23 Sonja Lyubomirsky, Laura King and Ed Diener, "The Benefits of Frequent Positive Affect: Does Happiness Lead to Success?", *Psychological Bulletin*, 131(6), pp. 803~855.

24 Ed Diener, Ed Sandvik and William Pavot, "Happiness is the Frequency, Not the Intensity, of Positive Versus Negative Affect", *Assessing Well-Being: The Collected Works of Ed Diener*, Springer Netherlands, 2009, pp. 213~231.

25 Barbara Fredrickson, "Updated Thinking on Positivity Ratios", *American Psychologist*, 68(9), 2013, pp. 1~9.

26 서은국, 《행복의 기원》, 21세기북스, 2024, p. 116.

27 Cabanas, "Rekindling Individualism, Consuming Emotions: Constructing 'Psytizens' in the Age of Happiness", *Culture & Psychology*, pp. 467~480.

28 일루즈·카바나스, 《해피크라시》, 2장 참조(Illouz and Cabanas, *Manufacturing Happy Citizens*).

29 Iris B. Mauss, Maya Tamir, Craig L. Anderson and Nicole S. Savino, "Can Seeking Happiness Make People Unhappy? Paradoxical Effects of Valuing Happiness", *Emotion*, 11(4), 2011, pp. 807~815.

30 Cabanas, "Rekindling Individualism, Consuming Emotions: Constructing 'Psytizens' in the Age of Happiness", *Culture & Psychology*, pp. 467~480.

31 코리 키스, 《무엇이 나를 살아 있게 만드는가》, 장혜인 옮김, 더퀘스트, 2024, 3장 참조(Corey Keyes, *Languishing: How to Feel Alive Again in a World That Wears Us Down*, Random House, 2025).

32 프랭크 마르텔라, 《무의미한 날들을 위한 철학》, 성원 옮김, 어크로스, 2021, 1장 참조(Frank Martela, *A Wonderful Life: Insights on Finding a Meaningful Existence*, HarperCollins, 2020).

33 바바라 에런라이크, 《긍정의 배신》, 부키, 2011, p. 236(Barbara Ehrenreich, *Bright-Sided: How Positive Thinking Is Undermining America*, Metropolitan Books, 2009).

34 Samuel Bowles and Arjun Jayadev, "The Great Divide: One Nation Under Guard", *New York Times*, 2014, https://opinionator.blogs.nytimes.com/2014/02/15/one-nation-under-guard/.

35 마크 피셔, 《자본주의 리얼리즘》, 박진철 옮김, 리시올, 2024, p. 72(Mark Fisher, *Capitalist Realism: Is There No Alternative?*, John Hunt Publishing, 2022).

36 Jayne W. Barnard, "Narcissism, Over-Optimism, Fear, Anger, and Depression: The Interior Lives of Corporate Leaders", *University of Cincinnati Law Review*, 77, 2008, pp. 405~430.

37 지그문트 바우만, 《소비하는 삶, 소비되는 삶》, 궁선영 옮김, 새물결, 2024(Zygmunt Bauman, *Consuming Life*, John Wiley & Sons, 2013).

38 Jeremy Gilbert, "Against the Commodification of Everything: Anti-Consumerist Cultural Studies in the Age of Ecological Crisis, *Cultural Studies*, 22(5), 2008, pp. 551~566.

39 제임스 데이비스, 《정신병을 팝니다》, 이승연 옮김, 사월의책, 2024, p. 40(James Davies, *Sedated: How Modern Capitalism Created Our Mental Health Crisis*, Atlantic Books, 2021).

40 오승목, "[친절한 뉴스K] '놀 데 없는' 아이들…놀이터가 사라진다", 〈KBS 뉴스〉, 2023. 10. 16, https://news.kbs.co.kr/news/pc/view/view.do?ncd=7794328.

41 이해진, "키즈카페 2시간 3만원…'돈 없으면 못 놀아요'", 〈머니투데이〉, 2018. 11. 13, https://news.nate.com/view/20181113n03526.

42 Jordyn Holma, "Now Featured at Beauty Stores: Teens Driven by Social Media", *The New York Times*, 2024. 3. 16, https://www.nytimes.com/2024/03/16/business/sephora-stores-tweens-teens.html.

43 Natalie Stechyson, "What's Up with 10-Year-Old Kids in Sephora? Why the Question Itself is Driving Controversy", *CBC News*, 2024. 1. 21, https://www.cbc.ca/news/canada/sephora-kids-trend-controversy-1.7088691.

44 Van Badham, "'Sephora Tweens' Are Raiding Drunk Elephant-and We Only have Ourselves to Blame", *The Guardian*, 2024. 2. 24, https://www.theguardian.com/commentisfree/2024/feb/25/sephora-tweens-are-raiding-drunk-elephant-and-we-only-have-ourselves-to-blame.

45 Jia Tolentine, "What Tweens Get from Sephora and What They Get from Us", *The New Yorker*, 2024. 8. 10, https://www.newyorker.com/culture/the-weekend-essay/what-tweens-get-from-sephora-and-what-they-get-from-us.

46 질 리포베츠키, 《행복의 역설》, 정미애 옮김, 알마, 2009, p. 103 (Gilles Lipovetsky, *Le bonheur paradoxal: Essai sur la société d'hyperconsommation*, Gallimard, 2006).

47 바우만, 《지그문트 바우만 행복해질 권리》, p. 37 (Bauman, *The Art of Life*).

48 Wolfgang Streeck, "Citizens as Customers: Considerations on the New Politics of Consumption", *New Left Review*, 76, 2012, pp. 27~47.

49 최보윤, "'젠지'가 사랑하는 코치·마몽킴의 만남, 제대로 통했네요", 〈조선일보 더 부티크〉, 2025. 1. 24, https://boutique.chosun.com/site/data/html_dir/2025/01/24/2025012400126.html.

50 이준문, "Z 세대에게 주목받는 브랜드, 비결은 그들과의 '힙'한 소통", 〈뉴스탭〉, 2024. 6. 17, https://www.newstap.co.kr/news/articleView.html?idxno=219094.

51 "[WJ원진성형외과X빨리] 진정한 나 다음을 찾는—새로운 브랜드필름, Find My True Self | 당신만 봅니다", https://www.youtube.com/watch?v=yz6fEc2HjyY.

52 Kaitlyn Tiffany, "The Homebody Economy, Explained", *Vox*, 2018. 9. 13, https://www.vox.com/the-goods/2018/9/13/17846864/homebody-economy-netflix-wine-namastay-in-bed-sleep-brands.

53 Laura Cortés-García, Rubén Rodríguez-Cano and Tilmann von Soest, "Prospective Associations between Loneliness and Disordered Eating from Early Adolescence to Adulthood", *International Journal of Eating Disorders*, 55(12), 2022, pp. 1678~1689.

54 Eleni Makri, Ioannis Michopoulos and Fragiskos Gonidakis, "Investigation of Loneliness and Social Support in Patients with Eating Disorders: A Case-Control Study", *Psychiatry International*, 3(2), 2022, pp. 142~157.

55 Rik Pieters, "Bidirectional Dynamics of Materialism and Loneliness: Not Just a

Vicious Cycle", *Journal of Consumer Research*, 40(4), 2013, pp. 615~631.

56 Huey S. Loh, Sanjaya S. Gaur and Piyush Sharma, "Demystifying the Link between Emotional Loneliness and Brand Loyalty: Mediating Roles of Nostalgia, Materialism, and Self-Brand Connections", *Psychology & Marketing*, 38(3), 2021, pp. 537~552.

57 Deborah J. MacInnis and Valerie S. Folkes, "Humanizing Brands: When Brands Seem to be Like Me, Part of Me, and in a Relationship with Me", *Journal of Consumer Psychology*, 27(3), 2017, pp. 355~374.

58 Christopher R. Long, Sukki Yoon and Mike Friedman, "How Lonely Consumers Relate to Brands: Insights from Psychological and Marketing Research", *Strong Brands, Strong Relationships*, Routledge, 2015.

59 Marni Rose McFall, "Is Gen Z Killing the Dating App?", *Newsweek*, 2025. 7. 3, https://www.newsweek.com/gen-z-dating-app-usage-decline-evolution-hinge-tinder-feeld-bumble-2092939.

60 Rosalind Gill, *Perfect: Feeling Judged on Social Media*, John Wiley & Sons, 2023.

61 Claire Kathryn Pescott, "'They Are Watching You do Everything Online': Children's Perceptions of Social Media Surveillance", *Children and Society*, 38(5), 2024, pp. 1730~1748.

62 한스 게오르크 묄러·폴 J. 담브로시오, 《프로필 사회》, 김한슬기 옮김, 생각이음, 2022(Hans-Georg Moeller and Paul J. D'Ambrosio, *You and Your Profile: Identity after Authenticity*, Columbia University Press, 2021).

63 오미영, "인터넷 여론과 소통의 집단 극화(極化)", 〈현상과인식〉, 35권 3호, 2011, pp. 39~58.

64 Donald Horton and R. Richard Wohl, "Mass Communication and Para-Social Interaction", *Psychiatry*, 19(3), 1956, pp. 215~229.

65 Veronica Espinal, "Parasocial Relationships in K-Pop: Emotional Support Capitalism", *Envi*, 2021. 2. 21, https://www.envimedia.co/parasocial-relationships-k-pop/.

66 대학내일 20대 연구소, 《Z세대 트렌드 2026》, 위즈덤하우스, 2025, p. 61.

67 Dan Whateley, "YouTubers Pitch Fan Obsession with Their Lives as a Secret Weapon for Marketers", *Business Insider*, 2025. 3. 28, https://www.businessinsider.com/youtubers-pitched-advertisers-on-the-parasocial-at-spotter-upfront-2025-3.

68 Emily O'Day and Richard G. Heimberg, "Social Media Use, Social Anxiety, and Loneliness: A Systematic Review", *Computers in Human Behavior Reports*, 3, 100070,

2021, pp. 1~13.

69 Scott E. Caplan, "A Social Skill Account of Problematic Internet Use", *Journal of Communication*, 55, 2005, pp. 721~736.

70 Pierre de Bérail, Marlène Guillon and Catherine Bungener, "The Relations between YouTube Addiction, Social Anxiety and Parasocial Relationships with YouTubers: A Moderated-Mediation Model Based on a Cognitive-Behavioral Framework", *Computers in Human Behavior*, 99, 2019, pp. 190~204.

71 Mihye Seo, Jinhee Kim and Hyeseung Yang, "Frequent Interaction and Fast Feedback Predict Perceived Social Support: Using Crawled and Self-Reported Data of Facebook Users", *Journal of Computer-Mediated Communication*, 21(4), 2016, pp. 282~297.

72 Kagan Kircaburun, Andrew Harris, Filipa Calado and Mark D. Griffiths, "The Psychology of Mukbang Watching: A Scoping Review of the Academic and Non-Academic Literature", *International Journal of Mental Health and Addiction*, 19, 2021, pp. 1190~1213.

73 Susan Holtzman, Drew DeClerck, Kara Turcotte, Diana Lisi and Michael Woodworth, "Emotional Support During Times of Stress: Can Text Messaging Compete with In-Person Interactions?", *Computers in Human Behavior*, 71, 2017, pp. 130~139.

74 Betul Keles, Niall McCrae and Annmarie Grealish, "A Systematic Review: the Influence of Social Media on Depression, Anxiety and Psychological Distress in Adolescents", *International Journal of Adolescence and Youth*, 25(1), 2019, pp. 79~93.

75 Brian A. Primack, Ariel Shensa, Jaime E. Sidani, Erin O. Whaite, Liu Yi Lin, Daniel Rosen, Jason B. Colditz, Ana Radovic and Elizabeth Miller, "Social Media Use and Perceived Social Isolation among Young Adults in the US", *American Journal of Preventive Medicine*, 53(1), 2017, pp. 1~8.

76 Tore Bonsaksen, Mary Ruffolo, Daicia Price, Janni Leung, Hilde Thygesen, Gary Lamph, Isaac Kabelenga and Amy Østertun Geirdal, "Associations between Social Media Use and Loneliness in a Cross-National Population: Do Motives for Social Media Use Matter?", *Health Psychology and Behavioral Medicine*, 11(1), pp. 1~17.

77 Brian A. Primack, Ariel Shensa, Jaime E. Sidani, César G. Escobar-Viera and Michael J. Fine, "Temporal Associations between Social Media Use and Depression", *American*

Journal of Preventive Medicine, 60(2), 2021, pp. 179~188.

78 Melissa G. Hunt, Rachel Marx, Courtney Lipson and Jordyn Young, "No More FOMO: Limiting Social Media Decreases Loneliness and Depression", *Journal of Social and Clinical Psychology*, 37, 2018, pp. 751~768.

79 국무조정실, "청년 평균 소득 2625만 원·부채 1637만 원…취업자 비율 67.7%", 대한민국 정책브리핑, 2025. 3. 11, https://www.korea.kr/news/policyNewsView.do?newsId=148940423.

80 Mary Sherlock and Danielle L. Wagstaff, "Exploring the Relationship between Frequency of Instagram Use, Exposure to Idealized Images, and Psychological Well-Being in Women", *Psychology of Popular Media Culture*, 8(4), 2019, pp. 482~490.

81 조너선 하이트, 《불안 세대》, 이충호 옮김, 웅진지식하우스, 2024, p. 231(Jonathan Haidt, *The Anxious Generation: How the Great Rewiring of Childhood Is Causing an Epidemic of Mental Illness*, Penguin, 2024).

82 Meaghan Toll and Moss Norman, "More than Meets the Eye: A Relational Analysis of Young Women's Body Capital and Embodied Understandings of Health and Fitness on Instagram", *Qualitative Research in Sport, Exercise and Health*, 13(1), 2021, pp. 59~76.

83 정소라, "韓, 스마트폰 보급률 세계 1위… 67.6%", 〈머니투데이〉, 2013. 6. 25, https://www.mt.co.kr/society/2013/06/25/2013062514385279840.

84 Jean M. Twenge, Brian H. Spitzberg and W. Keith Campbell, "Less In-Person Social Interaction with Peers among US Adolescents in the 21st Century and Links to Loneliness", *Journal of Social and Personal Relationships*, 36(6), 2019, pp. 1892~1913.

85 하이트, 《불안 세대》, p. 184(Haidt, *The Anxious Generation*).

86 Dong Liu and W. Keith Campbell, "The Big Five Personality Traits, Big Two Metatraits and Social Media: A Meta-Analysis", *Journal of Research in Personality*, 70, 2017, pp. 229~240.

87 Rodrigo Navarro, "The Average Screen Time Usage by Country in 2024", *ElectronicsHub*, 2024. 4. 15, https://www.electronicshub.org/the-average-screen-time-and-usage-by-country-in-2024/.

88 AJ Skiera, "What GenZ Thinks about Its Social Media and Smartphone Usage", *The Harris Poll*, 2024. 10. 9, https://theharrispoll.com/briefs/gen-z-social-media-smart-phones/.

89 심우삼·김영원·고경주, "2살 전부터 폰… '눈알 젤리' 중얼중얼, 친구 감정은 못 읽는 교실", 〈한겨레〉, 2024. 1. 15, https://www.hani.co.kr/arti/society/society_general/1123358.html.

90 Emily A. Vogels, Risa Gelles-Watnick and Navid Massarat, *Teens, Social Media and Technology 2022*, Pew Research Center, 2022.

91 Michelle Faverio and Olivia Sidoti, *Teens, Social Media and AI Chatbots 2025*, Pew Research Center, 2022.

92 Luca Pancani, Tiziano Gerosa, Marco Gui and Paolo Riva, "'Mom, Dad, Look at Me': The Development of the Parental Phubbing Scale", *Journal of Social and Personal Relationships*, 38(2), 2021, pp. 435~458.

93 Brandon T. McDaniel and Sarah M. Coyne, "'Technoference': The Interference of Technology in Couple Relationships and Implications for Women's Personal and Relational Well-Being", *Psychology of Popular Media Culture*, 5(1), 2016, pp. 85~98.

94 Shalini Misra, Lulu Cheng, Jamie Genevie and Miao Yuan, "The iPhone Effect: The Quality of In-Person Social Interactions in the Presence of Mobile Devices", *Environment and Behavior*, 48(2), 2014, pp. 275~298.

95 Andrew K. Przybylski and Netta Weinstein, "Can You Connect with Me Now? How the Presence of Mobile Communication Technology Influences Face-to-Face Conversation Quality", *Journal of Social and Personal Relationships*, 30(3), 2013, pp. 237~246.

96 Amandeep Dhir, Yossiri Yossatorn, Puneet Kaur and Sufen Chen, "Online Social Media Fatigue and Psychological Well-Being—A Study of Compulsive Use, Fear of Missing Out, Fatigue, Anxiety and Depression", *International Journal of Information Management*, 40, 2018, pp. 141~152.

97 Pescott, "'They Are Watching You do Everything Online': Children's Perceptions of Social Media Surveillance", *Children and Society*, pp. 1730~1748.

98 Bill McGarvey, "Can a College Course Teach Students How to Date?", *America Magazine*, 2018. 4. 30, https://www.americamagazine.org/arts-culture/2018/04/30/can-college-course-teach-students-how-date.

99 AAFPRS(2023), "New Trends in Facial Plastic Surgery", https://www.aafprs.org/Media/Press_Releases/New-Trends-in-Facial-Plastic-Surgery.aspx.

100 Racher Hosie, "More People Want Surgery to Look Like a Filtered Version of Themselves

rather than a Celebrity, Cosmetic Doctor Says", *The Independent*, 2018. 2. 6, https://
www.independent.co.uk/life-style/cosmetic-surgery-snapchat-instagram-filters-
demand-celebrities-doctor-dr-esho-london-a8197001.html.

101 윤이정, "'창의는 머릿속에 낚싯대 하나를 늘 던져놓고 있는 것'…미야자키 하야오
의 창의력은 어디서 오는가", 〈티타임즈〉, 2023. 11. 13, https://www.ttimes.co.kr/
article/2023111316337780537.

102 최원석, "제 작품 50번이나 본다고요? 49번 볼 시간에 다른 경험하세요", 〈조선
일보 위클리 비즈〉, 2013. 10. 5, https://weeklybiz.chosun.com/site/data/html_
dir/2013/10/04/2013100402061.html.

103 한병철, 《피로사회》, 김태환 옮김, 문학과지성사, 2012, p. 114(Han Byung-Chul,
Müdigkeitsgesellschaft, Matthes and Seitz, 2010).

104 김주희, 《레이디 크레딧》, 현실문화, 2020, p. 346.

105 Elizabeth Bernstein, "Bounded Authenticity and the Commerce of Sex", *Intimate
Labors: Cultures, Technologies, and the Politics of Care*, 152(160), 2010, p. 154.

106 Marta Biino and Madeline Berg, "The Secret of OnlyFans: It's Much More than
Porn", *Business Insider*, 2024. 1. 18, https://www.businessinsider.com/how-onlyfans-
became-outlet-source-help-loneliness-sadness-connection-sex-2024-1.

107 신박진영, 《성매매, 상식의 블랙홀》, 봄알람, 2020, pp. 206~207.

108 박혜경, 《성노동, 성매매가 아니라 성착취》, 열다북스, 2020, pp. 25~31.

109 Michael Berk and Gordon Parker, "The Elephant on the Couch: Side-Effects of
Psychotherapy", *Australian and New Zealand Journal of Psychiatry*, 43(9), 2009, pp.
787~794.

110 Paul K. Piff, Michael W. Kraus, Stéphane Côté, Bonnie Hayden Cheng and Dacher
Keltner, "Having Less, Giving More: the Influence of Social Class on Prosocial
Behavior", *Journal of Personality and Social Psychology*, 99(5), 2010, pp. 771~784.

111 Blake Motgomery, "Mother Says AI Chatbot Led Her Son to Kill Himself in Lawsuit
against Its Maker", *The Guardian*, 2024. 10. 23, https://www.theguardian.com/
technology/2024/oct/23/character-ai-chatbot-sewell-setzer-death.

112 Kashmir Hill, "She Is in Love With ChatGPT", *The New York Times*, 2025. 1.
17, https://www.nytimes.com/2025/01/15/technology/ai-chatgpt-boyfriend-
companion.html.

113 Michael B. Robb and Supreet Mann, *Talk, Trust, and Trade-Offs: How and Why Teens*

Use AI Companions, San Francisco, CA: Common Sense Media, 2025.

114 Shannon Carroll, "Sam Altman's Gen Z brag: 'They don't Really Make Life Decisions without Asking ChatGPT'", *Quartz*, 2025. 5. 14, https://qz.com/chatgpt-open-ai-sam-altman-genz-users-students-1851780458.

115 U. S. Senate Committee on the Judiciary, "Examining the Harm of AI Chatbots", https://www.judiciary.senate.gov/committee-activity/hearings/examining-the-harm-of-ai-chatbots.

116 Marco Quiroz-Gutierrez, "Gen Z is Increasingly Turning to ChatGPT for Affordable On-Demand Therapy, but Licensed Therapists Say There Are Dangers Many Aren't Considering", *Fortune*, 2025. 6. 1, https://www.yahoo.com/lifestyle/gen-z-increasingly-turning-chatgpt-121000273.html.

117 Joe Pierre, "Why Do People Develop Emotional Attachments to AI Chatbots?", *Psychology Today*, 2025. 8. 26, https://www.psychologytoday.com/us/blog/psych-unseen/202508/why-do-people-develop-emotional-attachments-to-ai-chatbots.

118 전진영, "'제가 죽으면 누가 돌보나요?' 민원에…로봇개 입양 제도 만드는 소니", 〈아시아경제〉, 2024. 1. 12, https://www.asiae.co.kr/article/2024011209060795338.

119 Tijs Hendriks, Bert van Meerbeek, Stefan Boess, Sebastiaan Pauws and Maarten Sonneveld, "Robot Vacuum Cleaner Personality and Behavior", *International Journal of Social Robotics*, 3, 2011, pp. 187~195.

120 Falk Leichsenring, Christiane Steinert, Sven Rabung and John P. A. Ioannidis, "The Efficacy of Psychotherapies and Pharmacotherapies for Mental Disorders in Adults: an Umbrella Review and Meta-Analytic Evaluation of Recent Meta-Analyses", *World Psychiatry*, 21(1), 2022, pp. 133~145.

121 Berk and Parker, "The Elephant on the Couch: Side-Effects of Psychotherapy", *Australian and New Zealand Journal of Psychiatry*, pp. 787~794.

122 Sarah T. Moberly and Edward R. Watkins, "Ruminative Self-Focus, Negative Life Events, and Negative Affect", *Behaviour Research and Therapy*, 46(9), 2008, pp. 1034~1039.

123 Nira Liberman Mor and Jennifer Winquist, "Self-Focused Attention and Negative Affect: A Meta-Analysis", *Psychological Bulletin*, 128(4), 2002, pp. 638~662.

124 Bryan E. Bledsoe, "Critical Incident Stress Management(CISM): Benefit or Risk for Emergency Services?", *Prehospital Emergency Care*, 7(2), 2003, pp. 272~279.

125 한병철,《피로사회》, p. 32(Han Byung-Chul, *Muedigkeitsgesellschaft*).

126 Berk and Parker, "The Elephant on the Couch: Side-Effects of Psychotherapy", *Australian and New Zealand Journal of Psychiatry*, pp. 787~794.

127 Myra Cheng, Cinoo Lee, Pranav Khadpe, Sunny Yu, Dyllan Han, Dan Jurafsky, "Sycophantic AI Decreases Prosocial Intentions and Promotes Dependence", 2025, arXiv preprint arXiv: 2510.01395.

4부 : 운명을 읽기, 운명을 만들기

1 룽빙콴, 〈사스SARS 시대의 사랑시〉, 《홍콩 시선 1997~2010》, 고찬경 옮김, 지식을만 드는지식, 2012, pp. 5~6.

2 Sarah Riley, Adrienne Evans, Sally Wiggins, Sarah Anderson and Catherine Robson, "The Gendered Nature of Self-Help", *Feminism & Psychology*, 29(1), 2019, pp. 3~18.

3 이유림, "정서의 약료화와 우울증 경험의 구성: 20대 여성의 우울 경험을 중심으로", 〈페미니즘연구〉, 16권 1호, 2016a, pp. 81~117.

4 김환석, "의료화에서 생의료화로: 우울증의 사례", 〈과학기술학연구〉, 14권 1호, 2014, pp. 3~33.

5 김세린, "밤 12시 되면 트래픽 폭주…'운세'에 푹 빠진 MZ들, 왜 [비크닉]", 〈중앙일 보〉, 2025. 4. 20, https://www.joongang.co.kr/article/25329791.

6 "운세·타로는 어쩌다 2025년 핵심 트렌드가 됐을까?: MZ 세대가 무속에 진심이 된 이유", 2025. 8. 28, 뉴닉, https://newneek.co/@gosum_beat/article/35139.

7 Avery Morgan, "Planetary Persuasion: How does Astrology Influence One's Life?", *Edubirdie*, 2024. 10. 3, https://edubirdie.com/blog/how-gen-z-uses-astrology-daily.

8 최연진, "'월 140만 명 보는 운세 분야 넷플릭스' 포스텔러 만든 김상현, 심경진 운 칠기삼 공동대표", 〈한국일보〉, 2023. 5. 17, https://www.hankookilbo.com/News/Read/A2023051514260005915.

9 강은경, "'마음 편해졌어요'…사주풀이에 빠진 청년들", 〈머니S〉, 2021. 4. 12, https://news.nate.com/view/20210412n16938.

10 유해강, "'믿진 않아도 재미로'…앱·SNS 사주풀이 'MZ 취향 저격' [ESC]", 〈한겨레〉, 2023. 6. 19, https://www.hani.co.kr/arti/specialsection/esc_section/1096231.html.

11 윤희은, "공짜 콘텐츠 취급받던 운세 앱…2030 여성 홀린 비결은", 〈한국경제〉, 2020.

3. 17, https://www.hankyung.com/article/2020031786441.

12 Bronisław Malinowski, *Magic, Science and Religion and Other Essays*, Read Books Ltd, 2014, p. 116.

13 Thomas J. Frasca, Emily A. Leskinen, and Leah R. Warner, "Words Like Weapons: Labeling Women As Emotional During a Disagreement Negatively Affects the Perceived Legitimacy of Their Arguments", *Psychology of Women Quarterly*, 2022, 46(4), pp. 420~437.

14 UNDP, *2023 Gender Social Norms Index: Breaking down Gender Biases*, 2023.

15 Sefa Awaworyi Churchill, Mary Munyanyi, Kamal Prakash and Russell Smyth, "Locus of Control and the Gender Gap in Mental Health", *Journal of Economic Behavior and Organization*, 178, 2020, pp. 740~758.

16 Adrian C. Sherman, Graham E. Higgs and Robert L. Williams, "Gender Differences in the Locus of Control Construct", *Psychology & Health*, 12(2), 1997, pp. 239~248.

17 Textio, *Language Bias in Performance Feedback 2024*, 2024, p. 3.

18 에바 일루즈, 《사랑은 왜 끝나나》, 김희상 옮김, 2020, p. 210(Eva Illouz, *The End of Love: A Sociology of Negative Relations*, Oxford University Press, 2019).

19 Marie Charrel, "Young Women Are Increasingly Progressive, While Men of the Same Age Are Leaning Conservative", *Le Monde*, 2024. 4. 5, https://www.lemonde.fr/en/opinion/article/2024/04/05/young-women-are-increasingly-progressive-while-men-of-the-same-age-are-leaning-conservative_6667508_23.html.

20 존 버거, 《다른 방식으로 보기》, 최민 옮김, 열화당, 2012, pp. 54~55(John Berger, *Ways of Seeing*, Penguin UK, 2008).

21 정승화, "치유적인 것은 정치적인가", 〈페미니즘연구〉, 14권 1호, 2014, pp. 193~225.

22 앞의 글.

23 Dana Becker, "Where has all the Context Gone?", *The Routledge International Handbook of Global Therapeutic Cultures*, 2020, pp. 400~408.

24 정승화, "치유적인 것은 정치적인가", 〈페미니즘연구〉, pp. 193~225.

25 David John Smail, *Power, Interest and Psychology: Elements of a Social Materialist Understanding of Distress*, PCCS Books, 2005, p. 3.

26 임연규, 〈2024년 여성의 노동 및 임금 현황〉, 한국여성정책연구원, 2025.

27 European Institute for Gender Equality(EIGE), *Gender, Skills and Precarious Work in the EU: Research Note*, 2017.

손절／
／사회

28　피터 플레밍, 《슈거 대디 자본주의》, 김승진 옮김, 쌤앤파커스, 2020(Peter Fleming, *Sugar Daddy Capitalism: The Dark Side of the New Economy*, Polity, 2019).

29　"Socioeconomic Risk Factors for Domestic and Intimate Partner Violence", CAWC, 2024. 8. 30, https://www.cawc.org/news/socioeconomic-risk-factors-for-domestic-and-intimate-partner-violence.

30　Paula Wilcox, *Surviving Domestic Violence: Gender, Poverty and Agency*, Springer, 2006.

31　Khandis Blak, Brock Bastian, Thomas F. Denson, Pauline Grosjean and Robert C. Brooks, "Income Inequality not Gender Inequality Positively Covaries with Female Sexualization on Social Media", *Proceedings of the National Academy of Sciences*, 115(35), 2018, pp. 8722~8727.

32　Stefanie Gilbert and Kevin Thompson, "Feminist Explanations of the Development of Eating Disorders: Common Themes, Research Findings, and Methodological Issues", *Clinical Psychology: Science and Practice*, 3(3), 1996, pp. 183~202.

33　장하진·박영란, "고령화 시대의 여성정책", 〈고령화 시대의 사회정책 장기 발전방안〉, 한국보건사회연구원, 2002, pp. 89~124.

34　Becker, "Where has all the Context Gone?", *The Routledge International Handbook of Global Therapeutic Cultures*, pp. 400~408.

35　Celia Kitzinger, "Depoliticising the Personal: A Feminist Slogan in Feminist Therapy", *Women's Studies International Forum*, 16(5), 1993, pp. 487~496.

36　C. R. Snyder and Shane J. Lopez, *Handbook of Positive Psychology*, Oxford University Press, 2001, p. 751.

37　Arlie Russell Hochschild, "The Commercial Spirit of Intimate Life and the Abduction of Feminism: Signs from Women's Advice Books", *Theory, Culture & Society*, 11(2), 1994, pp. 1~24.

38　Roy F. Baumeister, Laura Smart and Joseph M. Boden, "Relation of Threatened Egotism to Violence and Aggression: the Dark Side of High Self-Esteem", *Psychological Review*, 103(1), 1996, pp. 5~33.

39　Jacquelyn C. Campbell, Daniel W. Webster and Nancy Glass, "The Danger Assessment: Validation of a Lethality Risk Assessment Instrument for Intimate Partner Femicide", *Journal of Interpersonal Violence*, 24(4), 2009, pp. 653~674.

40　이수정, "가정 폭력에 기인하여 배우자를 살해한 여성 재소자의 심리특성에 관한 연구", 〈한국심리학회지: 사회및성격〉, 20권 2호, 2006, pp. 35~55.

41 Nilima Chowdhury, "Practicing the Ideal Depressed Self: Young Professional Women's Accounts of Managing Depression", *Qualitative Health Research*, 30(9), 2020, pp. 1349~1361.

42 서하림, 〈소셜미디어를 통한 우울 경향 이용자 텍스트 양상 분석〉, 연세대학교 석사 학위청구논문, 2019.

43 로버트 휘태커, 《약이 병이 되는 시대》, 장창현 옮김, 건강미디어협동조합, 2023, pp. 204~208(Robert Whitaker, *Anatomy of an Epidemic: Magic Bullets, Psychiatric Drugs, and the Astonishing Rise of Mental Illness in America*, New York: Crown Publishers, 2010).

44 Allan V. Horwitz and Jerome Wakefield, *The Loss of Sadness: How Psychiatry Transformed Normal Sorrow into Depressive Disorder*, Oxford University Press, 2007.

45 Jerome C. Wakefield, Mark F. Schmitz, Michael B. First and Allan V. Horwitz, "Extending the Bereavement Exclusion for Major Depression to Other Losses: Evidence from the National Comorbidity Survey", *Archives of General Psychiatry*, 64(4), 2007, pp. 433~440.

46 하정옥, "남녀의 생물학적 차이, 그 역사와 함의", 《남성의 과학을 넘어서》, 1999, 창비, p. 40.

47 바바라 에런라이크·디어드러 잉글리시, 《200년 동안의 거짓말》, 강세영·신영희·임현희 옮김, 푸른길, 2017, p.188(Barbara Ehrenreich and Deirdre English, *For Her Own Good: Two Centuries of the Experts' Advice to Women*, New York: Anchor Books, 1979).

48 S. Nolen-Hoeksema, "Sex Differences in Unipolar Depression: Evidence and Theory", *Psychological Bulletin*, 101(2), 1987, pp. 259~282.

49 박혜경, "우울증의 '생의학적 의료화' 형성 과정", 〈과학기술학연구〉, 12(2), 2012, pp. 117~157.

50 Jeffrey R. Lacasse and Jonathan Leo, "Serotonin and Depression: A Disconnect between the Advertisements and the Scientific Literature", *PLoS Medicine*, 2(12), 2005, e392.

51 앞의 글 참조.

52 Joanna Moncrieff, Ruth E. Cooper, Tom Stockmann, Simone Amendola, Michae P. l Hengartner and Mark A. Horowitz, "The Serotonin Theory of Depression: a Systematic Umbrella Review of the Evidence", *Molecular Psychiatry*, 28(8), 2023, pp.

3243~3256.

53 Christopher Lane, "Antidepressant Dysregulation: An Interview with David Healy", *Psychology Today*, 2024. 9. 16, https://www.psychologytoday.com/us/blog/side-effects/202409/antidepressant-dysregulation-an-interview-with-david-healy.

54 Matthew S. Lebowitz, Woo-Kyoung Ahn and Susan Nolen-Hoeksema, "Fixable or Fate? Perceptions of the Biology of Depression", *Journal of Consulting and Clinical Psychology*, 81(3), 2013, pp. 518~527.

55 Josephine S. Larkings and Patricia M. Brown, "Do Biogenetic Causal Beliefs Reduce Mental Illness Stigma in People with Mental Illness and in Mental Health Professionals? A Systematic Review", *International Journal of Mental Health Nursing*, 27(3), 2018, pp. 928~941.

56 Matthew S. Lebowitz and Woo-Kyoung Ahn, "Effects of Biological Explanations for Mental Disorders on Clinicians' Empathy", *Proceedings of the National Academy of Sciences*, 111(50), 2014, pp. 17786~17790.

57 Erlend P. Kvaale, Nick Haslam and William H. Gottdiener, "The 'Side Effects' of Medicalization: A Meta-Analytic Review of How Biogenetic Explanations Affect Stigma", *Clinical Psychology Review*, 33(6), 2013, pp. 782~794.

58 "우울증, 역대 처음 100만명 넘었다… 20대 여성 가장 많아", 〈뉴시스〉, 2023. 10. 4, https://www.newsis.com/view/NISX20231004_0002470509.

59 Talcott Parsons, "Illness and the Role of the Physician: a Sociological Perspective", *American Journal of Orthopsychiatry*, 21(3), 1951, pp. 452~460.

60 박혜경, "우울증의 '생의학적 의료화' 형성 과정", 〈과학기술학연구〉, pp. 117~157.

61 제임스 데이비스, 《정신병을 팝니다》, 이승연 옮김, 사월의책, 2024, pp. 7~8(James Davies, *Sedated: How Modern Capitalism Created our Mental Health Crisis*, Atlantic Books, 2021).

62 Janus Christian Jakobsen, Christian Gluud and Irving Kirsch, "Should Antidepressants be Used for Major Depressive Disorder?", *BMJ Evidence-Based Medicine*, 25(4), 2019, pp. 130~136.

63 휘태커, 《약이 병이 되는 시대》, pp. 202~227(Whitaker, *Anatomy of an Epidemic*, 2011).

64 데이비스, 《정신병을 팝니다》, pp. 66~69(Davies, *Sedated*).

65 Michael P. Hengartner, "Methodological Flaws, Conflicts of Interest, and Scientific

Fallacies: Implications for the Evaluation of Antidepressants' Efficacy and Harm", *Frontiers in Psychiatry*, 8(275), 2017, pp. 1~7.

66 휘태커, 《약이 병이 되는 시대》, pp. 225(Whitaker, *Anatomy of an Epidemic*, 2011).

67 David Goldberg, M. Privett, Tevfik Bedirhan Ustun, GE Simon and Michael Linden, "The Effects of Detection and Treatment on the Outcome of Major Depression in Primary Care: a Naturalistic Study in 15 Cities", *British Journal of General Practice*, 48(437), 1998, pp. 1840~1844.

68 William Coryell et al., "Characteristics and Significance of Untreated Major Depressive Disorder", *American Journal of Psychiatry*, 152(8), 1995, pp. 1124~1129.

69 Jonna Moncrieff and Irving Kirsch, "Efficacy of Antidepressants in Adults", *British Medical Journal*, 331(7509), pp. 155~157.

70 Jeffrey R. Vittengl, "Poorer Long-Term Outcomes among Persons with Major Depressive Disorder Treated with Medication", *Psychotherapy and Psychosomatics*, 86(5), 2017, pp. 302~304.

71 휘태커, 《약이 병이 되는 시대》, pp. 204~208(Whitaker, *Anatomy of an Epidemic*).

72 Kerstin Sandell, "Living the Neurochemical Self? Experiences after the Success of the SSRIs", *Distinktion: Journal of Social Theory*, 17(2), 2016, pp. 130~148.

73 이유림, "정서의 약료화와 우울증 경험의 구성: 20대 여성의 우울 경험을 중심으로", 〈페미니즘연구〉, 16권 1호, 2016, pp. 81~117.

74 Celine Wills, Kerry Gibson, Claire Cartwright and John Read, "Young Women's Selfhood on Antidepressants: 'Not Fully Myself'", *Qualitative Health Research*, 30(2), 2020, pp. 268~278.

75 에바 일루즈, 《감정 자본주의》, 김정아 옮김, 돌베개, 2010, p. 115(Eva Illouz, *Cold Intimacies: The Making of Emotional Capitalism*, 2007, New York: Polity).

76 Rosalind Gill, "Postfeminist Media Culture: Elements of a Sensibility", *European Journal of Cultural Studies*, 10(2), 2007, pp. 147~166.

77 Angela McRobbie, "Top Girls? Young Women and the Post-Feminist Sexual Contract", *Cultural Studies*, 21(4~5), 2007, pp. 718~737.

78 Wolfgang Streeck, "Citizens as Customers: Considerations on the New Politics of Consumption", *New Left Review*, 2(76), 2012, pp. 27~47.

결론 : 사랑은 나의 권력

1 뤼트허르 브레흐만,《휴먼카인드》, 조현욱 옮김, 인플루엔셜, 2021, pp. 22~23 (Rutger Bregman, *Humankind: A Hopeful History*, Bloomsbury Publishing, 2020).

2 Havidán Rodriguez, Joseph Trainor and Enrico L. Quarantelli, "Rising to the Challenges of a Catastrophe: The Emergent and Prosocial Behavior Following Hurricane Katrina", *The Annals of the American Academy of Political and Social Science*, 604(1), 2006, pp. 82~101.

3 Stephen D. Reicher and S. Alexander Haslam, "Tyranny Revisited: Groups, Psychological Well-Being and the Health of Societies, *The Psychologist*, 19(3), 2006, pp. 146~150.

4 David Pincus, "Theoretical and Empirical Foundations for a Unified Pyramid of Human Motivation", *Integrative Psychological and Behavioral Science*, 58(2), 2024, pp. 731~756.

5 Dan Pink, "The Puzzle of Motivation", TEDGlobal 2009, 2009.

6 Emile Durkheim, "The Determination of Moral Facts", *Sociology and Philosophy*, 1953. p. 59.

7 미하엘 엔데,《모모》, 한미희 옮김, 비룡소, 1999, p. 24(Michael Ende, *Momo*, Thienemann, 1973).

손절사회

초판 1쇄 발행 2026년 4월 16일
초판 2쇄 발행 2026년 4월 30일

지은이 이승연
발행인 김형보
편집 최윤경, 강태영, 임재희, 홍민기, 강민영, 김아영, 권유정
마케팅 이연실, 김보미, 김민경, 고가빈   **디자인** 김지은, 박현민   **경영지원** 최윤영, 유현

발행처 어크로스출판그룹(주)
출판신고 2018년 12월 20일 제 2018-000339호
주소 서울시 마포구 동교로 109-6
전화 070-5038-3533(편집) 070-8724-5877(영업) **팩스** 02-6085-7676
이메일 across@acrossbook.com **홈페이지** www.acrossbook.com

ⓒ 이승연 2026

ISBN 979-11-6774-282-7 03300

만든 사람들
편집 홍민기   **교정** 박선미   **디자인** 박현민